한국경제의 배신

한국경제의 배신

2013년 9월 16일 **초판 인쇄**
2013년 9월 23일 **초판 발행**

지은이 강수돌·이정환
펴낸곳 굿모닝미디어
펴낸이 이병훈
기획 이병훈
등록 1999년 9월 1일 등록번호 제10-1819호
주소 121-865 서울 마포구 연남동 224-65 201호
전화 02)3141-8609
팩스 02)338-4418
www.goodmorningmedia.co.kr
http://blog.naver.com/goodmanpb

ISBN 978-89-89874-34-8 03320

* 책값은 뒤표지에 있습니다.
* 잘못된 책은 바꿔 드립니다.

배신

한국경제의

강수돌
이정환
지음

굿모닝미디어

1

인생살이 80년, 재벌 회장처럼 엄청난 부자로 살고 싶지도 않다. 그렇다고 노숙자가 되어 거리를 헤매고 싶지도 않다. 다만, 사랑하는 사람과 함께, 그리고 토끼 같은 새끼들과 함께 '소박한 행복'을 누리며 살고 싶다.

2

'소박한 행복'을 바라는 게 무슨 죄인가? 학교 다닐 때 공부 좀 잘하지 못했다고, 일류 직장에 취업을 하지 못했다고, 상사에게 인정받아 승승장구 출세 길을 타지 못했다고, 언제 추락할지 모르는 불안한 나날을 보내야 하는 건 또 무슨 죄인가?

3

"나라가 부자가 되면 나도 행복하게 살 수 있다"고 했다. "회사가 돈을 잘 벌면 나도 소박한 행복을 누릴 수 있다"고 했다. "해외 수출을 많이 하고 대기업이나 재벌이 잘 나가면 나도 잘 나갈 것"이라 믿었다. 어려운 말로, '트리클 다운' 효과라 했던가? 그런데 이게 웬일인가? 한줌도 안 되는 부자들은 870조 원을 먼 나라 조세피난처에 빼돌려놓았는데, 가계부채는 1,000조 원을 넘고 있다니! 윗물이 아래로 흘러넘치기는커녕 아랫물이 갈수록 더 많이 위로 뽑혀 올라가는 게 아닌가? 누군가 쥐도 새도 모르게 '지하수 펌프질(pumping-up)'을 하고 있는 것이다!

4
....

한국경제가 우리를 배신한 것일까, 아니면 우리가 한국경제를 배신한 건가? 학생들은 '열심히 공부한 죄'로 '졸업식=실업식'이 되는 기이한 현실에 고통당하며, 노동자들은 영화 〈더 테러 라이브〉에도나오듯, '열심히 일한 죄'로 '구조조정=정리해고' 또는 '산재=사망'이 되는 살벌한 현실에 고통당한다.

5
....

우리는 결코 한국경제를 배신하지 않았다. 한국의 사회경제가 우리를 배신했을 따름이다. 우리는 공부중독으로부터 출발해 일중독, 나아가 소비중독의 세계에 체계적으로 편입되었다. 우리가 사는 이 세상은 공부하지 않고 살 수 없듯이 노동하지 않고 살 수 없는 세상, 나아가 소비하지 않고 살 수 없는 세상이 되었다. 마침내 밥 없이 살 수 없듯이 스마트폰이나 자동차 없이 살 수 없는 세상이다. 스마트폰이나 자동차가 밥이 되어버렸다! 공부하지 않으면 안 되게, 또 노동하지 않으면 안 되게 만들어 놓았다. 우리가 믿어온 이 사회경제 시스템이! 밥벌이를 위해 노동해야 하듯, 스마트폰이나 자동차를 소비하기 위해 더욱 노동해야 한다. 언제까지 중독의 터널 속에서 헤매야 하는가? 언제쯤 우리는 어둠의 터널을 벗어날 수 있을까?

6

먹고사는 문제, 즉 '살림살이'를 행복하게 해주지 못하는 경제는 가짜다. 원래 경제란 동양이나 서양에서 살림살이를 뜻한다. 동양에서는 경세제민이고, 서양에서는 이코노미다. 동양의 경세제민(經世濟民)은 세상을 잘 경영해 백성을 두루두루 잘 살린다는 말이다. 경제=정치다. 서양의 이코노미(economy)란 집안의 살림을 잘 운영하는 것이다. 모두, 살림살이가 경제의 핵심이다.

그러나 오늘날 우리가 잘 아는 경제는 돈벌이다. 그런데 돈벌이조차 살림살이를 윤택하게 하기 위해 존재한다. 살림살이를 윤택하게 하기는커녕 초라하게 만드는 경제란 가짜배기일 뿐이다. 한마디로 우리는 지금까지 속고 살았다! 이제부터 제대로 된 경제를 만들어야 한다. 그래야 더 이상 배신당하지 않는다!

7

제대로 된 경제, 그것은 살림살이를 윤택하게 하고 행복하게 해 주는 것이다. 제대로 된 경제를 만드는 과정이 '정치=경제 민주화'다. 참된 경제가 곧 정치의 내용이기 때문이다. 대통령이나 국회의원을 선거로 뽑는다고 곧 민주주의라 할 순 없다. 그 일꾼들이 진정으로, 그리고 일관되게 민초들의 살림살이를 행복하게 만들 수 있을 때 제대로 된 민주주의가 이뤄지는 것이기 때문이다.

8

제대로 된 민주화, '정치=경제 민주화'란 어떤 내용을 포함할까? 크게 세 가지를 강조한다. 첫째는 소유와 경영의 민주화다. 특히, 민초들이 생산의 주역이 되어야 한다. 지금은 대상일 뿐이다. 심하게 말하면, 노예 신세나 다름없다. 생산의 주역이란 결정의 주체가 된다는 말이다. 정리해고의 대상이 아니라 구조혁신의 주체가 되어야 한다.

9

둘째는 분배와 소비의 민주화다. 공정한 분배는 사회 정의의 기초이기도 하지만, 또 사회 정의가 제대로 확립되어야 공정 분배가 가능하기도 하다. 사회 정의란 부당한 차별 구조를 근본적으로 타파하는 것이다. 모든 사람은 귀한 존재다. 다만 다를 뿐이다. 차이를 가진 사람들을 차별해선 안 된다. 차이를 인정하되, 그것은 자부심이나 자존감에 손상이 가지 않는 범위 내에서라야 한다. 소비도 삶의 필요성에 기초한 주체적 선택이어야 한다. 유행이나 광고에 이끌려 다니는 것은 뒤틀린 소비다. 과시하기 위한 소비, 타자의 인정을 받기 위한 소비, 무조건 싼 것을 추구하는 소비는 반민주적이다.

10

셋째는 주체 자신의 민주화다. 우리는 여태껏 자신의 노동력을 자본에게 값어치 높게 평가받기 위해 스스로를 소외시켰다. 즉 자신을 스스로 대상화해온 셈이다. 한 번도 자신에게 "내가 정말 자랑스럽다"고 말한 적이 없다. 그렇다. 정말 나 자신을 있는 그대로 사랑해왔는가? 경제가 본원적으로 ('소박한 행복'을 추구하는) '살림살이'라 할진대, 나 스스로 나를 살리는 일을 했는가? 아니면 자본이나 권력에 굴종하도록 나 자신을 길들이기에 급급했는가?

한편, 나는 절대로 '나 홀로' 존재할 순 없다. '더불어 존재하는 나'야말로 진정한 나의 모습이다. 따라서 나는, 이웃과 더불어 스스로를 민주화해야 한다. 참된 주인으로 거듭나는 것이다. 어쩌면 앞서 말한 소유와 경영, 분배와 소비의 민주화조차 주체 자신의 민주화 없이는 실현되기 어렵다. 이제는 외쳐야 한다. '나부터' 시작하되 '더불어' 추구하는 변화의 주체로 다시 설 수 있을 때, 비로소 우리는 희망을 말할 수 있다! 그래서 말한다. '사람이 희망'이라고.

이 책은 〈미디어오늘〉의 이정환 기자, 그리고 〈굿모닝미디어〉의 이병훈 대표와 함께 내가 서울과 조치원을 오가며, 또 이메일이나 전화를 통해 오랫동안 나눈 친밀하고도 깊이 있는 토론과 대화의 산물이다. 두 분의 노고가 없었다면 아마도 이 책의 원고는 책상 한 켠 어딘가를 헤매고 있을지 모른다. 이 책이 부디 '한국 경제의 배신' 문제를 새로운 각도에서 성찰하고, 더 이상 배신이 없는 새로운 경제, '민주화'된 경제를 만드는 길에 작지만 튼실한 징검다리가 되길 빌 뿐이다.

2013년 8월 15일
강수돌

1장
과잉노동사회, 왜 열심히 일하는데도 행복하지 않은가

2장

내 눈을 찌르는 아픔,
우리가 알고 있는 경제는 가짜다

3장

자본주의를 넘어서기 위한 몸짓

과잉노동 사회,
왜 열심히 일하는데도
행복하지 않은가

지하수 펌핑 효과
(The Pumping-Up Effect)

이정환　　　　톰슨가젤은 시속 80km까지 뛸 수 있다고 하죠. 토마스 프리드먼이 쓴 《세계는 평평하다》에 사자와 톰슨가젤 이야기가 나옵니다. 신자유주의 교과서라고 불리는 책이죠. 톰슨가젤은 가장 빠른 사자보다 빨리 달리지 않으면 잡아먹힙니다. 사자는 가장 느린 톰슨가젤보다 더 빨리 달리지 못하면 굶어 죽게 되고요.

　토마스 프리드먼의 메시지는 당신이 사자냐 톰슨가젤이냐는 중요하지 않다는 겁니다. 해가 뜨면 뛰어야 한다는 거죠. 간단한 우화 같지만 여기에는 무시무시한 메시지가 담겨 있습니다. 계속해서 톰슨가젤의 동료들이 잡아먹히지만 그게 자기만 아니면 된다는 이야기니까요.

　그런데 프리드먼 같은 사람들은 "일단 뛰어라, 잡아먹히고 싶지 않으면 무조건 뛰어라"고 말합니다. 신자유주의자들은 경제성장과 자유무역이 세계적으로 빈곤을 퇴치하는 최선의 수단이라고 주장합니다. 그리고 이런 믿음이 사실 우리나라를 비롯해 세계 경제를 움직이는 동력입니다.

그렇지만 살아남기 위해 해가 뜨면 뛰어야 하는 이런 삶이 과연 우리가 꿈꾸던 그런 삶인가 돌아보게 됩니다. 가장 느린 톰슨가젤이 '내가 아니면 된다, 누군가가 내 대신 잡아먹힌다면 나는 살 수 있다'고 말하는 세상은 정말 끔찍합니다. 계속해서 누군가가 쓰러져야 합니다. 그리고 쓰러진 그 사람 때문에 우리는 하루 더 살 수 있는 거죠.

루이스 캐롤의 《거울나라의 앨리스》에서 붉은 여왕이 이런 말을 해요. "만약 네가 앞으로 나가고 싶다면 지금보다 두 배는 더 빨리 뛰어야 할 걸." 아시다시피 '레드 퀸 효과(Red Queen Effect)'라 불립니다. 모든 게 거꾸로인 거울나라에서는 가만히 있으면 뒤로 가게 되기 때문에 제자리를 지키려면 앞으로 가야 합니다. 앞으로 가려면 뛰어야 하죠. 포식자에게 잡아먹히지 않으려면 최소한 포식자의 진화와 같은 속도로 진화해야 합니다.

강수돌 교수님이 《팔꿈치 사회》에서 이미 경고했듯이 지금의 무한경쟁 사회는 살아남기 위해, 남보다 뒤처지지 않기 위해 팔꿈치로 옆 사람을 밀쳐서라도 두 배로 더 달려야 한다고 밀어내는 사회입니다. 이런 사회에서 과연 우리는 행복한가 하는 의심을 하게 되죠. 톰슨가젤은 해가 뜨면 뛰어야 합니다. 사자가 쫓아오고 있기 때문이죠. 그렇지만 우리 사회에서 우리를 뛰게 만들고, 뛰다가 지쳐 쓰러지게 만드는 건 사자가 아니라 지금과 같은 무한경쟁 시스템입니다. 우리는 과연 무엇을 위해 뛰는지, 일중독에 빠질 정도로 남보다 더 열심히 일하는데도 왜 경제는 행복을 배반하는 걸까요?

강수돌　　　　우리가 흘리는 눈물에는 감정 상황에 따라 여러 가지가 있겠지만 크게 보면 두 가지로 말할 수 있을 것 같아요. 하나는 카타르시스의 눈물, 즉 정화의 눈물입니다. 우리가 극도의 슬픔이나 기쁨에 빠졌을 때 실컷 울고 나면 온몸이 개운하게 느껴지는 때가 있죠. 그것은 기쁨만이 아니라 슬픔조차 지극히 인간적이고 자연적인 성격을 갖고 있기 때문입니다.

그런데 또 다른 눈물은 배신의 눈물이 아닐까 해요. 그런 눈물은 마음이 정화가 되기보다는 갈수록 먹구름이 꽉 끼는 느낌을 주지요. 일례로, '갑을 관계'에서 '을'의 눈물이 그러하고, 갈수록 인생이 늪에 빠지는 듯해 서민들이 흘리는 눈물, 그리고 현재도 '스펙' 경쟁으로 힘든데, 미래는 더욱 캄캄하게 느껴지는 청년들의 눈물이 바로 그런 배신의 눈물이라 생각합니다. 지극히 반인간적이고 부당한 현실, 그리고 그 앞에서 느끼는 무력감이 그런 배신의 눈물을 흘리게 한다고 봅니다. 정화의 눈물은 많이 흘릴수록 좋겠지만, 배신의 눈물은 흘리는 사람이 많아질수록 그 사회는 별 희망이 없다고 봅니다.

그렇다면 왜 이런 현실이 우리 코앞에 다가왔을까요? 한편으로는 현실의 부당한 사회경제 구조 때문이고, 다른 한편으로는 그러한 현실을 고쳐 달라며 권력을 맡긴 위정자들에 대한 실망과 좌절 때문일 겁니다.

부당한 사회경제 구조란 '약육강식'을 당연시하는 제도나 정책들, '빈익빈 부익부' 현상을 가속화하는 사회적 차별의 구조, 재벌이나 대기업과 정치권력의 유착으로 인한 사회적 약자의 소외 등을 가리키죠. 그리고 위정자들에 대한 실망과 좌절이란, 결국 '선거의 배신'이라고도 할 수 있어요. 우리가 뽑은 위정자들이 우리의 소망을 들어주기보다는 오히려 믿음과 소망을 배신하는 정책이나 제도를 만들어내는 현실을 말하죠. 좋은 정치를 해달라고 뽑은 대통령이나 국회의원, 도지사, 시장이나 군수 등이 선거 전에만 온갖 제스처를 쓰며 민의에 충실하겠다고 해놓고선 일단 뽑히고 나면 민초들에게 등을 돌리죠. 이런 게 어디 한두 번입니까? 사태가 이러하니, 우리가 일중독에 허덕일 정도로 뼈 빠지게 일해도 삶은 행복과 거리가 먼 방향으로 떠내려가는 게 아니겠어요?

원래 경제란 말이 경세제민(經世濟民)에서 왔다고 하죠. 글자 그대로, 세상을 잘 다스려 백성들이 잘 먹고살도록 구제하는(돕는) 역할이 곧 '경제'라는 말이죠. 그런데 다스리고 구제한다는 것이 오늘날 우리가 아는 정치이므로 정치를 잘 하는 일이 곧 경제라 할 수 있습니다. 경제를 잘 이끄는 일이 곧 정치이기도 하고요.

이런 맥락에서 보면 앞서 말한 배신의 눈물은 결국, 정치=경제에 대한 배신감에서 나오는 회한의 눈물입니다. 이 눈물은 아무리 흘려도 마음이 정화되기보다 오히려 갈수록 갑갑해지고 먹먹해질 뿐이죠. 그것은 이것이 결코 인간적인 원인이거나 자연적인 뿌리에서 온 것이 아니기 때문입니다. 그래서 우리는 이 배신의 눈물을 더 이상 흘리지 않기 위해서라도 세상을 제대로 읽어내고 지혜로운 해법을 찾아 나서야 합니다.

《거울나라의 앨리스》에 나오는 붉은 여왕은 (마치 우리가 내려오는 에스컬레이터에서 위층으로 올라가려 할 때 느끼는 것처럼) 아무리 달려도 한 발자국도 나아가지 못하는 앨리스에게 이렇게 말하죠. "제자리에 머무르기 위해선 온힘을 다해 뛰어야 한다. 만약 앞으로 나아가려면 최소한 지금보다 두 배는 빨라야 한다."

사실, 해방 이후 한국 사회는 무조건 앞만 보고 달려왔다 해도 과언이 아닙니다. 특히 1960년대 이후 50년 동안의 산업화 및 정보화로 상징되는 경제성장 과정은 '다른 나라보다 앞서기 위해 두 배 이상 빨리 달리는', 그야말로 '레드 퀸 효과'에 충실한 그런 과정이었어요. 그 결과 우리 국민들은 평균적으로 250배나 부자가 되었고, 나라 전체도 세계 10대 경제 대국에 들게 되었죠. 하지만 과연 이것이 진정으로 우리를 행복하게 했는가. 불행히도 '아니'라고 할 수밖에 없습니다.

앞서 말한 '을'의 눈물, 서민의 눈물, 청년의 눈물 등만 상징적으로 봐도 그렇지요. 한마디로 지금까지의 경제는 '껍데기 성장'에 불과하다고 할 수 있어요. 극소수에 불과한 '갑'의 입장, 부자나 강자의 입장, 기득권층의 입장에서는 대단한 성공이라 할 수 있을지 모르지만, 그 외 대다수에게는 성장의 과실이 '그림의 떡'인 경우가 많기 때문이죠. 바로 이 점이 경제가 행복을 배반하게 되는 근본 뿌리가 아닐까요?

그래서 필요한 것이 '정치=경제의 참된 민주화'입니다. 대통령을 선거로 뽑는다(정치 민주화)고 민주화된 것이라고 보면 안 된다는 말이기도 합니다. 백성들이 먹고사는 문제에 있어 소외되지 않고 스스로 삶의 주체임을 느낄 수 있는 정도로의 변화가 가시적으로 나와야 한다는 말이죠. 흔히 우리는 '위로부터의' 변화에 초점을 맞추지만 저는 '아래로부터의' 변화가 대단히 중요하다고 봅니다.

물론 변화의 완성은 아름다운 집을 완성하듯 '아래로부터의' 변화가 기초가 되고, '옆으로부터의' 변화가 기둥 역할을 해주면서 '위로부터의' 변화가 지붕 역할을 하는 등 이 3박자가 잘 맞아야 할 것입니다. 그래야 아름다운 집을 완성하듯 사회도 제대로 구축되겠지요. 하지만 우리는 아직도 '아래로부터의' 변화라고 할 수 있는 기초 공사를 더 해야 할 단계라고 봅니다. 기초 공사도 제대로 하지 않은 채 폼 나는 기둥과 벽, 그리고 값비싼 지붕만 잘 꾸민다고 해서 튼튼하고 멋진 집이 완성될 리는 없지 않겠습니까?

이정환 시인 박노해는 〈하늘〉이라는 시에서 "우리 세 식구의 밥줄을 쥐고 있는 사장님은 나의 하늘이다"라고 한탄하기도 했습니다. "나는 어디에서 누구에게 하늘이 되나 / 대대로 바닥으로만 살아온 힘없는 내가 / 이제 막 예쁜 우리 아가에게만은 / 흔들리는 작은 하늘이것지. (…) 아 우리도 하늘이 되고 싶다 / 짓누르는 먹구름 하늘이 아닌 / 서로를 받쳐주는 / 우리 모두 서로가 서로에게 푸른 하늘이 되는 / 그런 세상이고 싶다.”

서로가 서로에게 푸른 하늘이 되는 그런 세상을 꿈꾸지만 우리는 결국 살아남기 위해 서로를 밟고 올라서야 합니다. 생존의 절박함이 모든 가치를 압도합니다. 조안 시울라는 《일의 발견》에서 “할당량과 근무시간을 조절해가면서 더 적은 비용으로 더 많은 일을 시키는 게 경영학의 과제”라고 말한 바 있습니다. 현대 경영학은 노동자들이 자발적으로 일을 더 하도록 만들기 위해 리더십과 기업문화를 강조합니다. 성공한 기업이라는 환상과 자부심은 노동자들에게 초과근무와 열정을 이끌어냅니다. 이들 기업들은 노동자들이 직장을 단순한 일자리 이상으로 받아들이기를 요구합니다.

폴 라파르그의 《게으를 권리》에는 이런 대목이 있습니다. “기계가 더 완벽해질수록 그리고 이 기계가 신속하고 정확하게 사람의 산 노동을 더 많이 쫓아내면 낼수록 노동자들은 그만큼 더 많은 여유와 휴식을 즐길 수 있기는커녕 마치 기계와 경쟁이라도 하듯 그 피와 땀을 몇 배로 더 흘려야 한다. 아, 저 바보스럽기까지 한 파괴적 경쟁이여.”

기계가 영업과 마케팅으로 바뀌었을 뿐 2013년의 대한민국은 100년 전 라파르그의 시대와 크게 달라진 게 없습니다. 강수돌 교수님도 《일중독 벗어나기》에서 이런 문제의식을 집요하게 파고드셨는데요. 일중독에 빠진 사람들은 자신의 내면이나 삶의 현실에서 일어나는 모든 것들을 솔직하게 느끼지 못한다는 지적이 충격적이었습니다. 자신이 내면에서 느끼는 각종 두려움을 있는 그대로 받아들이면서 그것을 적극 관통해 정면으로 넘어서고자 하기보다는 은폐하거나 추방하고 억압·축출하는 방법으로 회피한다는 거죠. 그 회피의 방편이 일중독이라는 이야기인데요. 일중독이 일종의 마취제 역할을 하는 셈이라고 하셨습니다.

"자신의 깊은 내면과 자아가 진정으로 하나의 통일체를 이루지 못할 때, 내면적 안정감과 자율성을 상실했을 때, 내면의 솔직한 느낌을 있는 그대로 받아들이지 못하고 보다 큰 세계와 자신이 분리될 때 사람들은 두려움에 사로잡히고 그런 두려움이 외적인 것에의 종속성과 중독성을 불러온다"고 지적하셨습니다.

가장 인상적인 대목은 이 부분입니다. "돈벌이 경제의 패러다임이나 자원은 유한한데 인간의 욕구는 무한하다는 엉터리 가설, 그리고 경쟁력만이 살 길이며 생산성 향상이 모두가 잘사는 길이라는 식의 이데올로기가 일상적 노동 과정에서 반복적으로 강화된다. 그러나 이렇게 늘어난 생산성의 80%는 파괴적 생산성이다. 임금과 지위, 복지 수준이 향상되더라도 진정한 삶의 질과 행복은 망가지게 돼 있다."

살기 위해 일을 하는데 회사가 나를 규정하고 그 회사의 일이 내 삶을 규정하는 그런 딜레마에 빠지게 됩니다. 행복해지기 위해 일을 하는데, 일이 행복을 잠식하는 상황인 거죠.

강수돌　　　　　　　원래 파업(스트라이크)이라 하면 노동자가 집단
적으로 노동을 거부하는 것이죠. 관리자의 억압적 자세나 멸시는
물론, 긴 노동시간에 먹고살기 빠듯한 임금 등 비인간적인 노동조
건을 더 이상 억지로 참으며 일을 할 수가 없기 때문에 자본가를
대상으로 직접행동을 하는 것이죠.

그런데, 파업이 주로 노동조건을 개선하기 위한 행동이라 할 때,
저는 좀 다른 차원에서, 우리 자신의 삶을 성찰하기 위한 '자기파
업'도 절실히 필요하다고 봐요. 삶이 핵심이고 돈은 수단에 불과한
데, 대개 우리는 돈벌이 경제에 휘둘려 일중독에 빠지면서까지 "
자본에 몸 바치는 삶을 살아온 것은 아닌가?", "무엇을 위해 뛰며
살아왔는가?", "나는 진정 행복하게 살고 있는가?" 등 '자기 질문'
을 던져 보자는 거죠. 과연 내가 삶의 진정한 주체로 사는지 생각
해보자는 겁니다. 그러기 위해서는 '자기파업'이 필요합니다.

그런데, 여기서 '자기파업'이라고 하는 까닭은 내가 나에 대한 사
용자이기 때문에 쓴 말이 아닙니다. 물론 빗대어 말하면 그렇게 말
할 수 있을지도 모르죠. 나는 나의 사용자이면서 내가 바로 노동자
이기도 하니까요. 그러나 '자기파업'을 말하려는 취지는 지금까지
나의 삶을 통째로 멈추고 근본적인 성찰을 한번 해보자는 것이죠.
지금까지의 나의 삶이, 우리의 삶이 대부분 더욱 자유로워지는 것
이 아니라 오히려 노예의 굴레 속으로 더 깊이 빠져들고 있는 게
아닌가, 하는 판단 때문입니다.

생각해 보세요. 우리의 할아버지, 아버지 세대가 하루 종일 논밭

에서, 공장에서 노동했다면 우리는 하루 8시간 이하로 노동하는 삶을 살아야 하지 않겠습니까? 그리고 우리 아이들은 하루 6시간, 또 그 아이들의 아이들은 하루 4시간 노동하면서 자유로운 사회활동이나 여가활동을 할 수 있는 세상이 되어야 하지 않겠어요? 그런데 현실은 어떻습니까? 우리 어른들 세대나 우리 세대나 탈락의 공포 속에 하루 종일 노동에 얽매이고 있어요.

게다가 아이들을 보세요. 한참 깔깔거리며 꿈나무로 자라나야 할 아이들이 미래에 대한 불안감에 사로잡혀 무거운 책가방을 들고 학교로, 학원으로, 독서실로 핏기도 없이 왔다 갔다 하지 않습니까? 그토록 원하던 대학, 그 대학을 다니는 학생들은 어떻습니까? 큰 공부, 즉 진리탐구를 통해 피가 절절 끓을 정도의 비판적 지성을 갈고 닦으며 청춘의 열정적인 낭만을 즐기며 사나요? 아니면 스펙 경쟁, 취업 경쟁에서 낙오될지 모른다는 두려움에 절어 사나요? 희망이 아니라 공포, 전망이 아니라 불안, 설렘이 아니라 두려움이 지배하는 세상은 한마디로 지옥입니다.

우리나라만 그런 게 아닙니다. 《과로하는 미국인》을 쓴 J. 쇼어는 "제2차 세계대전 이후 미국인의 여가와 휴가는 가장 많이 줄었고 노동시간은 가장 많이 늘었다"고 고발했죠. 《노동의 배신》을 쓴 B. 에렌라이크는 한 걸음 더 나아가 세계 최고의 나라라는 미국에서조차 노동자들은 공장이나 서비스 등 노동과정에서 육체적, 정신적, 감성적으로 소외를 겪고 있음을 직접 온몸으로 체험한 뒤 '워킹 푸어'의 현실을 적나라하게 고발했습니다.

한편, 독일의 철학자 한병철 교수는 《피로사회》에서 나라를 불문하고 온 세상이 "나도 할 수 있다"는 긍정성의 과잉에 시달리며 심신이 피폐해지고 있다고 분석했습니다. 모두 우리의 삶이 지옥으로 향하고 있다고 고발하고 있습니다.

진짜 문제는 바로 우리가, 나 자신부터 이 지옥 같은 시스템을 함께 만들어가고 있는 게 아닌가 하는 점이에요. 이른바 지옥 같은 이 세상을 만드는 데에 나도 모르게 공범으로 일해 왔다는 것, 이것이 참 불편한 진실이죠. 그래서 이젠 '자기파업'이 필요합니다. "이제 그만!"이라는 양심선언이 필요하다는 것이죠. '자기파업'이라는 나에 대한 부정은 실은 진정한 나에 대한 긍정이 될 수 있습니다. 내가 어릴 적부터 살고 싶었던 인생의 모습은 어떤 것이었는지, 나는 제대로 살고 있는지, 내 본연의 삶이 어떤 점에서 뒤틀렸는지, 어떻게 살아야 참 행복으로 갈 수 있을지를 진지하게 고뇌하자는 것입니다.

물론 이런 '자기파업'이 나 혼자 이뤄지면 아무런 힘이 없겠죠. 하지만 여럿이 그리고 매일 같이 꿈꾸면 그것이 현실이 되듯이, '자기파업'도 여기저기서 들불처럼 번진다면 그것은 세상을 바꾸는 원동력이 될 것입니다. 그래서 둥그렇게 둘러앉아 '자기파업'의 축제를 벌여보자는 겁니다. 무엇이 걱정인지, 어떤 점이 스트레스와 두려움을 부추기는지, 무엇이 나의 참된 자유를 가로막는지, 아이들에게는 어떤 세상을 물려주고 싶은지, 이런 이야기들을 삼삼오오 모여 즐거운 수다로 풀어내자는 것이지요. 그것이 스트레스 덩

어리인 현실적 삶에 대한 대안의 실마리가 될 거라 생각해요. 그리고 이것이 곧 실질적 민주화, 즉 경제민주화를 이루는 주춧돌이 될 것이라 생각합니다.

그런데 '자기파업의 시대'란 내가 소망하는 미래이기도 하지만 이미 수많은 사람들이 다양한 실천 속에서 보여주고 있는 현재이기도 합니다. 자기파업에 참여하는 순간 나도 변하게 됩니다. 나의 시각이 변하고 느낌이 변하고 태도가 변하고 선택이 변하며 행동이 변하는 것이죠. 그리고 관계가 변하게 되고요. 고립에서 소통으로, 냉담에서 공감으로, 냉소에서 관심으로, 경쟁에서 협동으로 우리의 관계가 변하면서 서서히 희망의 빛이 보이게 됩니다. 사람 냄새가 나기 시작하고 살아 있는 것이 고맙게 느껴지고요. 제대로 잘 살고 싶다, 같이 행복해지고 싶다, 그래서 더 행복한 세상을 만들고 싶다, 그리고 바로 그 나아진 세상을 아이들에게 물려주고 떠나고 싶다는 느낌이 들게 됩니다. 정말 그렇게 삶을 마무리 하면 참 평화롭게 눈을 감을 수 있지 않을까요?

하승우 선생의 《민주주의에 반하다》라는 책의 말미엔 미국의 애먼 해나시를 소개하고 있습니다. 내가 보기에 해나시만큼 '자기파업'을 확실히 보여주는 사례는 없어 보입니다. 해나시는 매년 8월이 되면 히로시마 핵폭탄 투하일(8월 9일)에 일일 단식과 더불어 연방 정부 건물 앞에서 피켓 시위를 벌였습니다. 지나가는 사람이 "그렇게 해서 세상을 바꾸겠느냐?"고 하자 그가 말했죠. "나 하나가 세상을 바꾸진 못하겠지만, 절대로 세상이 나를 바꾸지는 못할 것이다."

이정환　　　박근혜 대통령이 "투자하는 분들 업고 다녀야 한다"는 말을 한 적 있습니다. 박근혜 정부의 경제정책 방향을 들여다볼 수 있는 단서라고 생각합니다. "(투자하는) 이분들이 경제를 살리는 거고, 일자리를 만드는 거고, 소비도 활성화하는 거고, 나라를 발전시키는 것"이라고 말했죠. 경제부총리는 기업인을 업어주는 퍼포먼스까지 연출했죠. 경제민주화를 선거 공약으로 내놓고 당선됐지만 결국 반년도 안 돼서 경기활성화를 더 우선순위에 두겠다는 사실을 천명한 겁니다. 정부는 대기업에 투자를 구걸하는 신세가 됐습니다.

경제민주화를 한 마디로 요약하면 시장에 대한 민주적인 통제라고 정리할 수 있을 텐데요. 자유방임의 시장이 민주주의를 위협해서는 안 된다는 문제의식에서 출발해서 필요하다면 정치가 경제에 적극적으로 개입해야 한다는 의미가 되겠죠. 재벌 개혁도 중요하지만 고용 없는 성장과 소득 불평등 문제를 해결하지 않는 경제민주화는 의미가 없다고 생각합니다. 복지 전망이 없는 경제민주화는 거짓이고 비정규직 문제를 돌보지 않는 경제민주화는 위선이고 기만이라고 생각합니다. 순환출자 금지나 출자총액제한 제도 부활, 금산분리, 지주회사 요건 강화 못지않게 중요한 것이 최저임금 인상과 비정규직 정규직화, 그리고 노동자의 경영참여 확보인데요. 지난 두 차례 대선을 지켜보면서 정책이 실종된 선거,

언론의 호들갑보다 더 무섭고 끔찍한 것은 진보진영의 무기력과 방관이라는 생각이 들었습니다.

강수돌　　대개 정치가들이나 경제인들은 우선 기업이 살아야 나라가 산다, 또는 대기업의 발목을 잡지 마라, 등과 같은 얘기를 하면서 '트리클 다운 효과'를 노려야 한다고 얘기하는데, 이게 참 허구적이죠. 우리가 '한국 경제의 배신'이라고 규정할 수 있다면 바로 이 트리클 다운 효과 논리가 얼마나 우리를 기만하고 있는지, 적나라하게 파헤쳐야 한다고 봐요.

도대체 '트리클 다운(trickle down)' 효과가 무언가요? 복잡하게 말할 것도 없이, 부자가 잘되면 하층민도 잘살게 된다는 논리가 '트리클 다운' 효과죠. 우리말로는 적하효과 또는 낙수효과로 번역되기도 해요. 말 그대로, '넘쳐흐르는 물이 바닥을 적신다'는 뜻이죠.

솔직히, 재벌 등 대자본의 입장을 대변하는 이 이론은 1980년대

한국 경제의 배신

이후 득세한 영국의 대처 수상이나 미국의 레이건 행정부가 '공급 측면' 즉 기업 위주의 경제를 추진하면서 세력을 확장했어요. 이어 미국의 제41대 대통령(공화당) 조지 부시가 재임 중이던 1989년부터 1992년까지 채택한 경제정책의 이론적 배경이기도 했죠.

'트리클 다운' 효과라고 영어로 썼기에 그럴 듯하게 보이지만, 실상은 정부가 투자 증대와 감세 정책을 통해 대기업과 부유층의 부(富)를 먼저 늘려주자는 것이죠. 그렇게 되면 중소기업과 소비자에게 혜택이 돌아감은 물론, 이것이 결국 총체적으로 경기를 자극해 경제발전과 국민복지가 향상된다고 말하는 것이죠.

18세기 아담 스미스 이래 자본의 입장을 대변한다는 점에서는 같은 계보에 속하나, 정부가 경제 개입은 하되 노동이나 시민을 위한 정책보다는 자본이나 대기업을 위한 정책을 펴라고 하는 면에서 고전적 자유주의와 차별성이 있다고 보죠. 그래서 신자유주의 이론이라 하기도 하고요.

그런데 1993년 1월 미국의 클린턴(Bill Clinton) 민주당 행정부가 들어서면서 이 트리클 다운 정책은 공식 폐지되었어요. 그러나 트리클 다운 정책은 아들 부시 대통령 시절에 사실상 부활했고, 한국에는 예나 지금이나 전 사회적으로 광범위하게 강행되는 형편이죠.

예를 들면, 자동차 산업의 경우 비교적 마진폭이 높은 중대형 고급차 부문에 투자를 집중해 재원을 확보하면, 그 재원으로 연구개발을 활성화할 수 있고, 그렇게 되면 소형차 시장도 연쇄적으로 경쟁력을 확보할 수 있게 되어 대기업 노동자만이 아니라 중소기업 노동자, 나아가 소비자나 지역 사회 등이 모두 혜택을 보게 된다고 하는 것이 곧 '트리클 다운' 효과라는 것이죠.

그런데 이러한 설명은 말로 들으면 대단히 그럴 듯하지만, 과연 실상이 그러한가 하는 문제는 다시 잘 따져봐야 해요. 진실인가, 거짓인가, 이것이 문제네요. 결론을 말하자면 '이것은 거짓이다'라고 말할 수 있어요. 그 근거는 이렇습니다.

첫째, 위의 그릇에 물이 넘치면 아래로 흐른다고 하지만, 그 위에 있는 그릇이 너무나 넓고 깊어서 물이 잘 차지 않는다는 점이죠. 가장 위의 그릇이 너무 크다는 말인데, 구체적으로는 재벌 대기업의 탐욕이 무한하다는 것입니다.

일례로, 삼성전자의 경우 이사들의 연봉은 100억 원 이상이며, 그 회장의 주식 배당금만 해도 1,033억 원대로 알려졌죠. 현금으로 보유한 비자금만 해도 19조 원이라고 보도되기도 했어요.

쌍용자동차의 경우, 3천 명 가까운 정리해고를 감행하는 가운데 최고경영진들은 천문학적 돈 잔치를 했으며, 마찬가지로 한국타이어나 현대중공업에서도 열악한 작업환경으로 노동자들이 연이어 죽어나가고 대규모 정리해고를 반대해 309일이나 고공농성에 돌입했음에도 불구하고 최고경영진들은 고액의 성과급이나 주식 배당 등으로 돈 잔치에 정신이 없었던 것들 모두 이를 증명하는 셈입니다. 가장 위의 그릇이 이렇게 크다면 어디 아래로 흘러넘칠 게 있겠어요? 흐르더라도 아주 찔끔찔끔 하는 수준이겠죠.

둘째, 다음으로 가장 위의 그릇이 겨우 다 찰라치면 누군가 금세 다른 그릇을 갖다 놓는다는 것이죠.

흥미롭게도 북한이 권력을 상속하는 것과 마찬가지로 남한의 재벌들은 경영을 상속하고 있어요. 나아가 한 사업이 잘되면 금세 다른 기업을 세워 문어발 확장을 하기도 하고요. 그것도 순환출자라는 편법을 통해 실질적인 자본 투자도 없이 경영을 장악하죠. 이런 식으로 재벌 2세건 새 회사를 세우건, 엄청 큰 또 다른 그릇이 재빨리 새로운 부를 낚아채기 때문에 그 부가 아래로 흘러넘칠 시간이 없는 셈이죠.

셋째, 아주 못된 창조적 발상 같은데, 가장 큰 위쪽 그릇의 뒤쪽으로 절묘하게 큰 구멍을 내어 부단히 부를 빼내가기 때문이라고도 할 수 있어요.

일례로 삼성재벌의 주력 계열인 삼성전자의 한 사업부문의 경우, 2008년 순이익이 1조 원 이상이었음에도 실제 발표된 것은 7천억 원 정도였어요. 순식간에 3천억 원이 사라졌습니다. 묘하게도 그 타이밍이 이재용 부사장이 이혼하면서 천문학적인 위자료 및 재산분할을 해주던 시점과 일치해 숱한 의혹을 불러일으키기도 했죠.

나아가 삼성그룹은 김용철 변호사나 노회찬 의원이 폭로한 'X파일 사건'처럼 천문학적 비자금을 조성해서 정치가나 판검사, 행정가, 교수, 언론 등을 체계적으로 관리해왔어요. 이런 식으로 위쪽 그릇의 부가 비밀리에 새나가기 때문에 그 그릇이 가득 찬 뒤 아래로 흘러갈 여유가 없습니다.

자, 이런 식으로 윗물이 아래로 흘러내릴 여지가 줄어들다 보니, 결국은 '트리클 다운'이 아니라 아랫물을 위로 뽑아 올리는 '지하수 펌핑(pumping-up)' 효과가 날 뿐이라고 할 수 있죠.

처음엔 투자를 해서 공장도 짓고 고용도 늘리고 지역 개발도 하는 등 뭔가 해낸다는 인상을 주지만, 사실은 이것은 일종의 '마중물'에 불과하고 그 마중물을 미끼삼아 부단히 엄청난 지하수를 위로 끌어내기만 하는 셈입니다. 나중엔 온 동네 지하수가 다 마를 때까지 뽑어 올리는 것이죠.

대기업 노동자들이 좀 더 많이 가져가는 것은 그렇게 퍼 올릴 때 떨어지는 물을 좀 주워 담는 것에 불과한 셈입니다. 그렇게 마구잡이로 퍼가는 바람에 마침내 온 동네 지하수가 다 마르고 나면 다시 저들은 다른 동네로 가서 새 펌프질을 시작하죠.

그러고 보니 이제부터는 '트리클 다운' 효과라는 말보다 '지하수 펌핑' 효과라는 말을 쓰는 것이 재벌 대기업이 주도하는 한국 경제, 아니, 세계 경제의 현실을 정직하게 설명하는 논리가 될 수 있다고 봐요. 우리가 믿어온 경제의 배신을 설명하기에 딱 좋은 개념이 바로 이 '지하수 펌핑' 효과란 말이죠.

이정환   바로 그 '지하수 펌핑' 논리를 적용할 수 있는 가장 대표적인 사례가 최저임금이 아닐까요? '목숨 유지비'라고도 불리는 2014년도 최저임금이 5,210원으로 결정됐습니다. 7.2% 오른 건데요. 그나마 2008년 당시 8.3% 오른 이후 가장 높은 수치죠.

현재 근로자 평균 임금의 34% 수준인 최저임금을 단계적으로 50%까지 끌어올려야 한다는 요구가 많은데 노무현 정부 때는 9.2~12.3%, 이명박 정부 때는 2.75~8.3% 올랐습니다. 월 단위로 환산하면 주 40시간(월 209시간) 사업장 기준으로 108만 8,890원인데요. 경제활동인구 중 무려 256만 5,000명이 최저임금 수준을 받고 있는 것으로 추산됩니다.

2014년도 최저임금 심의에서 노동계는 5,910원으로 21.6% 올려야 한다는 내용의 인상안을, 사용자 측을 대표하는 한국경영자총협회는 동결안을 제시했어요. 문제는 최저임금위원회가 사용자 위원 9명, 근로자 위원 9명, 공익위원 9명 등 27명의 위원으로 구성돼 있는데 캐스팅보트를 쥐고 있는 공익위원들이 기업에 부담을 준다느니 어쩌고저쩌고 하면서 최저임금 인상을 가로막고 있다는 겁니다. 이번에도 위원 27명 가운데 24명이 참석, 15명이 찬성해서 통과됐는데 민주노총 추천 위원 3명은 상정하기 전에 퇴장했고, 사용자 위원들은 투표 개시 직후 퇴장해서 기권 처리됐죠.

이런 기계적인 위원회 구성 때문에 최저임금이 크게 오르지 않는다는 지적이 나옵니다. 애초에 노동자 대표들이 사회적 합의를 빙자한 요식적인 행사에 들러리로 그치고 있다는 거죠. 공익위원들은 노동부 장관의 위촉을 받아 대통령이 선임하는데 정부 산하 연구기관 연구원들이 대부분입니다. 정부의 입김에서 결코 자유로울 수 없는 신분이죠. 노동계에서는 공익위원을 2배수 이상 노사 양쪽에서 각각 추천해서 이해관계가 있는 인사를 배제하는 방식으로 공정하게 선임해야 한다고 주장하고 있습니다.

한편 노동계 일부에서는 민주노총 등 지도부가 최저임금 인상 투쟁에 소극적이라는 비판도 나옵니다. 대기업 노동조합이 중심인 민주노총이 노조 전임자 임금 지급 등의 문제와 싸우느라 정작 저임금 노동자들 문제에 큰 관심이 없는 것 아니냐는 이야기죠. 실제로 최저임금 문제는 늘 노동계 현안으로 등장하지만 막연한 구호로 그칠 뿐 해마다 최저임금이 결정되면 맥없이 물러서는 모습을 보여 왔어요.

통계청 자료에 따르면 소득 상위 10분위와 하위 10분위의 임금 격차는 2001년 4.81배에서 2012년 5.25배 수준까지 오히려 갈수록 늘어나고 있어요. 이쯤해서 다시 또 던져야 할 질문은 과연 트리클 다운 효과가 있는가. 왜 열심히 일하는데도 전혀 삶의 질이 나아지지 않는가 하는 것입니다. 좀 더 근본적으로는 부가 어디에서 오는가 하는 질문이 필요할 것 같습니다.

강수돌　　　　　고작 350원 올려주려고 야단법석을 떠는 것, 이게 우리의 한심한 현실이지요. 바로 이것이야말로 자본과 권력 주도의 시스템이 갖는 본질이라 봐야 합니다. 경제협력개발기구(OECD)는 전체 근로자 평균임금의 50%를 최저임금으로 권고하고 있는데, 한국은 아직 34% 수준이죠. 최저임금을 108만 원으로 정한 위원들에게 한 달만 살아보라고 하고 싶네요. 사용자 측인 기업의 부담만 강조한다면 노동자 임금은 0원에 가까울수록 좋을 것입니다. 노예 노동이야말로 자본에는 최적이니까요.

왜 열심히 일해도 삶이 나아지지 않는가, 도대체 부가 어디서 나오는 것인가 하셨는데, 매우 중요한 질문이죠.

사회경제적 특권층이 질퍽대며 누리는 엄청난 사회의 부는 여러 겹의 지하수층에서 올라오는 겁니다. 제가 '지하수 펌핑' 효과라고 했는데요, 지하수가 여러 층이 있듯이 부의 원천도 여러 겹이 있다고 판단됩니다.

그것은 일차적으로 대기업 소속 노동자들의 장시간 노동과 경쟁적 분위기, 극도의 충성심 등에서 나오며, 이차적으로는 비정규직, 여성 노동, 이주 노동, 그리고 1차, 2차, 3차 하청으로 연결되는 '기나긴 가치 사슬'에서 일하는 모든 사람들(최근 논란이 되는 대기업과 대리점 사이의 '갑을관계' 사태를 포함), 국내외의 광범위한 소비자, 그리고 3차적으로는 아시아, 아프리카, 남미 등 해외의 천연자원이나 생태계, 그리고 가난한 현지인들의 희생에 근거하죠. 솔직히 말하면, 이건 '불편한 진실'입니다. 상황이 이러하다 보니 우리가 아무리 열심히 일해도 그리고 아무리 오늘 하루하루를 견디며 내일은 좋아질 거라고 기대해도 '그날'은 영원히 오지 않는 거죠. 물론 예외적으로 극소수의 사람들에게 '그날'은 올 수 있어요. 하지만 극소수의 예외일 뿐이죠.

그렇다면 사태의 진실은, 윗물이 아래로 넘치기보다는 아랫물이 위로 뽑혀 올라가는, '지하수 펌핑' 효과가 나타나는 것이라 해야죠. 한마디로 경제성장을 위한 '트리클 다운' 효과는 진실이 아니라 거짓이며, 오히려 사태의 진실을 가리는 마스킹(masking) 역할을 한다고 보아야죠. 바로 이런 점이 '한국 경제의 배신'으로 집약될 수 있지 않을까, 이렇게 봅니다.

바로 이런 맥락에서 참된 경제민주화는 이런 거짓과 배신의 메커니즘을 잘 해명하고 이를 올바른 방식으로 공론화함으로써 진정으로 더불어 행복한 세상을 만들어내는 데서 실현이 된다고 봅니다.

그래서 우리는 경제와 노동, 교육과 생명의 문제를 패키지로 '같이' 풀어야 정의가 숨 쉬는 공정사회를 만들 수 있다는 걸 알 수 있어요. 경제 따로 노동 따로 그리고 교육 따로 경제 따로, 이런 식으로는 아무리 좋은 프로그램을 만들어봤자 참된 사회 변화를 이룰 수 없다는 게 지금까지의 한국사, 아니 세계사가 증명하는 것 아니겠어요?

이런 점에서 일국의 변화보다 전 세계의 변화가 동시 다발적으로 이뤄지는 게 그 변화의 지속 가능성을 드높이는 길이라 확신해요. 그럴 때 비로소 모든 사람들이 즐겁게 일하고 행복하게 살 수 있는 그런 경제와 사회를 만들 수 있는 거죠.

한국,
왜 우울사회에 빠졌나

이정환 　　　　영국의 〈파이낸셜 타임스〉가 싸이의 '강남 스타일' 열풍을 분석한 바 있습니다. "강남 지역 거주자들의 삶이 화려해질수록 더 많은 한국인들이 극소수에게만 유리한 경제시스템에 불만을 느끼게 된다"는 내용이었는데요. '부유한 한국, 존재론적 불안에 빠지다'란 제목도 인상적이지만 "한국 사람들의 삶이 행복과 거리가 멀다"는 지적이 놀라웠습니다. "해외에서 한국의 긍지를 나타내는 재벌은 나라 안에서는 납품업체를 쥐어짜고 중소기업들을 파산하게 하는 경제적 악당으로 여겨지고 있다"는 지적이나 "한국 정부가 국내의 사회·경제적 문제를 이슈화하는 데 태만히 했다"는 비판도 우리가 놓치고 있는 부분입니다.

선진국 문턱에서 점점 더 많은 사람들이 가난하다고 느끼고 있으며, 과잉 업무와 과다한 스트레스에 시달리고 있습니다. 한마디로 '우울사회'나 다름없죠. 아이들은 '입시 지옥'을 겪고 있으며 제대로 된 직장을 잡는 것도 하늘의 별따기죠. 출생률은 1.23명으로 일본의 1.4명보다 낮습니다. 지난 10년 동안 자살률이 두 배나 되는 등 사회 문제로 부각됐는데도 별다른 조치가 없다는 지적도 부끄럽습니다.

실제로 경제협력개발기구(OECD) 통계연보에 따르면 우리나라의 노동시간은 2011년 기준 2,090시간으로 OECD 최장입니다.

미국은 1,704시간, 일본 1,728시간, 독일 1,406시간으로 우리보다 적었습니다. 자살률은 인구 10만 명당 21.5명으로 평균 11.7명의 거의 두 배나 됐고요. 여성 자살률은 13.2명으로 1위, 남성 자살률은 32.0명으로 헝가리에 이어 2위였습니다. 33분마다 1명씩 자살하는 나라, 왜 이런 '끔찍한' 나라가 됐을까요?

강수돌　　　　'등잔 밑이 어둡다'는 말처럼 막상 한국인들은 하루하루 먹고 사느라 도대체 사회가 어떻게 돌아가는지, 왜 열심히 일해도 행복하지 않은지 등의 근본적인 질문을 던질 여유조차 없는 게 사실이죠. 저 멀리 영국의 〈파이낸셜 타임스〉가 이런 문제를 다뤄준 것이 한편으로 부끄럽기도 하지만 다른 한편으론 고맙기도 하군요.

해외에서 한국을 방문하거나 한국에 대해 오래 전부터 깊은 관심을 갖는 사람들이 갖는 이상한 느낌이 둘 있다고 합니다. 하나는 한국 학생들은 공부는 엄청 열심히 하는데 막상 영어로 소통하려고 하면 잘 못하는 것 같다, 공부에 투입한 시간에 비해 결과가 좀 초라한 것 같다는 뜻이지요. 그리고 두 번째로는 한국의 정치경제, 그리고 사회 분야 등에서 굉장히 심각한 문제가 많이 생기는데도 불구하고 도대체 사람들이 그 잘못된 문제들에 대해 "이건 아니야!"라며 소리치는 경우를 잘 볼 수 없다는 겁니다. 게다가 2008년 광우병 쇠고기 수입 반대 촛불시위 국면에서처럼 국민들이 가끔 대대적으로 들고일어난다 해도 정치경제적 책임자들이 발 벗고 나서서 문제를 해결하려 하기보다는 끄떡도 하지 않는다는 점을 지적하기도 해요.

그런 이야기를 들으면 같은 한국 사람으로서 부끄럽다는 생각을 많이 합니다. 이러한 문제들의 근저에는 뭐가 있을까요? 저는 우리가 정치경제나 사회문화 등 삶의 과정에서 참된 주체로 서기보다는 늘 어른들이나 권력자의 결정에 순응하고 복종하는 객체로서의 삶을 살아온 배경이 놓여 있다고 봅니다.

일례로, 학생들은 자신이 뭘 공부하고 싶은지 스스로 느끼고 생각하기 이전에 "일류대를 가려면 무조건 이런저런 것을 공부해야 한다"는 강박과 집착에 사로잡혀요. 수평적 배움이 없는 일방적 교육 과정에서 학생들은 자신의 삶에 대한 주권을 부모에게 넘겨준 채 소외된 공부를 합니다. 그러니 한마디로 재미도 없고 성과도 초라할 뿐이죠.

직장은 어떤가요? 사람들은 자신의 인생에서 가장 많은 시간을 보내게 되는 직장생활이 자아 실현이나 사회 헌신에 도움이 되는지 느끼고 생각할 겨를이 없어요. 하루하루의 생계가 더 급하고 '잘리지' 않는 것이 더 중요한 일처럼 되어 버렸죠. 그렇게 열심히 일해서 나중엔 남부럽지 않게 물질적으로 잘사는 것이 인생의 최고 목표인 것처럼 보이는 것이기도 하고요. 그러다 보면 '직장─가정 간 균형'이 깨지고 심지어 일중독에 걸려 과로하다가 마침내 직업병에 걸리거나 과로사하기도 합니다. 현재의 자리를 유지하려면 아래로는 갈구고 위로는 비비는, 이른바 '갈─비의 변증법'이 작동하는 그런 직장 현실 속에 대부분이 살고 있지요. 이 과정에서 아랫사람이나 윗사람이나 모두 그 본연의 인간성을 상실하게 되고요.

한참 달리다가 문득 멈춰 인생을 돌아보면 대부분이 '내가 왜 이렇게 살지?'라는 후회를 하게 되는데, 이 모두가 우리 자신의 정치 경제 등의 문제에서 삶의 주체로 살기보다 대상화된 삶을 살아서 그런 것입니다. 모두 자기 이름을 갖고 주체로 사는 것 같지만 실상은 사회 분위기에 휩쓸리고 다른 사람 눈치를 보며 어쩔 수 없이 먹고사는 일에만 매달리는 것이죠.

이런 식으로 우리 모두는, 아이들이나 어른들이나 진정으로 스스로의 삶에 대한 주체성이 결여된 상태에서 오로지 사회의 상층부가 제시하는 돈과 권력의 논리만 추종하다가 헛된 삶을 사는 꼴이고요. 이것이 제가 말하는 '객체화된 인생'의 본질이고, 바로 이 부분을 고치지 않는 한 그 어떤 '경제민주화'도 말짱 도루묵이 될 것이라 봐요. 재벌 개혁이나 양극화 해소, 복지 사회 등등 좋은 이야기는 많으나 더 근본적으로는 전반적 삶의 과정에서 '민'에 해당하는 사람들이 실질적인 주체로 바로 서지 않으면 어떠한 제도 변화도 불완전할 수밖에 없다는 것입니다.

과연 어떤 것이 삶의 주체로 바로 서는 것인지, 그에 기초한 각종 제도적, 구조적 변화란 무엇인지 이런 문제를 제대로 한번 따져보자는 것이죠. 바로 이것이 기존의 '경제민주화' 논의와는 다른 이 책만의 특별한 문제의식이라 할 수 있습니다.

이정환 '트리클 다운 효과'라는 걸 주문처럼 외우고 다닌 사람들이 있었죠. 실제로 노무현 정부 말기와 이명박 정부 초기, 트리클 다운 효과가 나타나고 있는 것처럼 보이기도 했습니다. 중위 계층 실질소득이 조금이나마 늘어났고, 소비도 조금씩 회복되는 분위기였고요. 그러나 문제는 트리클 다운 효과만으로 양극화를 해소할 수 있느냐는 것입니다. 진짜 문제는 중위 계층이 아니라 하위 계층인데요. 일자리는 계속 줄어들고 노동 조건도 갈수록 더 나빠지고 있습니다. 지난 10년 동안 이들의 소득 증가율은 물가 상승률에도 못 미쳤습니다. 이들의 소득은 오히려 줄어들었죠.

강수돌 앞서도 말했지만, '트리클 다운'이란 경제 규모가 팽창하고 소비가 늘어나면 일자리도 늘어나고 사회 전반적으로 부가 늘어난다는 개념인데요. 실제로는 저임금 비정규직 노동자와 농촌 빈민들, 저학력자, 여성 등 사회적 약자들의 피와 땀과 눈물을 빨아서 위에서는 흥청망청하는 그런 구조가 됩니다. 트리클 다운이 아니라 '역트리클 다운' 내지 '지하수 펌핑' 효과가 나타난 셈이죠. 사태가 이렇게 된 배경은 결국 우리의 사회경제 구조가 사다리 질서 내지 피라미드 질서라서 그렇습니다. 극소수의 상층과 대다수의 중하층으로 분열된 사회 말이죠.

이정환 트리클 다운 효과가 없다면 대안은 뭘까요? 그래도 성장은 필요하지 않을까 하는 편견을 벗어나기가 쉽지 않습니다. 파이를 키워서 나누자는 논리 말입니다.

강수돌　　　　　우리가 지금 높은 관심을 갖고 있는 경제민주화
도 바로 이런 잘못된 사회구조부터 바로 잡는 것을 말해요. 예컨
대 제가 대안으로 제시하는 사회구조는 사다리꼴이 아닌 원탁형
모양의 '더불어 사는' 그런 사회구조입니다. 사다리 질서가 아니라
밥상 꼴의 수평 질서인 원탁형 구조를 만들자는 것이죠.

　좀 더 구체적으로, 부자들이 돈을 많이 벌어 가난한 사람에게 찔
끔찔끔 나눠주는 것이 아니라 파이가 작으면 작은 대로, 크면 큰
대로, 처음부터 '더불어 사는' 사회를 만들자는 것이죠. 제도적으
로 압축하자면 개성 있는 고교 평등화, 개성 있는 대학 평등화, 개
성 있는 직장 평등화가 실현되도록 하자는 것입니다. 모두 일하되
조금씩 일하고, 비슷하게 대우 받자, 이런 정도로 압축됩니다. 지
금까지와는 전혀 다른 방향이죠.

　원리가 그렇게 되면, 구체적으로는 아이들이 개성이나 끼를 살
리면서 행복하게 교육받으며 성장하고, 나중엔 대학이나 직장을
두고 차이는 있되 비인간적인 차별을 하지 않는 그런 사회가 됩니
다. 이게 바로 '원탁형 사회'죠.

　물론 하루아침에 그런 사회를 만들 순 없죠. 양극화가 심한 게 현
실이므로 이를 바꾸려면 최우선적으로 소득세 누진제를 가파르게
해서 많이 버는 사람이 많이 내는 게 중요해요. 상속세도 마찬가지
고요. 법인세 누진제도 다시 설계해야 합니다.

두 번째는 정부의 지출 중에 낭비성이나 특혜성 지출들을 우선순위에서 제거해야죠. 국민의 살림살이를 고양할 부분은 지출을 더 늘리고 인간답게 사는데 도움이 안 되는 분야는 과감히 줄여야 합니다.

온 사회에서 부정부패도 확실히 없애야 합니다. 남북관계 등 평화 무드 조성으로 군사비 지출도 줄여야 해요. 그런 식으로 자원을 재분배하는 것이 중요해요. 조세정의라는 건 거둬들이는 것뿐 아니라 지출 차원에서도 실현이 돼야죠.

파이만 키운다고 저절로 분배되는 게 아니라 결국은 민주화가 되어야 공정 분배도 되겠죠. 파이가 작으면 작은 대로, 커지면 커진 대로 고루 분배하는 것도 중요해요. 자꾸 파이가 작다고만 하는 사람들은 '분배'엔 전혀 관심이 없는 사람들입니다.

한편, '파이의 원천(source)' 문제도 간과해서는 안 됩니다. 파이를 만드는 원재료가 수많은 사람들의 피와 땀과 눈물을 무자비하게 희생시킨 결과이거나 삶의 토대인 자연생태계를 훼손한 대가라면 그것은 결코 건강한 파이가 아니죠. 파이를 키우기 위해 세계 경제가 '생산성(productivity) 향상'으로 치달릴수록 '파괴성(destructivity) 향상'으로 치닫고 있다는 점을 성찰해야 합니다.

기업의 넘쳐나는 이익,
어떻게 통제하죠?

이정환　　　　　이명박 정부의 실패에서 뭘 배워야 할까요? 이명박 정부 5년을 돌아보면서 민주주의의 함정에 대해 고민하게 됩니다. 어찌됐든 이명박은 선거로 선출된 대통령이었습니다. 이명박에게 투영된 우리 사회의 욕망을 봐야 한다는 이야기죠. 이명박의 실패는 그런 욕망의 결과라고 봐야 하지 않을까요? 대통령 이명박이 아니라 '우리 안의 이명박'의 실체를 들여다봐야 하지 않을까, 그런 생각이 듭니다.

강수돌　　　　　"경제 대통령이 되겠다"는 말이 국민에겐 참신했죠. 김대중, 노무현 전 대통령은 상대적으로 경제에 취약하다는 평가를 받았으니까요. 그렇지만 국민을 잘살게 해주겠다는 이명박 전 대통령의 공약에 열광하면서도 정작 '잘산다'는 게 어떤 의미인지에 대한 사회적 성찰이 부족했습니다. 두 가지로 말할 수 있을 텐데 하나는 가능성의 문제고, 다른 하나는 바람직함의 문제죠. 1인당 국민소득 2만 달러를 달성하고 나니 4만 달러를 향해 가자고 당연시했지만 과연 그게 가능한지, 그리고 그게 바람직한 것인지 성찰했어야 한다는 것입니다. 이명박 정부가 내세운 '747공약'이 가짜였다는 것이 허탈하기도 하지만 다른 의미, 즉 경제민주화 차원으로 보면 다행이기도 합니다. 그렇게 되었으면 사람과 자연이 지금보다 더 많이 망가졌을 것이거든요.

'트리클 다운' 효과를 앞세워 시장의 자유, 경쟁의 자유만을 외친 이명박 정권의 논리는 한편으로 '돈벌이의 자유, 돈벌이 경제'를 뜻합니다. 부의 재분배는 뒷전이었고, 모두가 파이의 크기를 키우는 쪽으로 우르르 몰려가는 꼴이었죠. '우리 안의 이명박'이란 명제는, 어쩌면 우리가 '삶의 논리'가 아닌 '돈의 논리'를, 살림살이의 '필요 논리'가 아닌 기업의 '이윤 논리'를 자신도 모르게 내면화하고 있는 건 아닌지 그걸 살펴봐야 한다는 충고로 들립니다. 이런 관점으로 보면 실패로 귀결된 4대강 사업에 마냥 박수친 사람들이나 일부 언론도 자기반성과 철저한 단죄가 필요하다고 봅니다.

이정환　　　우리는 '고용 없는 성장'이라는 새로운 경향을 간과하곤 합니다. 우리나라 매출액 상위 2,000개 기업의 매출은 2000년 815조 원에서 2010년에는 1,711조 원으로 두 배 이상 늘어났습니다. 1인당 매출액도 5억 2,000만 원에서 10억 6,000만 원으로 두 배 이상 늘어났고요. 그런데 그 10년 동안 이들 기업의 일자리는 2.8%밖에 늘지 않았습니다. 물론 매출이 두 배 늘었다고 해서 일자리가 두 배 늘어나란 법은 없습니다. 그래도 성장을 말할 때는 고용 창출의 기대도 크지 않습니까?

또 다른 진짜 문제는 일자리의 양보다 질이죠. 지난 10년 동안 비정규직 노동자 비율이 급격히 늘어났습니다. 전체 노동인구 가운데 정규직 3분의 1, 비정규직이 3분의 1, 그리고 나머지 3분의 1

이 자영업자인 기형적인 노동시장이 됐습니다. 그렇다고 지난 10년 동안 우리들 살림살이가 두 배 나아진 것도 아니고요. 일자리가 늘어난 것도 아니고 살림살이가 나아진 것도 아니라면 늘어난 매출과 이익은 모두 어디로 간 걸까요?

강수돌　　　　먼저 짚고 넘어갈 것은, '모두 부자가 되는 그런 나라'는 세상에 없다는 겁니다. 가능하지도 않고 바람직하지도 않습니다. 이명박 정권을 보세요. 잘살게 해주겠다고 하니까 국민이 지지했습니다. 그들은 김대중 · 노무현 대통령 시절을 '잃어버린 10년'이라 비난했죠. 747공약, 이른바 7%의 경제성장률과 1인당 국민소득 4만 달러, 세계 7대 강국을 만들겠다고 큰소리를 쳤습니다. '부자 되세요'라고 외치던 몇 년 전 신용카드 회사 광고를 생각나게 합니다.

제가 묻고 싶은 건, 모두 부자 되는 게 과연 우리 인생의 목표인가, 하는 것입니다. 세상사람 모두가 미국의 부자처럼 살려면 지구가 서너 개 있어도 모자란다는 이야기가 있죠. 미국이나 유럽의 부는 제3세계 노동자와 자연을 희생시킨 결과죠. 한국 역시 마찬가집니다. 기본적으로는 국내 노동자나 농민의 희생도 컸고요. 그 위에 중국과 태국, 필리핀, 말레이시아 등 동남아 저임금 노동자들의 희생이 없었다면 지금 우리가 누리는 부는 있을 수 없죠.

고용의 양이나 질도 이런 차원에서 보면 쉽게 이해가 되죠. 정규직 1/3, 비정규직 1/3, 자영업자 1/3이라 하셨는데, 저는 정규직

1/4, 비정규직 1/4, 자영업자 1/4, 실업자 1/4이라 표현하고 싶네요. 사실 기업 임원들이 천문학적인 연봉을 받으며 살아가는 건 수많은 노동자, 농민, 비정규직과 중소기업, 아르바이트생, 이주노동자 등 이런 사람들의 희생으로 가능합니다. 또, 없어지는 일자리는 기하급수적이지만 새로 만들어지는 건 산술급수적이죠. 게다가 없어지는 일자리는 양질인데 생기는 일자리는 반대죠. 문제가 큽니다. 결국, 사회경제적 계층 구조의 아래쪽 사람들 희생 위에 위쪽 극소수들의 배만 불린 셈이죠. '트리클 다운'의 반대 현상, 즉, 제가 말한 '지하수 펌핑' 효과를 증명하는 셈이죠. 그러니 질문하신 부분, 즉 일자리가 늘어난 것도 아니고 살림살이가 나아진 것도 아니라면 늘어난 매출과 이익은 결국 극소수의 부자들에게로 펌프질당하고 만 셈이라 할 수 있죠.

이정환　　　　　이건희 회장의 연봉은 0원입니다. 그러나 '2012 회계연도 현금 배당'은 1,033억 7,000만 원. 하루 2억 8,000만 원 이상을 벌은 거죠. 미국의 경제 주간지 〈포브스〉 집계에 따르면, 2013년 이 회장의 자산은 130억 달러(14조 3,000억 원)로 세계 부자 순위 69위를 기록하고 있습니다. 부의 불평등이 심해지고 있는데, 다들 이건희의 삶을 동경하기만 할 뿐 다른 대안을 찾지 못하고 있어요.

　이 회장의 연봉이 많은 게 문제가 아니라 갈수록 부의 집중이 심화되고 있다는 게 문제입니다. 순환출자를 통해 보유 지분보다 훨씬 더 많은 영향력을 행사하고 계열사들을 부당하게 착취해 이익을 한 회사에 몰아 배당으로 빼내가는 수법인데, 이런 걸 바로 잡는 게 경제민주화의 기본이라고 생각합니다. 그렇지만 당장 삼성 직원 입장에서는 할 수 있는 일이 없죠. 정치권에서도 삼성이 잘돼야 한국경제가 잘된다고 생각하기 쉽고요. 국민들은 어떤 선택을 할 수 있을까요? 기업 이익의 공정한 배분, 그에 앞서서 사회적 책임을 다하는 기업, 적정 수준의 이익률, 그런 가치들을 구현하기가 쉽지 않습니다.

강수돌　　　　기업지배구조 이론이 전파되어 뿌리 내린지도 40년이 지났습니다. 한마디로 주주의 권한과 이익을 우선시하자는 거죠. 덕분에 경영자는 '주주의 이익 극대화'라는 미명 아래 막대한 수익을 올리면 천문학적 보수를 챙겨 가고 자산 증식을 합니다.

특히 많은 계열사들을 거느리고 있는 우리나라 재벌기업들은 주주자본주의의 나쁜 점을 교묘히 결합해 경영자가 실질적 지배권을 행사하는 형태죠. 우리나라 재벌처럼 정부 관료, 언론, 법까지 포섭해서 국가정책을 흔들거나 조종하는 곳은 드물죠. 현재의 시스템에서는 기업 이익의 공정한 배분이나 사회적 책임을 기대하기가 어렵다고 봐요.

나중에 자세히 말씀드리겠지만 그걸 제대로 기대하려면 이해관계자 자본주의를 비롯하여 생산 주체인 노동자의 경영참여, 노동자 자주관리, 공동결정 문화 등 사회 연대의식에 바탕한 연대의 사회경제 시스템을 새로 구축해야 한다고 봅니다.

그러니 일례로, 재벌의 수탈 체제 등 삼성의 문제를 삼성 직원이 직접 제기하기란 정말 어렵죠. 실제로 삼성 일반노조를 만들다 해고되고 옥살이까지 했던 김성환 위원장이 쓴 《골리앗 삼성재벌에 맞선 다윗의 투쟁》이나 김용철 변호사의 《삼성을 말한다》, 그리고 최근의 박종태 해고자의 삶을 기록한 《환상》이나 김순천 작가의 《대한민국 나쁜 기업 보고서》 같은 책을 보면, 삼성에 대적하는 일은 해고, 징계, 투쟁, 감옥, 심지어 죽음까지 불사해야 한다는 걸 알 수 있어요. 사람들에게 공포와 두려움을 조장해 진실에서 우러나는 생각이나 행동을 못하게 막는 것이죠. 이런 면에서 역설적으로 들리지만 가장 자본다운 자본이 삼성입니다.

하지만 삼성 직원이 아니라 한 인간으로서, 그리고 공동체의 구성원으로서 우리는 이 문제를 회피할 수는 없습니다. 20대 80사회를 넘어 10대 90사회, 나아가 1대 99사회로 달려가고 있는 갈수록 심해지는 양극화 문제, 그 뒤에는 삼성 재벌로 상징되듯이 황제 경영, 족벌 경영, 경영 세습, 순환 출자, 일감 몰아주기, 내부 거래, 불법 증여, 비자금 관리, 체계적 뇌물 제공, 정치인이나 사법계 매수, 노동 탄압, 노동자 의식 세뇌, 극단적 노동 착취, '슈퍼 갑'의 밀어내기식 행태, 납품 단가 후려치기, 하청 계열사 수탈, 시장 조작, 소비자 유린, 자연 생태계 파괴, 제3세계 수탈과 억압 등이 존재함을 잊어서는 안 됩니다.

요컨대, 수많은 사람들의 피와 땀과 눈물이 모여서 재벌 회장 같은 이들의 천문학적 부가 축적되고 있는 것입니다. 심지어 재벌 최고경영자의 10세 아이가 450억 원대의 주식을 가지고 있기도 하죠. 이미 〈뉴스타파〉를 통해 공개되었죠. (약 5천만 국민 중) 불과 수백 명에 이르는 거대 부자들은 세금을 내지 않으려고 해외의 조세피난처에 유령회사를 차려 돈 관리를 하고 있지 않습니까.

무엇보다 확실한 점은 사회적 변화가 필요하다는 것에 대해 사회적 공감대가 커져야 한다는 것이고, 나아가 대중들의 거대한 저항과 연대 없이는 어떠한 변화도 불가능하다는 점이죠. 결국, "과연 이대로 좋은가? 무엇을 바꿔야 하나?"와 같은 질문을 공유하는 것 자체가 먼저 중요하다고 할 수 있습니다.

이정환　　　　　기업들은 현금을 쌓아두고 있습니다. 재벌 기업들이 쌓아두고 있는 현금 유보율이 1400%를 넘어섰습니다. 자본금의 14배가 넘는 돈을 투자하지 않고 곳간에 쌓아놓고 있다는 겁니다. 유가증권시장의 10대 그룹 소속 12월 결산법인 69개사의 2012년도 유보율이 1441.7%로 집계됐습니다. 2008년 말보다 무려 517.8%포인트나 늘어난 규모죠. 1400%라면 자본금이 100억 원인 회사가 1,400억 원 정도의 현금을 쌓아두고 있다는 겁니다. 달리 말해 같은 회사 14개를 만들 돈을 갖고 있다는 거죠. 자본의 파업이라고도 할 수 있을 텐데요. 자본의 탐욕이라고 매도하기에는 시스템화되어 있어요. 한때 초과이익 분배제를 도입하자는 아이디어가 나와서 논란이 되기도 했는데요. 기업의 넘쳐나는 이익을 어떻게 통제할 수 있을까요?

강수돌 저도 깜짝 놀랐는데요, 10대 그룹 소속의 69개 회사가 투자를 유보한 채 쌓아놓고 있는 돈이 무려 405조 원 이상이라 하죠. 그러다 보니 가끔 뉴스에서는 재벌 임원들 집에서 수백, 수천 억 원의 현금이나 황금이 발견되기도 한다죠. 한쪽에서는 굶어 죽는데, 다른 쪽에서는 비만으로 죽는 것 같은 양극화된 현실입니다.

기업의 넘치는 이익을 어떻게 통제할 것인가, 이 문제는 크게 두 차원으로 나눠볼 수 있어요. 하나는 생산의 차원이고 또 하나는 분배의 차원이죠.

먼저 생산의 차원을 봅시다. 우리가 인간답게 잘 산다는 문제가 단순히 부자가 된다는 것을 뜻하는 게 아니라 한다면, 돈을 벌긴 벌되 좀 행복하게 벌자, 이런 식의 철학이 필요하지 않겠어요? 그렇다면 생산의 측면에서도 사람을 극한으로 착취하거나 억압하지 않고 또 자연을 망가질 정도로 훼손하지 말고 돈벌이를 해야 하겠죠.

달리 말하자면 경제적 가치의 생산 과정에서도 노사 간 관계만이 아니라 원청과 하청의 관계, 기업과 사회의 관계, 사람과 자연의 관계, 국내와 해외 간 관계가 서로 균형과 조화를 이루는 것이 바람직합니다. 경제민주화 논란에서도 강조된 '균형 성장', '남용 방지', '주체 조화'란 본질적으로 이런 걸 뜻합니다. 헌법 119조 2

항에 나오는 내용이죠. "국가는 균형 있는 국민경제의 성장 및 안정과 적정한 소득의 분배를 유지하고, 시장의 지배와 경제력의 남용을 방지하며, 경제주체 간의 조화를 통한 경제의 민주화를 위하여 경제에 관한 규제와 조정을 할 수 있다."

이런 점에서 특히 재벌 개혁이 중요한데, 그 규모의 문제보다도 조직 방식, 경영 방식, 관계 방식을 과감하게 민주화하는 것이 핵심이라고 봅니다.

다음으로 분배의 차원을 보면, 어느 재벌 기업의 회장이 "1%가 99%를 먹여 살린다"고 했는데 저는 이를 거꾸로 봅니다. "99%가 1%를 먹여 살린다." 99%의 피와 땀과 눈물이 없이는 결코 1%의 탁월한 업적도 나오지 못하죠. 우리는 결과만 보고 그것이 마치 그 결과의 주인공이 홀로 만들어낸 것이라 여기기 쉽지만, 사실은 수많은 이들의 도움과 협력이 없이는 불가능했다는 걸 알아야 합니다.

이렇게 말하는 저 자신도 지금과 같이 학문의 길을 걷는 사람이 되기까지엔 어릴 적부터 부모 형제의 도움과 보살핌, 친구들과의 친교와 우정, 선생님의 격려와 자극, 장학금을 만들어주신 분들의 피와 땀과 눈물, 눈에 보이지 않는 많은 사람들의 지지와 후원 등이 모여서 저 하나를 만들어냈다고 생각해요.

바로 이런 마음, 나의 업적이나 성과는 나 홀로의 결과물이 아니라는 것, 수많은 이들이 함께 힘을 모아준 결과라는 것을 들여다보고 이것을 감사하며 더 좋은 일을 위해 나누는 것, 바로 이것이

온 사회를 더 건강하고 행복하게 살리는 길이 아닐까요? 경제민주화 논란에서 강조된 '적정 분배'나 '주체 조화'의 문제도 바로 이런 면을 포함하죠.

이런 면에서 재벌이 쌓아둔 부를 한편으로는 균형 성장의 밑거름으로, 다른 편으로는 적정 분배의 밑거름으로 써야 한다고 봅니다. 물론 동일한 자원도 구체적으로 어디에 얼마나 쓸지에 대해선 시간이 좀 걸리더라도 투명하고 민주적인 토론을 거쳐야 합니다. 그에 바탕 하여 합리적인 결정을 내려야 하겠지요.

다른 한편, 우리는 세계적인 돈의 흐름에 대해서도 깊은 관심을 가져야 해요. 일례로, 돈에 대해 근원적 질문을 던지는 《엔데의 유언》이란 책을 보면, 2000년 한 해 동안 전 세계를 돌아다닌 돈이 300조 달러였다고 합니다. 그런데 지구에 존재하는 모든 나라들의 국내총생산(GDP, Gross Domestic product) 총액은 30조 달러에 불과했어요. 전 세계 수출입 총액은 8조 달러였고요. 결국, 전 세계 화폐 총량의 3% 정도만이 무역을 위한 결제에 쓰이고 나머지 95% 이상은 투기성 자본의 흐름이라고 볼 수 있죠. 그 규모가 전 세계 각국 총생산액을 합친 것보다 10배나 많은 규모라는 건 한마디로, 지금의 세계 경제가 폭발 직전의 거품 경제라는 것입니다.

그런데 이리유카바 최의 《그림자 정부》라든지 쑹훙빙의 《화폐전쟁》, 그리고 히로세 다카시의 《제1권력》과 같은 책들을 보면 이러한 금융자본을 주무르는 엘리트들(유럽의 로스차일드, 미국의 J. P. 모건이나 록펠러 재단)은 세계 경제나 각국 정치가들을 실질적으로 주무르는 '막후 권력'의 핵심이라 보고 있죠. 이미 미하엘 엔데가 《모모》라는 소설에서, 그리고 영화 〈메리 포핀스〉 같은 데서도 은행과 금융의 본질을 잘 묘사했지만요.

결국 이자를 낳는 자본, 그것도 복리로 돈을 불리는 자본이야말로 기업이나 정치를 멋대로 주무르며 무한 축적을 위해 무한 성장을 강요하고 있는 것이죠. 삶을 위한 실물경제에 대한 관심은 안중에도 없고 가짜 상품을 만들거나 투기성 상품을 만들어 오로지 더 많은 돈을 벌어가려는 탐욕만 득실대는 것이 현실 경제라는 거죠.

이들 금융자본가들은 인플레이션과 디플레이션을 반복해 만들어가며 사실은 수많은 대중들이 피와 땀과 눈물을 흘려 창조한 가치들을 하루아침에 탈취해가는 (예, 부채를 갚지 못하면 부동산 담보를 경매 처분) 작태도 마다 않지요.

따라서 돈의 입장이 아니라 삶의 입장, 특권층의 입장이 아니라 민중의 입장에서 본 인플레이션이란 그간 생산한 실물경제 가치가 올라가는 듯해도 사실은 화폐의 가치를 터무니없이 떨어뜨리는 것(환율 인상)이고, 그래서 부자가 되려면 갈수록 더 많이 노동을 해서 벌어야 한다는 것이 됩니다.

반면, 디플레이션이란 실물경제 가치를 떨어뜨려 IMF 때처럼 외국 자본이 손쉽게 기업이나 은행, 부동산 등을 가져가는 과정이 되는 셈이죠. 큰 차원이 이렇게 진행되는데 우리는 인플레니 디플레니, 아니면 환율 인상이니 환율 하락이니 하는 것만 보고 당장 내가 무슨 이익인가라는 차원에서만 바라보다 보니, 더 큰 것들을 잃고 마는 셈입니다.

이런 점에서 저는 재벌 개혁과 더불어 금융 개혁이 정말 중요하다는 생각을 합니다. 단지 부분적 개혁이 아니라 오히려 전면적 혁명이 필요하다고 할 수 있어요.

일례로, 은행이 지불준비금도 없는데 이자 놀이를 하는 것, 실물 경제의 가치를 벗어난 돈 놀이, 시간이 가면 저절로 이자가 불어나는 시스템, 중앙은행이 형식적으로는 국가 은행으로 보이지만 사실상은 민간에 의해 좌우되거나 (민간 은행에 불과한) 미국 연방준비은행 이사회의 통제를 받고 있는 것, 돈이 교환의 수단이 아니라 투기의 수단으로 변한 것 등이 문제라는 것이죠. 세상에서 미국 달러를 가장 많이 가진 나라가 중국인데, 중국에 (주식시장은 있되) 외환시장은 아직 없는 게 최근 고성장의 배경으로 지목되기도 합니다. 외환 투기로 돈의 유출이 일어날 수 없는 구조라는 거죠. 대단히 시사적입니다.

이런 면에서 국제 외환거래에 약간의 세금을 매겨서 외환 투기를 제어하자는 '토빈세(Tobin's tax)' 제안은 그 발상의 신선함에도 불구하고 임기응변 내지 '눈 가리고 아웅' 하는 정도에 지나지 않아요. 그래서 외환투기 자체를 금하는 중국이나 무담보소액대출로 빈민의 자립을 돕는 방글라데시의 그라민은행, 그리고 투기나 이자놀이 같은 것을 원천 봉쇄하는 협동조합 은행이나 소셜 뱅크 등, 보다 근본적이고 장기적인 접근이 필요하다는 이야깁니다.

낮은
노동가치를 올려라

이정환 오스트레일리아로 이민을 간 한 신문기자의 이야기를 읽은 적 있습니다. 원래 기러기 아빠였는데 호주에서 두 아이의 학비만 1년에 4,000만 원, 집세가 연간 2,000만 원, 여기에 생활비를 더하면 8,000만 원이 훌쩍 넘는데 우리나라에서 신문기자 연봉은 5,000만 원 수준밖에 안 되고요. 몇 년 전 이야기입니다만.

애초에 아이들을 호주로 보낸 것은 아이들이 우리나라의 경쟁적인 교육 시스템에 적응을 못했기 때문인데요. 그래서 그는 초밥 만드는 기술을 배워 호주로 이민을 갑니다. 영주권을 얻으면 아이들 학비가 들지 않는 데다 의료비도 전액 무료, 게다가 양육수당과 가족수당, 월세 보조금 등 온갖 복지수당까지 받을 수 있으니까요. 그래서 호주 영주권이 50만 달러의 자산가치가 있다고도 하죠. 이 계산에 따르면 호주로 이민만 가도 5억 원을 버는 셈입니다.

그런데 최근 정치권에서 거론되는 복지 담론에는 이런 '환상'이 낀 것 같습니다. 몇 년 전까지만 해도 복지국가라는 게 사치처럼 느껴졌지만 이제는 손을 내밀면 바로 잡을 수 있을 것처럼 보이기도 하죠. 자연 자원이 풍부한 호주에서나 가능할 것 같은 이야기지만 이 나라에서는 목수 보조만 해도 풍족하게 살 수 있다고 해요. 임금 격차가 크지 않기 때문에 의사나 변호사 같은 힘든 일을 오히려 꺼린다고도 합니다. 그런 나라가 되기를 꿈꾸는 건 불가능

"

할까요?

강수돌　　　　　멀리 보아 '고루 대접받는 사회'가 돼야 하는 건 당연합니다. 우리는 아래쪽에 있는 사람들을 싸게 부리는데 호주에서 단순 육체노동의 인건비가 높다는 건 직업에 따라 임금 차별이 크지 않다는 이야기죠. 진짜 학자가 되고 싶은 사람만 대학가는 게 옳죠. 그런 세상이라면 정말 내가 좋아하거나 잘할 수 있는 분야에서 일할 수 있죠.

그렇지만 우리 사회의 기저에는 사다리 질서와 같은 차별적인 구조와 의식이 깔려 있어요. 반면에 호주나 유럽에서 비교적 직업 평등이 이뤄진 것은 오랜 노동운동의 결과이죠. 직업적인 수공업 중심 노동운동에서 산별노조로 발전해오면서도 전문직업 분야의 노동자들이 그 숙련과 기술에 따라 일정한 대접을 받는 것이 계속되고 있어요. 이를테면 배관공, 연초공 등 직종별로 각 숙련의 등급이 같다면 동일하게 대접받는 문화를 노동운동이 정착시킨 것입니다.

사람의 노동력 가치가 올라가는 것도 결국은 그 사회의 물가 수준이나 생산성 수준을 반영하지만 이것 역시 마지막에는 교섭력 수준을 반영합니다. 다시 말해 노동의 사회적 힘이 얼마나 성장하느냐, 그래서 노동력 가치의 사회적 결정에 얼마나 힘을 발휘할 수 있느냐 하는 점이 결정적으로 중요하죠. 한국보다 호주, 호주보다 유럽, 유럽에서도 북유럽으로 올라갈수록 노동가치가 상승하는 경향성은 결국 노동의 사회적 힘과 비례합니다.

일례로, 노조 조직률을 보면 한국은 10% 정도에 불과한데 호주는 20%를 넘고 유럽은 대체로 30% 이상, 특히 북유럽은 예사로 70% 이상이죠. 게다가 한국이 기업별 교섭 중심이라면 호주와 유럽은 업종별, 산별 교섭이 중심입니다, 특히 유럽은 전국 차원의 교섭도 중요한 의미를 지니고 있죠. 이런 점들을 보면, 노동가치는 사회적 세력 관계의 반영입니다. 그러므로 거대한 사회운동이 없다면 '경제민주화'도 결코 어렵다는 결론이죠.

| 호주로 이민만 가도 5억 원을 버는 셈이라고? |

마태운 기자가 오스트레일리아(호주) 이민을 결심한 건 호주로 조기 유학을 보낸 두 아이들 학비를 대느라 허리가 휠 지경이었기 때문이었다. 아이들을 호주로 보낸 건 성적이 너무 좋지 않아서였다. 우리나라에서 공부 못하는 아이들이 도태되지 않고 성장하기란 정말 어렵다. 호주라면 좀 다른 삶이 가능하지 않을까 하는 생각에서였다. 그래서 막상 아이들과 아내를 보내놓고 기러기 아빠가 되고 보니 만만찮은 돈이 들었다.

아이 둘의 학비만 1년에 4천만 원. 집세가 연간 2천만 원, 여기에 생활비를 더하면 연간 8천만 원의 비용이 훌쩍 넘었다. 마 기자의 서울 생활에 어머니 용돈까지 더하면 아무리 줄여도 1년에 1억 원 이상이 필요했지만 그 무렵 〈문화일보〉 연봉은 5천만 원 수준. 남은 저축으로 버틴다고 해도 2년을 채 버티기 어렵다는 계산이 나왔다. 외로움보다 더 절박한 게 경제적 어려움이었다. 그래서 고민 끝에 결국 마 기자도 호주로 건너가기로 했다.

호주에서 영주권을 얻으면 아이들 학비가 들지 않는다. 유학생 신분이면 학비도 내야 하고 의료보험도 따로 들어야 하지만 영주권자가 되면 의료비도 전액 무료, 게다가 양육수당과 가족수당, 렌트 보조금 등 온갖 복지수당까지 받을 수 있다. 호주 영주권이 50만 달러의 자산가치가 있다고 말하는 것도 이런 이유에서다. 이민만 가면 5억 원 정도를 버는 셈이라는 이야기다. 마 기자는 이민을 가는 편이 차라리 현실적이라는 판단을 했다.

호주에는 부족직업군이란 게 있어서 이민자 심사를 할 때 거기에 해당하는 종사자들을 우선적으로 받는다고 한다. 부족직업군에는 의사와 간호사를 비롯해 목공이나 냉동·냉방 기술자, 용접공, 배관공, 요리사 등이 포함되는데 거기에 기자는 없다. 호주는 대학 진학률도 낮고 공부하기 힘든 의사나 변호사를 기피한다. 의사나 변호사들이 중국과 한국 등 아시아계로 채워진 건 꽤 오래된 일이라고 한다.

전문직이 인기가 없다는 건 그만큼 단순노동으로도 먹고살기가 어렵지 않다는 의미도 된다. 마씨네 음식점에 쥐가 나와서 방역업자를 불렀더니 30분에 300달러를 요구했다고 한다. 소득이 높기도 하지만 물가가 높기도 하고 높은 물가의 상당 부분은 높은 인건비에서 비롯한다. 페인트칠 반나절에 700달러, 전등 몇 개 다는 데 500달러, 싱크대가 막혀 배관공을 부르면 200달러를 요구하는 식이다. 호주의 최저임금은 시간당 13달러 50센트다.

마씨는 호주에 건너와 납세자 신고를 하면서 예상 소득을 3만 달러로 적었다. 그랬더니 다음 달부터 양육수당과 렌트 보조금을 포함해 우리 돈으로 월 120만 원 정도가 입금됐다. 아등바등 쫓기며 사는 우리와 달리 호주 사람들의 삶에 여유가 넘쳐 보이는 것도 이처럼 기본적인 복지 시스템이 뒷받침되기 때문일지도 모른다. 마씨의 아이들도 한국에서라면 낙오자가 됐을 가능성이 크지만 호주에서는 대학 입학과 동시에 당당하게 자립을 했다.

호주는 인구가 2,300만 명밖에 안 되지만 국토 면적은 남한의 76배가 넘는다. 석탄과 철광석, 우라늄 같은 천연자원이 무궁무진해서 이렇다 할 제조업 없이도 모든 국민들이 풍족한 복지 혜택을 누린다. 여름에는 40도까지 치솟지만 그늘에 있으면 그럭저럭 견딜 만하고 겨울은 8~9℃. 사계절 냉난방이 필요 없다고 한다. 실내보다 실외가 더 따뜻해서 '하느님이 호주 사람'이라는 말이 있을 정도라고 한다.

호주에서 느리고 여유로운 삶의 방식이 자리를 잡은 것도 이런 천혜의 자연 조건 때문에 가능한 일이겠지만 사회적 약자와 소수자들이 지내기에도 큰 어려움이 없는 것처럼 보인다. 마씨가 온갖 고난을 무릅쓰고 버티는 것도 그런 이유에서다. 고되지만 그곳에서 마씨의 삶은 평온해 보인다. 열심히 일하는 사람이 잘사는 그런 나라가 세상에 있다는 상상만으로도 어딘가 마음이 놓이는 느낌이다.

자기 발등만
생각할 건가요?

이정환　　　　현대자동차 노조에서 주말 밤샘 특근을 하게 해 달라고 파업을 했습니다. 밤샘 노동을 없애고 노동시간을 단축시키기 위해 주간 2교대제를 도입했는데, 주말 밤샘을 해야 수당을 더 받을 수 있기 때문이죠. 이런 이율배반적인 현실을 어떻게 해석해야 할까요? 노동자들 입장에서는 당장 임금이 줄어드는 것보다 일주일에 하룻밤을 새고 몇 십만 원 더 받기를 바라기 때문인데요.

강수돌　　　　'아직도 우리가 가야 할 길이 참 멀구나'라는 생각을 합니다. 한국의 대표적 기업 가운데 하나라고 하는 현대자동차에서 약 10년 정도 논란의 끝에 마침내 철야 노동을 없애고 (주야 맞교대를 없애고) "밤에 잠 좀 자자"는 가장 기본적인 욕구를 해결하게 된 게 (주간 2교대로 대체) 2013년 3월부터죠. 물론 밤 12시가 넘어야 오후 조 작업이 끝나는 게 좀 거슬리긴 하지만 말입니다.

세계보건기구(WHO) 산하의 국제암연구소(IARC)에 따르면 야간노동(밤 10시부터 아침 6시까지의 노동)은 제2급 발암물질로 분류되어 있는 게 현실이 아닙니까? 한마디로 치명적이란 얘기죠. 우리가 열심히 공부하고 또 열심히 일하는 까닭도 모두 행복하게 살려고 하는 것인데, 단순히 수당을 좀 더 벌기 위해 자신의 건강을 좀 먹는 일도 마다 않는 것, 아니 그것을 적극 얻어내기 위해 파업까지 하는 것은 자가당착적인 일이 아닐까요? 게다가 수당을 더 벌어야 하는 까닭이 무엇인가, 이 문제를 좀 더 자세히 들여다봐야 할 것 같아요.

제가 보기엔 크게 두 가지가 중요해요. 하나는 "(아직 살아) 있을 때 더 벌자"라는 얘기처럼 IMF 당시 정리해고 반대투쟁의 트라우마가 굉장히 강렬하게 작용하고 있다는 점이죠. 그동안 '평생직장'이라고 믿어온 회사도 더 이상 믿을 수 없고 그렇다고 최고의 단일 노조를 자랑하는 현대자동차 노조조차 고용보호를 잘 해내었느냐? 그것도 아니란 말이죠. 이런 상황에서 믿을 건 오직 나 자신밖에 없다, 이렇게 보는 것이죠.

그러나 여기서 중요한 건, 바로 우리가 이렇게 각개전투식으로 생각해서는 답이 안 나온다는 것입니다. 갈수록 더욱 고립되고 더욱 취약해질 뿐이죠. 마지막엔 과로와 소진, 그리고 과로사가 기다릴 뿐입니다. 이를 막으려면 집단적인 공동 대응, 즉 단결과 연대밖에 없습니다. 무한 이윤을 추구하는 자본이 가진 유일한 무기가 (노동자를 상대로 한) 경쟁과 분열이라면, 그에 맞서는 노동자의 유일한 무기는 단결과 연대라는 겁니다. "살아 있을 때 더 벌자"가 아니라 "인간다운 삶을 위해 같이 나서자"가 노동자다운 구호라는 점이죠.

다른 하나는 그렇게 수당을 더 많이 받아서 무얼 하려는가, 하는 점입니다. 대부분은 자기 자식이 공부 좀 더 잘 하게 학원이나 과외 보내고, 그리하여 좋은 대학에 가서 "너는 아빠처럼 이렇게 힘들게 살지 말라"고 하는 소망을 갖고 있죠. 아니면 "아파트를 제대로 한 채 장만하자"라든가, "자동차를 좀 더 좋은 걸로 장만하자"라든가 하는 욕구 정도이죠. 어찌 보면 탐욕도 아니고 그저 소박한 욕망이라 할 수 있어요.

이정환　　　2009년 5월, 쌍용자동차가 수도도 전기도 식량 공급도 끊긴 컴컴하고 무더운 공장에서 목숨을 걸고 77일간의 옥쇄파업을 했습니다. 당초의 굴뚝농성까지 포함하면 86일 파업이라고도 하지요. 정리해고 대상 974명 가운데 468명이 무급휴직으로 남고 506명이 회사를 떠나는 참담한 합의를 끌어냈지만 3년이 지난 지금까지 이들은 공장으로 돌아가지 못했습니다. 그 사이에 23명의 노동자와 그 가족이 스스로 목숨을 끊거나 숨졌습니다. 왜 이런 끔찍한 일이 벌어지는 것일까요?

강수돌　　　　궁극적으로는 자본의 무한 탐욕 때문입니다. 인간과 자연의 생명을 한없이 빨아먹어야만 자기 몸집을 불릴 수 있는 속성이 바로 자본의 근원적인 문제이죠. 그런 원리를 우리가 잘 모르고 자본의 떡고물만 좀 얻어먹겠다고 찬성하거나 지지하고 때로는 협조하고 있기 때문에 이런 사태가 발생하죠. 그러니 기술 유출 문제나 회계 조작 문제를 제기하는 것도 중요하지만 그것으로는 사태의 본질이 바로잡히지 않아요. 그래서 참된 '경제민주화'의 갈 길은 멀고도 험합니다.

궁극적으로 자본의 무한 탐욕을 바로잡으려면 기업이나 경제를 노동자가 주인의식을 갖고 스스로 통제하거나 조절할 수 있는 정도로까지 나가야 합니다. 물론 자본의 무한 탐욕을 성찰한 위에서 가야 하죠.

그렇게 되려면 노동자가 기업운영의 실질적 주인이 되는 것, 즉 경영민주화가 되어야 하는데, '어떻게 감히 노동자들이 기업을 소유하느냐?'고도 하지만, 김상봉 교수의 《기업은 누구의 것인가》라는 책이 말하듯 원래 주식회사엔 주인이 없죠. 굳이 주인이 있는 걸로 하자면 노동자가 주인이 되는 게 바람직합니다. 우리가 주인이라 알고 있는 주주들은 사실상 변동도 심하고 경영에 딱히 관심이 있는 것도 아니죠. 반면, 늘 일을 하는 노동자들은 일이 삶이고 뭔가 생산하는 집단이므로 실질적 주인이에요. 노동자가 주인 역할을 모두 못한다면 사장을 직접 뽑아서 하면 됩니다. 이것이 바로 부품 취급 받던 노동자들이 비로소 주체로 바로 서는 과정이죠. 이런 근본적인 아이디어에 근거해 생산수단과 노동력이 재결합되는 가능성을 열어두면 현실 경제에서도 참된 구조 변화가 이뤄지면서 제대로 된 '경제민주화'도 가능합니다.

여기서 말하는 생산수단이란 땅이나 도구, 기계 설비, 원료 등이죠. 일례로, 땅을 잃은 농민이 노동자가 될 수밖에 없었던 역사, 즉 엔클로저 운동의 역사는 생산수단과 노동력이 분리된 역사죠. 만일 농민들이 땅을 되찾고 자신이나 마을, 또는 협동조합에서 공동 소유한 농기구 같은 것으로 농사를 짓는다면 우리는 생산수단과 노동력이 통일되는 것이라 볼 수 있어요.

이정환 지난 쌍용차 사태는 쌍용차만의 문제가 아닙니다. 한국 사회에서 40~50대 노동자들이 실직을 하면 갈 곳이 없습니다. 이런 사회에서 누구든 구조조정 상황을 맞게 되면 공장을 점거하고 투쟁을 벌일 수밖에 없어요. 생존투쟁이죠. 대부분 '남의 일'처럼 생각하지만 나도 언젠가 크레인에 올라가 고공농성을 벌여야 할 상황에 처할 수 있다는 생각을 잘 하지는 못합니다. 누구도 그런 억울한 일을 당하지 않는 그런 세상을 만들어야 한다는 생각까지 나가지 못하는 거죠.

강수돌　　　　　자본주의 경제 원리란 바로 그런 식으로 노동력을 부품처럼 취급합니다. 그것도 일회용으로 말이죠. 노동력을 가진 사람이 인격체라는 걸 보지 못하는 불감증의 시스템이죠. 이 근원적 불감증 때문에 온갖 사회 문제가 발생해요. 그런데 기이하게도 노동자들조차 돈만 잘 받으면 자신이 부품 취급을 받아도 감수하며 열심히 일합니다. 마치 영원히 회사가 지켜줄 것처럼 믿죠.

그러나 IMF 사태 이후 우리는 '상시적 구조조정' 시대를 살아갑니다. 복지와 같은 사회 안전망이 부실한 상태에서 실직이란 곧 죽음을 뜻하는 것처럼 보이죠. 그러니 쌍용차 노동자처럼 죽기 아니면 살기로 투쟁할 수밖에 없는 것이 우리의 현실입니다.

이런 국면에서는 해당 기업만이 아니라 온 사회가 나서서 걱정하고 토론하고 해서 적절한 해법을 찾는 것이 상식이죠. 하지만 온 사회도 일종의 집단적 불감증을 앓고 있는 것 같아요. 당장 자기 발등만 괜찮으면 마치 아무 일 없는 듯 지나치려 하죠. 그래서 여태껏 23명의 죽음이 나왔어도 큰 변화가 없어요.

그러나 우리가 제대로 된 삶의 주체라면 타자의 고통에 공감하며 같이 해법을 찾으려는 노력을 어떤 형태로든 해나가야 합니다. 그러면서도 한 가지 더 생각할 것은, 고용된 노동만이 사람이 살아가는 방식은 아니란 점이죠. 그런데 우리는 고용된 노동으로부터 방출당하면 자살 충동을 강하게 느낄 정도로 고용노동에 삶 전체가 종속돼 있습니다. 고용노동을 내면화하고 있으니 객관적인 사회만이 아니라 인간 주체의 정신세계도 많이 비틀어져 있다고 봐요. 한마디로 '주체성'이 뒤틀리는 거죠.

제가 평소에도 강조하는 것 중 하나가 있습니다. 올바른 사회를 만들기 위해서는 '효율성 차원'과 '인간성 차원', '생태성 차원'의 균형이 중요하다는 것입니다. 그런데 자본은 늘 효율성만 추구하려 하죠. 경제와 사회가 같이 가야 옳은데 말입니다. 설령 경제적 효율성을 추구한다고 하더라도 끊임없이 더불어 산다는 가치를 놓치면 안 되죠.

인간다움을 유지한다거나 자연 생태계를 보존한다고 하는 가치들이 지금은 경제 영역 바깥에 위치하고 있어요. 이것이 경제 영역 안으로 들어와야 합니다. 오히려 경제 영역이 사회 영역이나 생태 영역 앞에서 겸손하고 조심스레 움직여야 옳죠. 바로 이런 문제의식이 우리의 가슴속은 물론 사회 제도 속에서 늘 작동해야 합니다.

생산성의 역설

이정환　　　　　이원재 전 한겨레경제연구소 소장이 쓴 《이상한 나라의 경제학》에 이런 대목이 있습니다. 순창에는 13개의 고추장 공장이 있는데 연간 매출이 3,000억 원에 이른다고 합니다. 일하는 사람은 375명, 한 사람이 8억 원 이상 매출을 올리는 셈이죠. 제조업 평균 4억 5000만 원 보다 높습니다. 반면 가내수공업 형태로 만드는 전통적인 고추장 생산 농가 72곳의 매출은 모두 해서

400억 원 정도, 일하는 사람은 300명 정도입니다. 전통적인 고추장 생산 농가의 생산성이 대기업 공장의 6분의 1 수준에도 못 미친다는 이야기입니다. 고용은 많지만 매출은 떨어지고 가격 경쟁에서 도태될 수밖에 없는 구조입니다. 대기업들이 들어서면서 지역 농산물 수요도 줄어들었다는 사실이 새삼 놀랍습니다. 말만 순창 고추장일 뿐 순창 고추를 쓰지 않기 때문이죠. 고용 없는 성장의 단면이라고 할 수 있을 텐데요.

강수돌　　　　앞서 말한 경제성, 인간성, 생태성의 조화가 무너지는 대표적인 사례라고 할 수 있네요. 경제성만 추구하면 더 적은 인원으로 더 많은 생산과 이익을 거둘 수 있겠죠. 그러면 결과적으로는 극소수만 부자가 되고 대다수는 가난해지거나 늘 허덕거리게 되죠. 지역은 황폐화하고요. 그러니 대기업만이 잘 나가는 그런 시스템을 바꿔내야 합니다. 재벌 개혁이니 재벌 해체니 하는 논란이 이는 것도 결국은 극소수의 독과점 체제를 뿌리 뽑자는 것 아니겠어요? 그래야 공정하고 민주적인 시스템이 될 테니까요.

　한편으로 기술 시스템의 발전이란 측면도 잘 보아야 합니다. '간디의 물레'와 같은 슈마허의 '중간 기술(intermediate technology)' 개념이나 최근의 '적정 기술(appropriate technology)' 운동은 대단히 소중하죠. 전통적으로 기술 시스템은 경제적 효율성을 높이는 동시에 인간의 숙련이나 저항을 파괴하는 정치적 성격도 지니고 있어요. 사람을 경제 밖으로 방출하는 행위가 정치적이죠. 이제

기술은 단순노동자 단계를 지나 정신노동자, 그 중에서도 인공지능, 디자인이나 계산, 설계 등에 응용되면서 이런 노동까지도 인간을 대체하는 단계로 들어섰습니다.

발전하자고 만든 기술 시스템들이 인간의 발전을 저해하고 대신 가진 자들만의 번영을 추구하는 도구로 전락하고 있는 거죠. '전락'이 아니라 그게 곧 본질인지 몰라요. 이런 맥락에서 각종 대안 경제의 실험들, 즉 연대의 경제 또는 살림의 경제가 필요하다고 생각합니다. 중간 기술이나 적정 기술 논의도 바로 이런 연대나 살림의 경제라는 맥락에서 중요해요.

기존의 사회경제 구조나 행위가 공동체를 해체하고 개인들 사이에 무한 경쟁을 유도하며 '생산성 향상'이라는 이름 아래 갈수록 인간성, 공동체, 생태계 등을 파괴하는 경향, 즉 죽임의 경향이 있기 때문입니다. 저는 이것을 '생산성의 역설'이라 부릅니다. 분명히 생산성이나 효율성을 높인다고 한 일들인데, 결국은 인간성과 생태계를 파괴하고 있기 때문이죠.

바로 이 '생산성의 역설'을 극복하기 위해선 우리가 그간 상실했던 공동체적 성격을 회복하는 연대와 살림의 경제가 필요합니다. 죽임의 경제가 아닌 살림의 경제 말이죠. 결국 이것은 좀 천천히 가더라도 즐겁게 같이 가자는 패러다임이라 할 수 있어요. 사람과 사람, 사람과 자연이 같이 가는 것이죠.

이정환　　　　　　국내 제조업의 노동생산성이 떨어진다는 이야기도 많이 합니다. 현대자동차와 일본의 도요타자동차를 비교하면 현대자동차의 노동 강도가 훨씬 낮다고 하는데요. 실제로 도요타 공장을 가보면 컨베이어 벨트 앞의 노동자들이 춤을 추는 것처럼 일을 한다고 합니다. 우리나라는 노동시간이 길어서 생산성이 떨어진다는 분석도 있고 애초에 설비투자와 효율성의 문제라는 지적도 있습니다.

강수돌　　　　컨베이어 라인의 노동자를 상상해 볼까요. 업무 프로세스가 다 짜여 있고 노동자들은 부품처럼 일하게 됩니다. 과잉노동에 따른 과로사가 나옵니다. 일본이 특히 심하죠. 노동시간 단축 논의가 나올 때마다 사용자 측이 하는 이야기가 노동생산성을 높여야 된다는 겁니다. 경영자들이 그렇게 가르치고 있는데 노조나 노동자들도 무비판적으로 수용하고 있죠.

　너무나 역설적인 일이 많아요. 대개 인간답게 살자고 파업했는데 파업이 종료되자마자 최고의 생산성을 기록하는 경우도 많습니다. 파업 때문에 밀린 물량을 따라잡으려고 과잉노동에 동참하는 거죠. 인간다운 삶의 요구와 고강도의 초과노동, 앞뒤가 안 맞는 겁니다. 노동자 파업이란 아무것도 하지 않고 공짜로 돈 달라는 게 아니라 인간답게 일하고 인간답게 살자는 겁니다.

　노동생산성 문제를 볼까요? 결국은 노동시간이나 노동의 속도 문제로 귀결되죠. 그런데 더 근본적인 것은 이런 질문들입니다. 과연 우리는 자동차가 필요한가. 필요하다면 얼마나 필요한가. 또 어떤 자동차가 필요한가. 대중교통인가 개인교통인가. 나아가 자동차기업을 넘어서는 토론도 필요하죠. 자동차산업에 국한해 보더라도 인간다운 삶의 시간을 보장받을 수 있는 작업시간은 어느 정도여야 하는가. 건강에 해롭지 않으려면 몇 시간 정도 일해야 하는가. 보다 인간적인 작업장이 되려면 노동과 사람은 어떤 식으로 결합해야 하는가. 이런 것을 고민해야 한다고 봅니다.

남들은 60초에 만드는데 우리는 50초에 만든다고 자랑할 게 아니라 보다 인간적인 근로조건이 무엇인지를 진지하게 토론하고 공유해 나가야죠. 그렇지 않고 서로 속도 경쟁이나 생산성 경쟁으로 가다 보면 '치킨 게임', 즉 서로 죽이기 경쟁밖에 안 됩니다.

사회적
시선의 폭력

이정환　　　　생산 현장에서는 단순히 앞바퀴를 정규직이 조이고, 뒷바퀴를 비정규직으로 조이는 수준이 아니라 가장 힘들고 위험한 일을 따로 떼서 하청을 주는 일이 많다고 합니다.

삼성전자에 스마트폰 칩을 납품하는 하청업체 '아모텍'이라는 회사가 있는데 이곳에서 주당 84시간 일하던 하청업체 노동자가 과로사로 숨진 사건이 있었습니다. 쓰러지기 전까지 주야 맞교대로 하루 12시간씩 휴일도 없는 살인적 노동 강도에 시달렸다고 합니다. 주당 84시간, 월 348시간 일했다고 하는데요. 법정 노동시간의 두 배가 넘습니다. 원청업체인 삼성전자는 24시간 4조3교대로 돌아가는데 하청업체들은 대부분 물량을 맞추기 위해 주야 12시간 맞교대를 했습니다.

다른 사례로, '현대다이모스'라는 회사가 새 공장을 만들면서 생산직 전원을 사내 하도급으로 돌려 비정규직 공장을 만들었습니다. 〈경향신문〉 기사인데요. 사무직 4명만 정규직이고 생산라인에는 180명의 하청 노동자가 채용된다고 합니다. 직접 고용된 정규직은 단 한 명도 없는 공장이라는 거죠. 현대차가 제시한 납품단가를 맞추기 위해 불가피하다는 회사 관계자 이야기가 실려 있습니다.

이 공장 바로 옆에는 동희오토라는 공장이 있죠. 1,300명의 하청 노동자들이 17개 하청회사에 쪼개져 있습니다. 여기에서 기아자동차 모닝을 만드는데, 여기서 일하는 노동자들은 기아자동차와 아무런 고용 관계도 없습니다. 최저임금보다 시간당 100~200원 정도 많은 수준의 임금을 받습니다. 그나마 현재까지 동희오토는 연말에 보너스라도 나오는데, 새로 들어서는 공장은 더욱 열악한 수준이 될 거라고 해요. 외형상 도급 형태를 띠고 있지만 실질적으로는 원청 지시를 받는 파견 형태가 됩니다. 불법 파견을 피하기 위해 비정규직 공장을 따로 짓는 편법을 쓰는 건데요. 그래서 파견과 도급 구분을 명확하게 하고 상시적이고 지속적인 업무는 직접고용 정규직으로 바꿔야 한다는 지적이 나옵니다.

어찌 이 회사들뿐이겠습니까. 언론에 알려지지 않은 수많은 사내 하청 노동자들이 오늘도 피눈물을 흘리면서 먹고살기 위해 발버둥치고 있습니다. 노동자들이 더 안 좋은 처지에 있는 노동자들을 착취하는 비참한 현실입니다. 노동자들 개개인의 선의에 기대서 이런 현실을 바꿀 수 있을지 그런 의문이 드는데요. 당장 노조 간부들은 선거로 선출되기 때문에 현장의 이런 이기적인 요구들을 무시할 수 없다고 합니다.

강수돌　　　참 안타까운 현실입니다. 삼성이건 현대나 기아건, 참된 노조 활동가라면 바로 그러한 이기적 요구들이 갖는 모순이나 한계 같은 것들을 부단히 들춰내고 '더불어 행복한' 방향으로 가기 위해 어떻게 해야 할지, 토론과 학습을 조직해내는 역할을 해야지요.

진정으로 이기적인 것이란, 사실 이타적인 것과 결코 이분법적으로 나눠지는 게 아닙니다. 이 세상 모두가 쓰러져 죽어 가는데 나 홀로 살아남았다고 과연 행복할 수 있나요? 내 주변도 행복해야 나도 같이 웃으며 행복해질 수 있는 거죠. 이런 면에서 이타적인 것이 이기적인 것이고, 다른 사람에게도 좋은 것이 나에게도 좋은 것이라고 할 수 있어요.

하청 노동자 등 비정규직 노동자들이 고통받고 차별받는 것을 개인적으로 동정하는 차원을 넘어 조직적으로 공동 대응을 해서 누구나 평등한 대접을 받도록 만드는 일이 참된 활동가의 과업이라 봅니다.

다른 한편, 정규직이 비정규직을, 좀 더 나은 처지의 노동자가 더 열악한 처지의 노동자를 착취하는 비참한 현실조차 노동자가 먼저 만들어낸 것이라기보다는 자본이 노동을 지배하는 전략 속에서 나온 결과라고 파악하는 시각이 중요합니다. 이것이 일차적인 일이죠. 물론 이러한 자본에 의한 노동 지배가 이뤄진 다음에 이제는 노동 내부의 분할이 이뤄지죠. 그 결과 노동자 간 분열 속에서 새로운 위계가 생기고 자기들끼리 내부경쟁이 이뤄지면서 전체적으로는 자본의 노동에 대한 지배력이 더욱 완성되는 것이죠.

그러다 보니 이제는 노동운동이 공동전선을 이뤄 대자본 투쟁을 해서 사회 구조를 완전히 새롭게 하자는 요구보다 자본이 만든 사다리 질서 안에서 그저 좀 더 유리한 자리만 차지하자는 식으로 전선 자체가 내부로 이동하게 됩니다. 노동운동이 이런 정도에 머물다 보니, 자본은 뒤에서 느긋하게 웃고 있는 거죠.

따라서 이러한 삶의 실상을 외면하지 말고 비록 좀 불편하더라도 진실성 있게 들여다보고 정면 돌파하는 방법을 같이 찾아보는 것, 바로 이것이 핵심이 아닐까요?

이정환 2012년 말 한 취업사이트가 830명을 대상으로 조사했더니, 전체의 65.7%가 현재 원하지 않는 일을 하고 있으며 그 이유로 절반 가까이 경제적 이유를 들었습니다. 하고 싶지도 않은 일을 단지 돈을 벌기 위해 선택한다는 거죠. 모든 국민이 작가

나 화가, 음악가 등 창조적인 일을 할 수는 없는 거고요. 누군가는 소모적인 일, 하기 싫은 일을 해야 될 텐데, 신나는 직장을 위한 조건이란 게 있다면 어떤 걸까요. 단순노동이 아니라 고부가가치 노동을 늘리는 방법이 있을까요?

강수돌　　　우선 그 설문조사 결과 2/3 정도가 원하지 않는 일을 하고 있고, 그 절반 정도는 돈 때문에 어쩔 수 없이 한다고 하는 결과들은 오늘날 우리의 잘못된 현실을 잘 지적하고 있다고 봅니다. 안타까운 일이죠.

참고로, 미국에서는 노동부가 1994년에 처음이자 마지막으로 대졸자들의 일자리에 관한 실태조사를 실시했다고 해요. '졸업자들이 자신의 학력이나 전공에 걸맞은 일자리를 갖고 있는가?' 하는 질문이었습니다. 그 결과가 얼마나 초라했던지 그 이후로는 실태조사 자체를 포기했다고 합니다. 한국도 마찬가지죠. 대학 졸업을 해도 실업자가 20%에 이르고 자신의 전공이나 적성에 맞지 않는 일자리가 대부분이죠. 많은 경우, 차를 끓이거나 복사하는 수준의 일을 하기도 하고요. 굳이 대졸자가 아니어도 할 수 있는 일인데 말이죠. 그러니 취업 후 10명 중 8명이 2년 이내에 이직한다고 하잖아요. 이 무슨 사회적 낭비입니까?

왜 이런 안타까운 일이 일어날까요? 생계 때문에 물불을 가리지 않는다는 경제적 강제도 있겠죠. 그런데 좀 더 깊이 가보면 가장 심각한 것은 '사회적 시선의 폭력'이라 할 수 있어요. 두 가지 의미인데 하나는 사회적 태도, 다른 하나는 경제적 대우 문제입니다. 공통점은 차별적이라는 것이죠.

일례로, 한국사회가 판검사나 의사 등 일부 전문직이나 소수의 특별한 직업에 대해선 특별히 우대를 하지만, 그 외 다른 직업군은 별 볼 일 없는 것처럼 취급하죠. 만일 경제적·사회적 시선이 모두를 존중하는 평등한 것으로 바뀐다면, 사람들이 자신의 전공이나 직업을 선택할 때 처음부터 다른 걸 보지 않고 자신이 진정 하고 싶은 걸 택할 겁니다. 당장 선택이 어렵더라도 사회적으로 그런 선택을 도와줄 인프라, 일례로 교육훈련기관, 인턴십의 기회 등을 공적으로 잘 구축한다면 그 선택이 더욱 쉬워지겠죠. 글자 그대로 일대일 평등이 아니더라도 최소 월급과 최대 월급의 격차가 일례로 3배 정도로만 축소되어도 사람들은 큰 미련 없이 자신이 좋아하는 일을 택할 것입니다. 그런데 현실이 그렇지 못하죠.

한편, 대개 우리가 말하는 '3D 노동', 즉 더럽고 위험하고 힘든 노동 같은 것은 사람들이 꺼릴 정도이니까 그것이 사회의 유지에 필수적이라면 오히려 '3D 노동수당' 같은 걸 주어야 하지 않을까요? 게다가 그분들이 내가 하지 않는 일을 해주므로 맘속으로라도 '참 감사하다'는 마음을 가져야 하지 않을까요? 그런 식으로 사회적 태도나 경제적 대우가 달라져야 '사회적 시선의 폭력' 문제를 극복할 수 있을 것입니다.

마지막에 '단순노동이 아니라 고부가가치 노동을 늘리는 방법'에 대해 질문하셨는데, 우리의 삶이 어디 고부가가치 노동으로만 편성될 수 있나요? 이런 일 저런 일이 섞여 있는데, 오히려 우리의 시선이 달라져야죠. 물질적 대우를 포함해서요.

다른 한편에서는 '참여경제'를 뜻하는 《파레콘》의 저자 마이클 앨버트의 제안처럼 '균형직무복합체' 즉, 한 사람이 쉬운 일과 어려운 일을 섞어서 모두 할 수 있게 직무 설계를 새롭게 할 수도 있겠죠. 철학이 달라지면 대안도 다양하게 가능합니다.

질문하신 내용을 좀 더 깊이 보면, 저부가가치니 고부가가치니 하는 잣대 자체가 이미 자본의 시선임을 알아야 합니다. 돈벌이 관점에서 한꺼번에 많이 버는 것인가 아닌가, 하는 잣대란 것이죠. 남이 어떻게 되건, 삶이 어떻게 되건 자기만 돈을 많이 벌면 된다는 잘못된 자세 또는 그런 이해관계가 그런 '고부가가치'니 '신성장동력'이니 하는 따위의 논리와 정책을 만들어내는 것이라 봅니다.

일례로, 어머니의(또는 아버지의) 가사노동 없이는 온 가족의 삶이나 직장생활조차 불가능하고, 농민의 농업 노동 없이는 온 사회의 밥상 자체가 차려지지 않는데, 우리는 돈벌이 관점에서 저부가가치 또는 경쟁력 없는 노동이라고 보고 있죠. 대개는 우리가 당연하다고 받아들인 잘못된 시각이 (그것은 결국 잘못된 이해관계에 기초한 것이지만) 매우 잘못된 현실을 낳게 된다는 점을 기억해야 합니다.

주주자본주의의
몰락

이정환　　　　주주자본주의의 창시자라고 불리는 밀턴 프리드먼은 일찌감치 "기업의 유일한 책임은 주주들을 위해 가능한 많은 돈을 버는 것"이라고 주장했습니다. 다분히 극단적인 논리지만 주주가치 극대화를 기업 경영의 핵심가치로 강조하는 주주자본주의는 외환위기에 따른 국제통화기금(IMF) 체제 이후 우리 경제의 핵심 화두였습니다. 그리고 글로벌 스탠더드라는 명분으로 우리 경제의 기본 질서는 주주자본주의를 중심으로 재편됐습니다.

저는 주주자본주의의 극단적인 사례가 자사주 매입이라고 생각합니다. 자사주를 매입하면 유동 물량이 줄어들면서 주가의 움직임이 탄력을 받게 되죠. 만약 이렇게 사들인 자사주를 소각하게 되면 자기자본 이익률이 개선되는 효과도 볼 수 있고요. 근본적인 펀더멘털 개선이 아니라 일시적으로 주가를 띄우기 위한 목적으로 막대한 현금이 주식시장으로 빨려 들어가고 있습니다. 설비투자와 연구개발 등 펀더멘털 개선에 투자돼야 할 기업의 현금을 단순히 일시적으로 주가를 끌어올리기 위해 주식시장에 쏟아붓고 있는 거죠. 주가를 끌어올리려고 노동자를 자르고 임금을 깎고, 심지어 현금과 자산을 내다 팔아 주가를 끌어올립니다.

강수돌　　　　2012년 신자유주의를 반대하는 프랑스의 〈알테

르나티브 에코노미크〉지는 주주의 권한과 이익을 우선시하는 주주자본주의, 즉 "기업지배구조 이론은 참담한 결과를 초래했다. 모든 이해관계자가 참여하고, 기업 활동이 사회나 환경에 미치는 영향까지 고려한 새로운 종류의 기업 모델을 모색해야 한다"고 선언했습니다. 대기업집단의 전횡을 막고 소외된 이해관계자가 나오지 않도록 해보자는 거죠. 이를 '이해관계자 자본주의'라고 합니다.

한 걸음 더 나아가 철학자 김상봉 교수는 《기업의 주인은 누구인가》라는 책에서 주식회사의 주인은 주주가 아니라 노동자가 되는 것이 바람직하다고 말합니다. 개인기업은 당연히 소유주가 확실하지만, 주식회사의 경우는 상당히 애매한 면이 있어요. 그래서 김 교수는 주주들에게는 배당금을 주되 노동자들에게는 경영권을 줘라, 노동자들이야말로 기업의 존속에 실질적 책임을 지는 주체가 아니냐, 이런 문제를 제기하고 있는 것입니다.

이정환　　　　　예전의 대우종합기계, 지금은 두산인프라코어로 이름이 바뀌었죠. 이 회사에 공적자금이 투입돼 자산관리공사가 소유하고 있던 대우종합기계가 얼마간 유지되는가 싶더니 2004년에는 매물로 나왔습니다. 그 무렵 대우종합기계의 시가총액은 1조 1,756억 원이었는데 매물로 나온 지분은 57%, 6,700억 원 규모였습니다. 대우종합기계 노동조합은 우리사주조합을 통해 회사를 인수하겠다고 제안했으나 거절당했죠. 노조는 회사 자산을 담보로 은행에서 차입을 해 지분을 인수하고 10년 동안 받게 될 상여금 등으로 나눠 갚겠다는 계획을 제출했는데 자산관리공사는 입찰 의향서조차 내주지 않았습니다.

이를테면 차입형 기업인수, LBO는 일반화된 인수합병 방법인데요. 정부는 출처불명의 투기자본에게는 차입형 기업인수를 허용하면서도 노동자들의 요구는 거절했습니다. 그때 왜 우리나라에서는 몬드라곤 같은 대안적인 기업 형태가 불가능할까, 그런 생각을 했습니다. 몬드라곤 같은 협동조합 형태의 기업이 충분히 늘어나면 의미 있는 변화를 끌어낼 수 있지 않을까요?

주식회사 형태의 기업들은 이익을 늘리기 위해 노동자를 해고하지만 몬드라곤에서는 일자리를 늘리기 위해 새로운 사업을 벌이고 새로운 공장을 짓습니다. 기업의 이익이 외부로 빠져나가지 않고 다시 투자되는 방식인데요. 애초에 수단과 목적이 다르기 때문에, 즉 이익이 아니라 고용을 최우선의 가치로 두기 때문에 가능한 일이겠죠?

강수돌　　　　그렇습니다. 몬드라곤 같은 협동조합 방식의 소유 및 운영 원리를 도입하면 상당한 변화가 이뤄지겠죠. 경제민주화에도 한 걸음 나갈 수 있고요.

오늘날 경제에서 문제의 핵심은 생산수단과 노동력이 분리돼 있다는 사실입니다. 경제위기 때 많은 기업이 쓰러지려 했잖아요. 그럴 적에 진정한 민주정부라면 노동자들이 기업 운영의 주체가 될 수 있도록 노동자 자주관리 사례들을 모델로 삼아 새로운 변화록 시도했겠죠.

저는 김대중, 노무현 정부조차 자본의 눈치를 지나치게 많이 보았다고 생각해요. 물론 권력층의 한계도 있지만 일반 민중이 민주 정부 측에 자본의 눈치를 보지 말고 근본적인 개혁을 하라고 거세게 요구할 정도로 성숙되지 않았다는 점도 문제지요. 물론 해당 기업의 생산물이 사회적으로 필요한 것이란 전제 아래 그런 변화가 일어나야 옳죠.

반면에 경영위기가 왔다고 모든 기업을 일거에 몰수해 기존 사회주의처럼 국유화하는 것이나 시장 경쟁력이 없다고 무조건 자본주의 시장 논리대로 파산시키는 건 문제가 있습니다. 국가 사회주의나 시장 자본주의, 어느 것도 답은 아닌 것 같아요. 사람의 주체성이나 공동체적 관계가 망가지거든요.

한편, 2008년 가을의 미국처럼 투기성 금융업이 위기에 몰리자 대거 구제해주고 그 돈을 공공부채로 전환해 혈세로 메우는 것 역시 문제지요. 모두 반민주적 처사입니다. 경제민주화가 아니라 경제 독재죠. 그래서 요즘 화두인 새로운 의미의 사회적 소유, 예컨대 지역 공동체 소유, 협동조합 소유, 노동자 자주관리(자본-노동-경영을 노동자가 하나로 하여 실질적 관리 주체가 되는 것) 등에 관심을 가질 필요가 있습니다.

결국, 돈벌이의 수단으로 대상화되었던 노동자들이 새로운 주체로서 책임성과 주인의식을 가지고 경영 과정에 참여할 수 있도록 구조적인 전환을 해야 할 필요가 있어요. 대우종합기계와 같은

경우에서 알 수 있듯 민주정부와 일반 민중이 이러한 경제민주화
를 줄기차게 밀고 나갔다면 아마도 좋은 선례를 남길 수 있었겠죠.

| 생산수단의 공동소유, 꿈이 아니다 |

몬드라곤은 '노동자생산협동조합'이라는 독특한 지배구조를 갖고 있는 기업집단이다. 2012년 기준으로 260개 협동조합에 8만 4천 명이 일하고 있는데 이 가운데 3만 5천 명이 출자금을 낸 조합원이다. 조합원들은 똑같이 1표씩 의결권을 행사한다. 매출은 우리 돈으로 22조 3,820억 원, 당기순이익은 2,840억 원, 스페인에서 9번째로 큰 기업집단이다.

몬드라곤 그룹은 주주가 아니라 조합원들이 이익을 공유하고 이익의 상당 부분을 재투자하는 구조를 갖고 있다. 미래의 조합원들을 위해 당장 챙길 수 있는 이익을 양보하는 셈이다. 돈을 잘 벌거나 못 벌거나 모든 협동조합의 임금이 평준화돼 있다. 한 협동조합에서 구조조정을 당하면 다른 협동조합에서 받아 준다. 급여의 90%에 이르는 실업수당을 주고 직업훈련도 시켜준다. 이익이 아니라 고용을 최고의 가치로 삼는, 노동자가 주인인 회사라서 가능한 시스템이다.

몬드라곤에서는 모든 노동자(조합원)가 동등한 1인1표의 권리를 행사한다. 조합원들은 1인당 평균 1억 9천만 원 정도의 지분을 보유하고 있는데 이것은 퇴직할 때 돌려받게 된다. 몬드라곤의 노동자들은 모두 동일노동 동일임금 원칙을 적용받는데 평균 연봉은 5,300만 원 정도다. 조합원들은 추가로 출자금에 대한 이자와 배당을 받게 된다. 조합원은 전체 노동자의 40% 수준으로 3만 5천 명 정도다. 연말 배당은 평균 1,400만 원 정도가 된다.

몬드라곤 그룹은 스페인 내전 직후 호세 마리아 아리스멘디 아리에타 신부가 1956년에 설립한 석유난로 공장 울고(Ulgor)에서 출발했다. 소유와

경영을 분리하고 모든 조합원들이 이사회에서 동등한 1표를 행사하는 독특한 지배구조의 기업이다. 일반적으로 기업들은 이익을 늘리기 위해 노동자를 해고하지만 몬드라곤에서는 일자리를 늘리기 위해 새로운 사업을 벌이고 새로운 공장을 짓는다. 애초에 수단과 목적이 다르다는 이야기다.

몬드라곤 그룹의 협동조합들은 이익과 손실을 100% 공유한다. 돈을 잘 버는 회사가 못 버는 회사를 지원한다. 또한 공동으로 연구·개발투자 비용을 부담하고 공동의 성장전략을 모색한다. 협동조합은 외부에서 자금을 끌어올 수 없기 때문에 신생 협동조합에 자금을 지원하기 위한 노동인민금고가 설치되었다. 정부 차원의 사회보장제도 혜택을 받지 못하는 조합원을 위해 사회보장협동조합 라군아로(Lagun-Aro)도 설립됐다.

1965년에는 독자적인 기술 확보를 위해 공업기술연구협동조합 이켈란(Ikerlan)을 세웠다. 이켈란은 협동조합 출자금과 정부 지원금으로 운영된다. 이켈란의 연구 성과는 회원으로 참여한 협동조합과 지역사회의 일반 기업들에게도 공유된다. 조합원들에게 생활필수품을 싸게 공급하는 생활협동조합 에로스키(Eroski), 기술전문학교 알레코프와 몬드라곤대학 등도 몬드라곤 공동체의 결속을 강화하는 역할을 한다.

"공동의 경영진으로 협동조합을 묶는 것은 사회적 가치와 경제적 의무가 균형을 이루게 하는 중요한 수단이다. 협동조합 그룹의 경영진은 협동조합 간에 조합원들을 이동시키고 새 협동조합을 설립하고 신규 고용을 창출함으로써 고용을 유지하는 책임을 진다. 노동인민금고는 이러한 가치와 원칙을 위반하는 협동조합과 연합 협정을 취소할 수 있는데 이는 몬드라곤을 협동조합의 느슨한 연합이 아니라 협동조합 복합체로 만드는 본질적인 요소다."

"우리는 단지 운 좋은 소비자에 머물러서는 안 된다. 우리는 동시에 투자자가 돼야 한다. 왜냐하면 우리가 단순한 소비자로 남아 있는 한 한 손으로는 착취자들에게 빼앗아 온 것을, 다른 한 손으로는 갖다 주고 있기 때문이다. 우리의 힘을 보강하고 노력을 보상받기 위한 소비에 대한 책임과 미래를 전망하고 세대 간의 단결을 이끌어내는 데 절대적으로 필요한 투자에 대한 책임이다."

1980년 스페인이 극심한 경기 침체를 겪었을 때의 경험을 돌아보면 몬드라곤 모델의 경쟁력을 다시 확인할 수 있다. 몬드라곤 공동체 역시 전반적인 구조조정이 필요했지만 노동시간을 유연하게 편성해 재고 부담을 줄이고 조합원들이 임금의 일부를 공제하는 형태로 추가 출자를 하는 데 합의했기에 위기를 넘어설 수 있었다. 임금 인상률을 적정 수준으로 낮추는 데도 조합평의회의 동의를 끌어낼 수 있었다.

그러나 이처럼 노동자의 천국 같은 몬드라곤에서도 1974년 파업이 있었다. 급여체계와 직무평가에 대한 반발이 1차적인 원인이었지만 공동소유·1인1표 지배구조에서도 경영진과 노동자 사이의 갈등을 피할 수 없었다는 사실은 흥미롭다. 당초 기대했던 것과 달리 노동자의 경영참여는 형식적인 수준에 그쳤고, 생산성과 노동조건 개선이 상충하는 경우도 많았다. 노동자들이 주인인 몬드라곤에 노동조합이 없다는 사실은 시사하는 바가 크다. 협동조합인데 노동조합은 아니라는 이야기다. 노사관계가 아니라 공동경영 시스템이기 때문이다.

"자본주의를 타파하기 위해 우리는 이상의 땅이 아닌 (계급투쟁이라는) 현실의 땅에 서야 한다. 그러지 못하는 이유는 노동자계급이 자본주의와 부르주아 지배를 타파하는 동력이라는 사실을 부정하기 때문이다. 이는 노동자계급이 대항해 싸워야만 하는 법률에 협동조합이 묶여 있음을 의미한다. 우리는 자본주의의 관리인이자 추진력인 국가의 역할 못지않게 그 국가를 파괴할 수 있는 유일한 동력으로서 노동자계급의 역할 또한 잊어서는 안 된다."

노동조합 역할을 하는 조합평의회는 아무런 실질적 권한도 없이 경영진의 결정에 동의만 해주는 기관이라는 비난을 받는가 하면 일부 대의원들은 경영진의 계획에 반대하는 것이 조합평의회의 설립 목적에 위배된다는 이유로 경영진에 도전하기를 꺼리는 경우도 있었다. 조합평의회는 경영의 도구

이정환 민주주의 시스템에서 기업을 공적 지배하는 것이 사회주의 국유화와는 어떻게 다를까요? 자유경쟁이 미덕이라고 생각하는 나라에서 굉장히 과격한 주장으로 받아들여질 수 있습니다.

강수돌 사회주의적 국유화의 현실은 생산수단을 노동자가 소유한 것이 아니라 사실은 당 관료가 소유하고 통제한 셈입니다. 그래서 노동자가 실질적 주인이 되려면 기업을 국가가 뺏어서 대신 관리하는 게 아니라 현장 노동자들이 마음속으로 '내가 진짜 주인이다'라는 생각을 하도록, 그리하여 노동하는 다수가 책임성 있는 주인의 위치에 서도록 변해야 합니다. 그렇게 돼야 회사 운영의 '구상'과 '실행'의 분리도 극복되어 노동자가 실질적 주체가 될 수 있어요.

원래 구상과 실행의 분리란 테일러주의적 관리 시스템의 핵심 중 하나인데, 이것이 노동 소외를 불렀어요. 그렇기 때문에 노동자들이 집합적으로 구상과 실행의 전 과정에 주인의식으로 참여할 수 있어야 합니다.

한편, 앞서 말했듯 기업의 기술 시스템도 그 규모 면에서 거대 기술보다는 '중간 기술'이 필요합니다. 1973년에 《작은 것이 아름답다》란 책을 쓴 E. F. 슈마허 박사의 아이디어죠. 이를테면 호미보다는 크고 포클레인보다는 작은 기술, 그런 정도가 돼야 기술 소외가 예방된다는 의미입니다.

또 '간디의 물레'처럼 직접 돌리고 움직이면서도 그 기계 시스템에 통제당하는 게 아니라 주체로 움직일 수 있는 그런 '소박한 기술'이라야 소동 소외 문제를 극복할 수 있다는 거죠. 기술 규모나 내용이 소박하면 어떤 일을 하는 데에 있어 동료의 힘이 필요함을 느낄 수 있고, 그래야 비로소 사람들 사이에 협동이 가능하죠. 그렇지 않으면 오만해 질 수 있어요. 한 개인이 완벽하게 다 할 수 있으면 공동체가 필요 없죠. 엄청난 기술 발전이 인간성 내지 주체성 관점에서는 오히려 해롭다는 생각입니다. 그래서 중간 기술이 필요해요. 아이디어는 이미 나온 것이니 실천이 중요하지요.

지금 우리가 경험하는 엄청난 기술 시스템도 거대 첨단 자본의 경쟁력을 높이기 위한 것 아니겠습니까? 인간의 삶을 고양시키려면 굳이 그렇게 빠른 속도로 첨단을 달리는 기술까지 안 가도 된다는 겁니다. 중간기술까지만 가도 됩니다. 오히려 그 정도로 만족할 수 있을 때 비로소 우리가 놓치기 쉬운 인간적 가치나 생태적 가치를 두루 실현할 수 있지 않을까 합니다. 한마디로 기술 발전의 영역에도 인간적, 생태적 '속도 조절'이 필요하다고나 할까요.

이정환   쌍용건설 이야기를 해볼까 합니다. 이 회사도 공적자금을 수혈 받고 지분 50.1%가 자산관리공사 등 채권단에 넘어가 있는 상태였습니다. 다행히 우리사주조합이 15.5%의 지분을 보유하고 있고 채권단 지분 가운데 24.7%를 추가 매입할 권리도 확보하고 있었죠. 노조는 사모펀드 H&Q와 손잡고 채권단 지분을 인수하여 노동자 지주회사로 간다는 계획을 갖고 있었습니다.

그런데 그때 만났던 노조 관계자의 이야기가 충격적이었어요. "노동자 지주회사? 말은 좋긴 한데 왜 노동자들이 회사와 운명을 같이 해야 하느냐"고 말하는 겁니다. '너무 가혹하다'면서요. 이 사람들은 구조조정 과정에서 체불 임금을 주식으로 전환 받았는데 주가가 올라서 결과적으로 다행이긴 했지만 과연 이런 희생을 감수하면서 노동자들이 지분을 확보하고 경영에 참여하는 것이 최선인지 의문이라는 이야기였습니다.

옛 민주노동당 시절 경제민주화위원회에 종업원지주회사 전환을 지원하는 시스템이 있었는데 논란이 있었던 걸로 알고 있습니다. 노동자들이 '노동자'의 자격으로 경영에 참여할 수 있도록 하는 게 맞다는 거죠. 노동자들이 경영에 참여하기 위해 주식 지분을 보유하여 주주가 되는 건 근본적 해법이 아니라는 주장입니다. 이 말도 설득력이 있는 것 같습니다.

강수돌   지금 같은 시스템에서는 '종업원지주제도(ESOP)'도 자가당착적인 부분이 있습니다. 노동자이면서 주주이기도 한데, 모든 기업에서 정리해고 소식을 발표하면 주가가 오르겠죠. 정리해고란 인건비 감축이고 이윤 증대로 연결되니까요. 그런데 바로 그 해고대상자가 노동자 주주라면 자기가 잘리면서도 주가는 오르기 때문에 자가당착이 되는 겁니다. 일종의 자아 분열이 일어나죠. 한쪽(노동자)은 잘려서 울고, 다른 한쪽(주주)은 만세를 부르죠. 이것도 주객전도 때문에 나타나는 현상이죠. 그렇게 되면 노동자로서 연대의식은 없어지고 자본가나 다름없어집니다.

주주를 좁게 보면 소자본가라고 할 수 있을 텐데, 자본의 논리가 자연과 인간을 끊임없이 파괴함으로써 가야하는 속성이 있기 때문에 설사 노동자가 주주가 된다 해도 자본의 이윤 원리엔 근본 변화가 오기 어렵죠.

그러나 단순한 노동자 주주(종업원지주)가 아니라 노동자 자주관리가 된다면 이야기가 달라질 수 있습니다. 실질적 경영권이 노동자에게 놓여야 한다는 말입니다. 그렇게 되면 노동자들이 경제성과 인간성, 생태성을 조화시킬 수 있는 방식으로 경영할 수 있는 길이 열리게 됩니다. 일부 주식 소유가 아니라 생산수단과 노동이 실질적으로 통일되어 노동자가 책임 있는 주인이 되면 필요한 만큼 필요한 방식으로 생산하고 그 과실을 골고루 나눌 수 있게 된다는 거죠.

이정환　　　　　그러나 모든 기업이 노동자가 100% 주인인 노동자 자주관리 기업이 될 수 있는 것 아니잖습니까. 어떤 제도화가 우선인가요?

강수돌　　　　　산업민주주의의 핵심은 노동자의 경영참가나 공동결정이라고 생각합니다. 이것이 경제민주화의 내용에서도 중요한 부분이고요. '근로자 참여와 협력에 관한 법'에도 나옵니다. 그런데 사실상 형해화된(껍데기만 남은) 조항이라는 거죠. 노동조합이 단체행동을 하기만 해도 대부분의 회사 측은 대부분 업무방해 혐의로 손해배상을 청구하거나 심하면 용역깡패들을 투입시키고, 경찰을 비롯한 국가기관은 이를 방조합니다. 그러니 지금의 보수 정권이 실행도 안 하는 경제민주화를 주창해봐야 말짱 헛일입니다. 재벌 개혁 이전에 이런 것부터 먼저 바뀌어야 재벌 개혁 단계로도 넘어갈 수 있죠.

그래서 경제민주화의 제도적 첫걸음은 노조의 전면적 인정, 단체교섭과 단체행동, 경영참가와 공동결정의 실질적 보장이 되어야 한다는 겁니다. 이것도 안 되면서 노동자를 존중한다는 것은 거짓말이 되겠죠.

오늘날 독일이나 프랑스, 그리고 노르웨이나 덴마크, 스웨덴 등 유럽 각국에서는 노동자의 경영참여를 보장하고 있습니다. 다만 이것 역시 이윤의 원리로 움직이는 자본의 운동을 제어하는 데에는 한계가 있다는 게 문제죠.

한편 종업원지주제처럼 노동자가 주식 일부를 소유하게 하는 프로그램도 앞서 말했듯 자가당착적인 상황을 만들거나 자본의 논

리에 끌려들 위험이 크다는 거죠. 그래서 노동자의 일부 경영참여
나 소유참여보다 한 걸음 더 나간 게 노동자 자주관리 기업입니다.
자본-노동-경영을 노동자가 주체가 되어 실질적으로 관리할 수
있으니까요. 노동자 자주관리 기업의 형태를 협동조합 방식으로
조직하거나 노동자 및 시민이 주식의 대부분을 인수하여 출범하
는 방식으로도 갈 수 있죠. 그런데 이것조차 '무한 이윤의 논리'를
따를 것인가 아니면 '사회적 필요의 논리'를 따를 것인가에 따라 운
영 결과는 달라집니다.

이를테면 우리 마을에 포클레인이 하나 있다고 칩시다. 그러면
마을회관을 짓거나 다리도 세우고 아이들이 뛰어놀 운동장을 만
드는 데에도 유용하게 쓸 수 있겠죠. 그런 작업이 끝나고 나면 기
계를 기름칠해 손질한 후 창고에 넣었다가 나중에 또 다른 공사를
할 때까지는 놔두기도 하겠죠. 그런데 그 기계를 갖고 사업하는 회
사라면 끊임없이 건설 공사를 해야 합니다. 이윤을 만들어야 하니
까요. 4대강 공사도 그런 것의 연장이죠. 그 때문에 복지예산은 줄
어들게 되고요. 아니면 후세들에게 부담될 정도의 국가 부채만 잔
뜩 지게 되는 거죠.

이렇게 자본의 운동은 필요의 논리가 아니라 이윤의 논리로 굴
러갑니다. 필요의 논리는 충분함과 만족을 알지만 이윤의 논리는
만족을 모르죠. 이윤을 무한히 추구하거든요.

이정환　　　　　　말씀대로 한계는 있지만 그래도 노동자의 경영

참여를 제도화해서 경영진이 주주가치 극대화 논리에 매몰되지 않도록 견제할 필요가 있다고 생각합니다. 주주는 주가가 더 오르지 않을 거라고 생각하면 팔고 떠날 것이고, 경영진은 임기가 끝나면 교체되겠지만 노동자들은 10년, 20년 그 기업에 남아 있어야 하니까요.

노동자의 기업인수를 제도적으로 지원하는 방법도 대안이 될 수 있을 거고요. 앞서 대우종합기계 사례를 들기도 했지만 부실기업의 정상화 과정에서 또는 공기업 민영화 과정에서 LBO(차입형 기업인수) 형태로 우리사주조합에 경영권을 넘겨주는 방식을 검토해볼 수 있을 겁니다. 필요하다면 기금을 조성해 ESOP(종업원지주제) 기업을 활성화할 수도 있고 공적 연기금이 지분을 보유하는 방법도 가능하겠죠. 주주자본주의에 종속되지 않는 대안적인 기업 지배구조를 늘려나가는 게 핵심이라고 생각합니다.

강수돌　　　　　당연합니다. 경제민주화란 주주자본주의(share holder capitalism)라고 하는 이윤 중심주의, 경쟁지상주의를 탈피하여 진정으로 사람이 주인 되는 경제를 만들자는 것이니까요.

여기서 말하고 싶은 게 독일식 기업경영의 특징인 공동의사결정(codetermination) 제도입니다. 종업원 대표도 이사회에 함께 참여해 공동경영을 하는 것입니다. 그 역사야 1848년 혁명 시기까지 거슬러 올라가지만 1920년의 노동자평의회법, 제2차 세계대전 이후로는 1951년의 석탄·철강 공동결정법, 1972년 경영조직법, 1976년 신공동결정법 등을 통해 규정이 만들어졌죠. 1920년 대나 1950년대까지만 해도 독일에서는 "자본주의 기업 경영은 독점을 부르고 독점은 전쟁을 부르니 더 이상은 안 되겠다"는 문제의식 속에서 노동운동이 거세게 일어났습니다. 사회 전체적으로도 그런 분위기가 강하다 보니 기업가들이 "제발 우리 목숨만은 살려달라"는 기분으로 노동자평의회를 법적으로 인정하고(1920년) 노사 간 완전평등 공동결정제조차 도입했죠(1951년). 그것도 대규모 공기업에서 먼저 말입니다.

그러다가 1972년에서 1976년으로 갈수록 민간기업에도 공동결정제를 도입하기 시작했는데, 갈수록 기업가들이 반발했죠. 마침내 1976년 신공동결정법이 도입되자 기업가들은 독일 헌법재판소에 위헌 소송을 제기합니다. 그 취지는 노동의 가치를 반영한 공동결정제도가 헌법적 가치인 사적 소유권을 침해한다는 것이었어요. 그러나 3년이 지난 1979년 독일 헌법재판소는 '공동결정제가 소유권을 침해하는 것은 아니다, 공동결정과 사적 소유는 공존 가능하다'는 취지의 판결을 내립니다. 노동자 내지 노동조합의 승리로 끝난 셈이죠.

독일의 공동의사결정 제도는 2008~2009년 세계 경제위기 때 빛을 발했어요. 당시 독일의 경기침체는 프랑스의 2배에 달했는데 노동자를 거의 해고하지 않았죠. 그래서 노동자의 구매력이 유지되어 경기를 회복할 수 있었죠. 종업원 처지에서는 기업에 더 헌신적으로 일했고요.

제가 왜 이 이야기를 하느냐 하면, 한국에서는 노동자의 경영참여 문제를 좌파라며 불온시하거나 무시하는 경향이 있는데, 이것이야말로 한국사회가 아주 후진국임을 증명한다는 것입니다. 정부나 기업이 만날 강조하는 것이 '선진국' 타령인데, 진짜 선진국이 된다는 것은 정치, 경제, 노동, 사회, 교육 등 전반적인 과정이 실질적으로 민주화되고 인간이 주체가 된다는 것이거든요. 이 부분을 특히 강조하고 싶어요.

이런 맥락에서 쌍용차 같은 경우를 예로 들면, 우선은 회계조작에 의해 상하이차로 인수된 과정에도 평소에 노동자나 노조의 경영참여가 보장되어 투명경영과 민주경영이 실현되었다면 모두 예방되었을 것이라 봅니다. 설사 기업 경영이 위기에 몰려 대규모 비용 감축이 불가피했더라도 경영참여가 구현되는 상태였다면 피비린내나는 정리해고 및 결사 투쟁보다는 정부가 공적 자금으로 인수한 상태에서 노동시간 단축과 일자리 나누기, 4조 2교대 등 새로운 작업 편성, 노동자와 노동조합, 지역사회, 일반 시민, 공적 연기금 등에 의한 협동조합적 소유의 시도 등 다양한 방식으로 정상화를 꾀할 수 있었을 것입니다. 불가피하게 일자리를 잃는 사람이 생기더라도 이들이 일정한 공동체를 이뤄 새로운 삶을 꾸릴 수 있도록 창의적인 아이디어를 모을 수도 있었을 것이고요.

모두 일하되
조금씩

이정환　　　　노동운동의 역사는 노동시간 단축의 역사라는 이야기가 있습니다. 1840년대 영국 노동자들의 평균 나이는 15세였고 하루 14~16시간씩 일했다고 합니다. 하루 8시간 노동이 구호로 정착된 건 1886년 5월 1일 미국 일리노이주 시카고에서 시작된 총파업 투쟁의 성과였고요.

놀라운 사실은 여전히 우리나라가 세계에서 가장 오래 일하는 나라라는 겁니다. 2003년 노동법이 개정되면서 하루 8시간, 주 5일 40시간 노동이 제도화됐지만 아직도 상당수 직장에서 야근과 잔업, 특근이 일상화돼 있습니다. 우리나라의 노동시간은 2011년 기준 2,090시간으로 여전히 OECD 최장이고요.

노동시간 단축을 위한 사회적인 합의도 필요할 것 같습니다. 우리는 어떤 세상에 살기 원하는가, 우리 아들이나 딸들에게 어떤 세상을 물려주기를 원하는가를 논의해야 답이 나오는 문제라고 생각합니다. 더 나은 세상을 상상하는 것부터 시작해야겠죠.

강수돌　　　　그렇습니다. 모든 대안의 출발점은 척박한 현실 속에서도 더 나은 것을 상상하는 능력이죠. 노동시간 단축의 핵심은 '모두 일하되 조금씩 일하는' 것입니다. 그런데 '모두 일하되 조금씩 일하자'라는 구호가 가능해지려면 일례로 '평생 4만 시간 노동' 같은 아이디어가 돌파구가 될 수 있어요. 앙드레 고르의 제안입니다.

여기서 말하는 노동이란 물론 '생계'를 위한 노동이죠. 가령 80평생의 절반인 40년을 노동할 경우, 4만 시간이 되려면 1년에 1천 시간 일하는 것입니다. 1년에 대략 250일 일한다고 치면 하루 평균 4시간씩만 일해도 되는 것 아니겠어요?

그러면 모두 일자리를 가지면서 복지사회를 위한 파이도 나오게 됩니다. 복지사회는 권리면서 의무(책임)이기도 합니다. 일(직업) 속에서 자아실현을 하는 측면도 있지만 어쩔 수 없이 노동해야 하는 측면도 있죠. 더 깔끔한 일을 하고 싶거나 싫은 것을 여건상 해야 하는 경우도 있고요. 노동이 권리이면서 의무이듯 복지도 마찬가지입니다. 그래서 모두 조금씩 일하되 효율적으로 하는 시스템을 갖추면 인간답게 사는 데 필요한 물자나 복지를 생산해서 골고루 나눌 수 있다는 생각입니다. 그리고 가능하면 직업 간 차이를 축소해서 비교적 고르게 가되, 좀 많이 버는 사람이 더 내도록 하자. 단, 모두에게 복지 혜택이 실감나게 돌아가면 별 불만이 없겠죠.

이정환　　　'모두 일하되 조금씩'이란 구호는 멋진데, 과연 자본주의 안에서 가능할까요? 아니면 자본주의의 진화 내지 새로운 체제의 등장이라는 전망 속에서 가능한 것일까요?

강수돌　　　　2011년 뉴욕에서 시작된 월스트리트 점령 시위가 말하는 게 뭡니까. 사회 양극화를 조장하는 자본주의 시스템이 한계를 맞았고 더 이상 희망이 아니라는 징후입니다.

시장 자체가 한계를 맞고 있습니다. 1990년대 이후 소련과 동유럽 사회주의가 붕괴되면서 새로운 시장이 생겨났죠. 그러면서도 기존 시장을 바꿔나가는 시스템, 광고나 패션, 유행을 통해 소비자들의 수요를 자극했고요. 이제 그 시장도 포화 상태로 가고 있어요. 시장만이 아니라 생산의 국면에서도 원료나 에너지 고갈, 과잉투자, 그리고 노동저항 등 다양한 한계가 드러나고 있죠.

금융권과 건설업의 유착 속에서 나온 '서브프라임 모기지' 사태도 결국은 실체 있는 성장이 아니라 뜬구름 잡는 성장, 거품 경제였음을 반증하죠. 일례로, 스마트폰도 각종 신제품이 계속 나오는데, 어느 정도는 인간적 필요에 부합하지만 더 많은 부분이 자본의 이윤을 위해 쏟아져 나와요. 사회적 에너지가 쓸데없이 낭비되는 셈입니다.

결국 객관적 현실은 극소수 다(초)국적 기업이나 재벌급 대기업만 잘 나가고 그 외 수많은 하청업체나 소규모 영세기업들은 끊임없이 붕괴하거나 죽게 되죠. 이런 방식이 겉으로 보기엔 승리한 것 같고 영원할 것 같지만 내부적으로는 암과 같은 게 자라나고 있는 겁니다. 그러니 이제는 새로운 패러다임을 열어야 하고 그런 맥락에서 '노동시간 단축을 통한 일자리 나누기'를 전략적으로 볼 필요가 있어요.

처음엔 아무래도 어렵겠죠. 하지만 이런 식으로만 사태를 보아선 아무 변화도 이뤄내지 못해요. '발상의 전환' 없이 그냥 편하게 하던 대로 하면서 뭔가 참신하고 획기적인 변화가 저절로 올 거라 기대하는 건 매우 잘못된 태도입니다. 현실은 적응해야 하는 현실도 있지만 바꿔야 하는 현실도 있거든요. 우리가 경제민주화를 말할 때는 뭔가 잘못된 현실을 바꾸자는 것 아니겠어요? 그렇다면 발상의 전환을 통해 새로운 패러다임을 만들어야 하죠. 일례로, 노동시간 단축을 통해 모두가 일자리를 나누고 또 충분히 쉬면서 일하면 창의성도 증진되어 질적인 고양이 일어날 것이다, 반면에 무조건 오래 일한다고 좋은 것인가, 이런 식으로 일상에서 새로운 사고가 필요하다는 것입니다.

자본의 이동,
또 다른 타자의 희생

이정환 세계화 시대에 자본의 이동성은 유난히 높아졌습니다. 자본에 국적이 없다는 말도 합니다. 국적 없는 자본이 몰려들어오는 것도 걱정스럽지만 돈 되는 곳이면 어디든 찾아 떠나는 자본 유출도 우려스럽습니다. 이런 상황에서 과연 경제민주화가 어떻게 가능할까요?

강수돌　　　　　생각해 보면 제조업은 저임금을 좇아 국경을 계속 넘고 있어요. 원래부터 자본은 무한 이윤을 추구하기 때문에 일정한 조건이 되면 가차 없이 국경을 넘고 말지요. 특히 오늘날에는 모든 자본이 금융권으로 쏠리고 있어요. 금융계의 투자전문기관은 주주의 권한과 이익을 우선시하는 기업지배구조 이론에 충실해 있죠. 그래서 주주자본주의 논리에 따라 주주 이익의 극대화를 위해 고객들이 맡긴 예금을 가지고 위험한 투자에 나서기도 하고, 기업의 단기적 성장주의를 부채질하기도 합니다. 그러면 압박을 받은 경영자들 역시 주주를 위한 가치 창출이라는 미명 아래 구조조정을 하거나 저임금을 찾아 생산공장을 해외로 이전합니다.

자동차산업은 노동자들에게 상대적인 고임금을 보장하죠. 그 대신 컨베이어 벨트 시스템 중심의 지루한 노동을 강요합니다. 그러나 컨베이어 벨트를 빨리 돌리는 데에도 한계가 있죠. 생산성 향상이 벽에 부딪힙니다. 그러면 자본은 유럽에서 미국으로, 미국에서 일본으로, 일본에서 한국으로, 한국에서 중국으로, 그리고 동남아시아로, 좀 더 지나면 아프리카로 이동할지도 모릅니다. 한진중공업이 필리핀으로 조선소를 옮기고, 콜트콜텍이 국내공장을 폐쇄하고 말레이시아 공장에서 같은 상표로 기타를 생산하는 것도 같은 이유에서죠.

여기서 중요한 것은 아프리카뿐만 아니라 가난한 나라들이 역사적으로 계속 가난했던 게 아니라는 겁니다. 그 이전엔 여러 가지 어려움에도 불구하고 고만고만하게 살았죠. 그런데 느닷없이 제국주의 세력들이 침략하고 이른바 '근대화'라는 이름으로 제국주의적 경제성장을 강요하면서 모든 게 뒤틀리기 시작합니다. 생산성 향상이란 이름 아래 플랜테이션 농장에서 농약이나 제초제를 마구 쓰고 아동노동을 착취하고요. 가난한 나라들은 광물부터 시작해서 농산물이나 공산품에 이르기까지 자립 능력을 잃게 되지요. 결국은 만성적인 부채에 쪼들리게 되고요.

학자들이 많이 지적한 바 있죠. 과연 '잘 산다'는 게 뭘까요? 내가 흘린 땀의 보람을 느끼면서 사람답게 사는 것 아니겠어요? 부자 되는 것 자체가 목적이 아니라 지금보다 더 나은 삶을 살기 위해 내가 주체적으로 노력하는 것, 그 과정에서 사람과 사람, 사람과 자연이 건강한 관계를 맺는 것이 아닐까요? 그렇다면 타자를 희생시키면서, 즉 자연을 함부로 대하고 약자를 멸시하면서까지 내가 부자 되는 것을 잘 사는 것이라 볼 수는 없지 않을까요? 우리는 대개 이런 총체적 진실에 대해 알기를 부담스러워 합니다.

흔히 말하는 첨단 산업화라든가 산업 고도화란 것도 모두 자본의 이익을 더욱 신장시키는 과정에서 나오는 것이고, 최근 위기에 빠진 신자유주의 세계화조차 지난 30년 동안 자본이 새로운 방식으로 이윤 추구를 했던 과정에 지나지 않죠.

그래서 세계 어디서건 자본주의 이윤 및 경쟁 시스템 자체가 근본적으로 바뀌지 않으면 경제를 민주화하는 데에는 한계가 있습니다. 반면에 노동운동이 세계화되어 이 세상 어디서건 경제민주화의 요구가 거세게 일어난다면 자본의 세계화나 경제 독재도 막을 수 있는 길이 보입니다. 결국은 단결과 연대의 문제로 귀결됩니다.

만일 자본의 해외이동 문제를 놓고 서로 다른 두 나라의 노동자들끼리 일자리 경쟁을 한다면 백전백패겠지만 서로 연대할 수 있다면 백전백승이 될 수 있어요. 물론 이게 현실적으로는 쉽지 않지만요.

다른 한편, 친기업 정부가 아니라 친노동 정부를 탄생시켜 일자리를 없애면서 노동자에게 정당한 대우를 해주지 않으려고 국내 공장을 빼가는 기업들에게 절대로 경제활동을 못하게 한다면 그런 일을 막을 수도 있겠죠. 이런 면에서 민주정부를 세우는 일도 중요합니다.

물론 이것은 실천과 논리가 결합해야 하는 문제죠. 기존의 경제논리만으로는 답이 안 나옵니다. 전혀 새로운 해법이나 사회논리를 갖고 단결된 실천을 해야 비로소 희미한 길이나마 열릴 것입니다.

이정환　　　　　　　　서브프라임 모기지론 사태를 겪으면서 금융자본주의가 붕괴하는 것 아니냐는 관측이 있었습니다. 서브프라임 사태는 신자유주의 금융 세계화의 초라한 실상을 적나라하게 드러냈죠.

서브프라임 사태는 단순히 잘못 설계된 파생금융상품이 빚어낸 일시적 혼란이 아니라, 규제완화와 시장경쟁의 원리에 내재된 필

연적인 함정이었습니다. 단순히 환율 전쟁을 자제하자거나 공적
자금을 쏟아부어 부실 금융기관들을 지원하는 것만으로는 이런
구조적인 모순을 해결할 수 없다고 봅니다. 세계경제의 구조적인
부실은 이미 적당히 고쳐서 다시 굴러가게 만들 수 있는 시한을 넘
겼을 수도 있다는 생각도 듭니다. 신자유주의 이후의 자본주의를
진지하게 고민해야 할 때라는 이야기도 나오고요. 한 시대가 지났
으나 새로운 시대는 오지 않는 그런 상황이라고 할까요.

강수돌　　　　그렇습니다. 데이비드 맥낼리 교수의 《글로벌 슬
럼프》에도 나오지만, 2008년 '리먼 브라더스' 파산 이후의 세계 금
융위기는 단순한 사고가 아니라 구조적 모순을 드러낸 것입니다.
이제 25년 정도 계속된 신자유주의가 종말을 고하게 된 상징적 사
건이죠. 앞으로 범지구적 침체, 즉 '글로벌 슬럼프'는 꽤 오래 계속
될 것이고 자본은 새로운 이윤의 원천을 찾아 국내외에서 더욱 발
버둥을 칠 것입니다. 이로 인해 복지 축소와 민영화가 제일 큰 타
겟이 될 것이고 자연 생태계의 훼손은 더 고도로 진행될 것입니다.
이런 맥락에서 새로운 시대는 어떻게 가능할까, 이게 문제죠.

　물론 새로운 시대가 열리는 데는 정말 시간이 오래 걸리겠죠.
구시대와 신시대는 하루아침에 바뀌기보다 긴 과도기를 갖겠죠.
로마의 멸망이나 봉건주의의 멸망도 수백 년 걸린 것처럼요. 자본
주의 역시 마찬가집니다. 수백 년의 과정이죠.

　자본주의가 준비되는 과정도 400~500년 걸렸습니다. 14~16

세기 르네상스 무렵에 이탈리아 북부 지방에서 자본주의 생산관계인 '자본-임노동' 관계가 하나씩 생기기 시작했죠. 15세기 이후 지주들이 양모 생산을 목적으로 공유지를 목장으로 사유화해 농민을 토지에서 분리시킴에 따라 농민은 농업노동자가 되었죠. 그렇게 농민을 도시의 임금노동자로 내몬 '엔클로저 운동'이 일어나면서 공장도 여기저기 많이 생겨났고요. 그리고 마침내 생산과정이 기업가에 의해 체계적으로 통제되면서 18세기 산업혁명이 일어나 자본주의가 제 발로 서게 되었죠. 이게 400~500년이나 걸린 겁니다.

이런 식으로 발전해오고 지금까지 끈질긴 생명을 이어가는 자본주의 시스템이 갖는 장점을 굳이 손꼽으라면 몇 가지는 있죠. 첫째는 봉건적인 시스템의 모순을 타파한 것, 둘째는 사람들의 개별적 능력을 발달시키도록 촉진한 것, 셋째는 생산성이나 효율성을 폭발적으로 드높인 것 등이라 할 수 있습니다.

그런데 바로 이런 장점들이 동시에 자기모순을 배태하기도 했어요. 형식적으로나마 자유롭고 평등한 개인 및 기업들이 자기 능력을 인정받고 승리하기 위한 경쟁을 하는 가운데 사람이나 자연이 파괴되는, 한마디로 '파괴성'이 높아지게 된 점이 가장 심각한 문제죠. 결국은 공동체적인 관계들, 살아있는 모든 존재와의 우호적인 관계들이 체계적으로 무너져 내렸습니다. 이것들이 오늘날 우리가 경험하는 온갖 스트레스의 원인들을 만들어내기도 했고요.

그렇다고 해서 자본주의가 하루아침에 넘어갈 것이라 보는 사람은 없죠. 앞으로 수백 년의 시간이 필요할지 모르겠지만, 중요한 건 지금부터라도 대안적인 씨앗을 하나씩 뿌려나가야 한다는 점입니다. 만일 우리가 집합적으로 대안적인 사회를 만들자는 의사결정을 하게 된다면 바로 그게 구조를 바꾸는 일이 아니겠어요?

변화란 구조와 사람이 모두 바뀌어야 하는 것인데, 우리는 대개 어느 한 면만 강조하기 쉬워요. 사람의 실천이 바뀌지 않고 구조 탓만 하는 것도, 또 구조를 바꿀 생각도 않은 채 개별적인 실천만 강조하는 것도 모두 미완성의 변화만 결과할 뿐입니다. 그래서 사람과 구조가 같이 변해야 합니다.

'을'의
연대가 필요하다

이정환　　　　우리나라 자영업자 비율은 세계적으로도 가장 높은 수준입니다. 우리나라 경제활동 인구 가운데 28.8%가 자영업자인데요. 소상공인의 57% 이상이 평균 순이익 100만 원 이하이고, 창업 후 2년 안에 50%가 폐업한다고 합니다. 자영업자 중 80% 이상이 주말 없이 하루에 10시간 이상 일한다고 해요. 결국 이들은 업종을 바꾸게 되고 그때마다 빚을 내고 심지어 사채까지 쓰고 난 후, 개인회생이나 파산신청을 하게 됩니다. 회사 그만두고 카페나 할까, 하는 게 상당수 직장인들의 로망인데요. 그런 꿈조차 이루기가 쉽지 않다는 거죠.

강수돌　　　　　희망퇴직 형식을 빌려 노동시장에서 잘려나간 사람들은 물론이고 남아 있는 사람들도 보람을 못 느끼기 때문에 뭔가 내가 스스로 해보자 하는 게 자영업자의 욕망으로 나타나는 거라 생각합니다. 이런 점에서 자영업의 꿈속에는 내가 좀 주체적으로 경제활동을 해보고 싶다는 건강한 욕구가 들어 있어요.

하지만 현실적으로 자영업이 영위되는 과정을 따져보면 크게 두 가지 문제가 있지요. 하나는 자영업자도 궁극적으로는 대자본처럼 이윤 추구를 일차적 목적으로 한다는 점에서는 같아요. 뭔가 사회적 행복 추구에 도움이 되는 사회경제 활동을 하겠다는 의식은 부족할 수밖에 없죠. 두 번째는 자영업자들의 투자가 과잉이란 점입니다. 자영업자가 유난히 많다고 하는 것은 3년 이내 반타작도 못해 망한다든가 하는 결론으로 끝나요. 부단히 생성되고 부단히 소멸되지요. 시내 골목길을 걷다 보면 가게 간판들이 끊임없이 교체되는 걸 볼 수 있어요. 게다가 자영업자들이 하루 종일 가게에 앉아 몇 명 안 되는 손님을 기다리는 것은 사회적 자원의 낭비가 아닐까 싶기도 해요.

이런 사태는 결국 우리의 경제 활동이 사람을 주체로 내세우지 못하는 방식으로 영위되어 왔고 지금도 그러기 때문인데, 이런 면에서 자영업 과잉 현상은 경제민주화 문제와도 관련 있습니다. 평소의 직장생활에서 충분히 보람을 느끼고 내 삶의 주인이라는 걸

체험하며 산다면 왜 젊은 사람조차 자영업에 뛰어들겠어요? 그리고 주인의식을 느끼며 자신이 원하는 방식으로 퇴직을 했다면 뭐 하러 또 위험을 무릅쓰고 새 사업을 하겠어요? 이런 면에서 일정한 수준의 자영업도 활성화해야 하겠지만 더 중요하게는 각종 회사 조직들이 사람을 존중하고 사람이 보람을 느끼며 일할 수 있도록 민주화돼야 합니다.

이정환 남양유업 폭언 사태로 드러난 우리 사회의 갑을 관계는 고질적이면서도 정말 심각합니다. 영세 자영업자들의 문제도 섞여 있고 구조적인 불공정 거래 관행도 문제입니다. 조금이라도 권력을 가진 사람들이 더 열악한 사람들을 착취하는 구조이죠. 이런 착취의 악순환을 깰 방법이 없을까요?

강수돌 그렇습니다. 세븐 일레븐, 씨유(구 패밀리 마트) 등 편의점 사태나 비행기 내 포스코 계열사의 '라면 상무' 사건, 남양유업 사태, 제빵 회사 사장 사태, 배상면주가 사태 등 '슈퍼 갑'의 횡포는 어제 오늘의 일이 아니죠. 우선은 회사와 회사 간의 불평등한 '갑-을 관계'가 문제지만 다음으로는 갑의 담당 직원조차 갑 회사 측의 입장에서는 을의 위치를 점하거든요. 이 착취의 악순환을 끊기는 쉽지 않지만, 길이 영 없는 건 아닙니다.

회사와 회사 간의 갑을 관계를 끊기 위해서는 최우선적으로 정부가 '공정거래법'을 보완하고 이를 더욱 철저하게 집행해야 해요.

앞서 말한 생산 차원에서의 '균형 성장'이나 '남용 방지', '주체 조화'가 바로 이런 것이겠죠. 이런 게 해결되지 않고서는 경제민주화를 말해봐야 헛일입니다.

다음으로는 '을'의 연대가 필요해요. '을'은 하나로는 미약하지만 뭉치면 아주 강해집니다. 그저 '슈퍼 갑'에 빌붙어 자기만 살려고 하지 말고 을끼리 뭉쳐서 합리적인 제도나 관행을 만들어 이를 관철하고 전통으로 만들어가야죠.

최종적으로는 갑이나 을의 노동자, 그리고 일반 시민사회가 이런 문제를 공유하는 사회적 운동이 되어야 해요. 그리하여 우리 사회 전반에서 모두가 모두를 존중하고 합리적인 규칙에 따라 움직이는 그런 룰을 새로 만들어가야죠. 개별적으로 접근하거나 '슈퍼 갑'의 시혜에 의존하는 건 일시적인 해결책일 뿐 곧 그 바닥이 드러나고 맙니다. 다음으로 회사 내 '갑-을 관계' 문제를 해결하려면, 우선은 경영 민주화가 이뤄져야 해요. 그나마 유한킴벌리나 제니퍼소프트 같이 경영 윤리가 (상대적으로) 올바로 정립된 곳이라면 훨씬 낫죠. 그렇다고 경영 윤리에만 기댄다면 좋은 시절은 일시적으로 끝날 수 있어요. 그래서 필요한 게 민주적 노동조합이나 경영참여 제도와 같은 시스템이 구축되고 실질적으로 운용이 잘 돼야 하죠.

재벌 개혁 논쟁

이정환　　　　　재벌 개혁 논쟁은 역사가 깊습니다. 이명박 정부 들어 폐지되긴 했지만, 출자총액제한제도(출총제)는 자산총액 10조 원 이상 기업집단 소속의 기업이 순자산의 40%를 초과해 출자할 수 없도록 제한하는 제도죠. 여기에 적용돼 추가 출자를 할 수 없는 기업은 금호석유화학과 금호타이어 등 2개뿐이었습니다. 물론 출총제가 기업 투자를 막는다는 자본 측의 주장도 억지지만, 출총제를 다시 부활해야 한다는 개혁적 주장도 실효성이 없기는 마찬가지 같습니다.

한편, 순환출자 금지는 삼성그룹에 해당되지만 금지할 수단이 마땅치 않습니다. 순환출자 금지는 막연한 구호일 뿐 금융·산업 분리가 본질이죠. 기업 A가 기업 B에 출자하고 기업 B가 기업 C에 출자하고 기업 C가 기업 A에 출자하는 걸 순환출자라 하는데 이 과정에서 금융계열사들의 자산을 동원하기 때문에 문제가 되는 거 아닙니까.

이를 테면 이건희 회장이 삼성생명 보험 계약자들의 자산으로 삼성전자 지분을 확보해 영향력을 행사할 수 있게 되는 거죠. 이런 맥락에서 최근 경제민주화 논의는 모두 변죽만 울리고 있는 것 같습니다. 재탕 반복일 뿐이죠. 정치권이 정말 경제민주화가 시대적 화두라고 생각한다면 공허한 구호를 반복하는 데 그치지 말고 좀 더 실천적인 해법을 내놓아야 한다고 생각합니다.

금산분리를 강화한다고 해서 당장 재벌이 해체되지는 않죠. 정규직 전환을 강제하고 사내하청을 금지한다고 해서 이익이 급감하거나 재벌의 경영권이 위협받는 것도 아니고요. 재벌 개혁의 대안이 지주회사인 것처럼 호도하는 일부 경제학자들의 주장도 위험하다고 생각합니다.

제 생각에 재벌 개혁의 핵심은 '고용 없는 성장'의 시대에 정부가 어떤 역할을 할 것이냐 하는 것입니다. 재벌 해체가 답이 아닌 것처럼 막연하게 재벌의 선의에 기대는 것도 대안이 될 수 없고요. 경제민주화의 함정을 경계하되 주주자본주의의 한계를 극복하는 대안을 모색해야 할 때가 아닐까요? 분명한 것은 시장의 탐욕을 규제하고 게임의 법칙을 바로잡는 일이 정부의 역할이고 책임이라는 겁니다.

강수돌　　　　출자총액제한제도나 순환출자 금지 같은 제도가 재벌에게 약간의 움직임을 줄 수는 있겠죠. 하지만 그 정도로 재벌 개혁이라 할 수 있을까요? 물론 지적하신 것처럼 그 실효성도 문제지만요.

재벌이 문제가 되는 것은 인기 드라마 〈추적자〉에서도 나온 것처럼 정치경제 및 사회문화에 대한 독점적 지배력이죠. 눈에 보이지 않는 지배력 말입니다. 한마디로 무대 뒤에서 '경제 독재'를 행한다는 것이죠. 아무리 정치민주화가 되어도 이것이 지속된다면 말짱 도루묵이에요. 이걸 타파하기 위해서라도 실질적인 '경제민주화'가 필요합니다. 그것은 헌법 119조 2항에 나오는 '균형 성장, 적정 분배, 독점 방지, 주체 조화'라는 내용만 제대로 충실히 실행해도 어느 정도는 가능합니다. 물론 이를 어떻게 구체화할 것인가를 두고는 깊이 있는 토론이 필요해요.

특히 저는 '주체 조화'에 주목하고 싶은데, 이것은 '돈벌이' 내지 '경제성장'을 공동 목표로 전제한 위에서 노사정(노동자, 사용자, 정부) 3주체 간 이해관계의 절충이 아니라 '인간다운 삶'이라는 목표를 향한 노사정 3주체 간 실질적인 협동을 의미하는 것으로 봐야한다는 것입니다. 그것은 사실상 노사정 3주체가 지금까지의 가치관이나 이해관계를 새로운 차원으로 지양한다는 것을 전제로 합니다. 자신만의 이익이 아니라 인간다운 사회를 만드는 것을 공동 목표로 해서 활동하는 주체가 되어야 한다는 뜻이죠.

그런 의미에서 출자총액제한제도나 순환출자 같은 것에 기대서 이야기를 풀면 그럴듯한 말을 만들 순 있겠죠. 하지만 지극히 형식적이라고 봐요. 진정으로 경제민주화를 하려고 한다면 헌법 1조 "대한민국은 민주공화국이다, 모든 권력은 국민으로부터 나온다." 그 바로 다음에 2조로 '행복 추구권'과 함께 '경제민주화' 조항을 넣어야 합니다. 헌법에서도 이런 내용이 앞자리를 차지하면서 전체를 관장하는 틀이 되도록 만들어야 합니다. 119조 2항에 규정돼 있긴 하지만 이게 나라 전체 운영에 기본적인 방향을 설정하는 것이거든요. 그것에 진정성이 있다면 말입니다.

모든 권력은 국민으로부터 나오므로 국민이 행복해져야 하죠.

그러려면 경제민주화가 제대로 돼야 합니다. 그래야 일관성이 있어요. 노동자고 농민이고 청년 학생이고 모두 제 역할을 찾고 사회로부터 존중받아야죠. 나아가 이들이 하는 노동이나 사업의 결과가 사회에 해를 끼치지 않고 지속가능한 필요 충족에 도움이 되는 일이 될 때 사회나 경제가 조화롭게 발전합니다. 빈부 격차로 사회가 양극화되지 않고 모두들 고만고만하게, 그러면서도 보람 있게 살 수 있는 그런 사회로 가야 하죠. 그걸 헌법에 담아내야 한다는 겁니다. 이게 바로 경제민주화를 위한 국가(국회와 정부)의 역할이라 봅니다.

헌법 개정을 해서라도 '경제민주화' 조항을 헌법 제119조가 아니라 제3조 정도로 격상시켜야 합니다. 그래야 제대로 된 정치민주화와 경제민주화를 병행할 수 있어요.

원래는 정치와 경제가 분리된 것이 아니거든요. 결국은 사람들이 행복하게 먹고 사는 것이 정치요, 경제죠. 그러니 참된 경제민주화를 이루는 것이야말로 참된 정치민주화를 완성하는 셈입니다. 물론 여기서 주체화 과정으로서의 민주화를 말하는 것은, 단순히 나 홀로 서는 게 아니라 같이 서자는 것이고 그래서 '공동체적 주체'를 확립하자는 것이에요. 개인이 소멸돼서는 안 되고 개성이나 프라이버시나 개인적인 자질이나 실력을 존중하되 관계망 속에서 더불어 살아가는 사회가 돼야 합니다. 그렇게 가는 게 올바른 주체로 서는 것이죠. 객관적 소유나 생산, 분배의 문제와 더불어 주체의 민주화를 이룰 때 비로소 경제민주화의 완성도는 높아질 것입니다.

그래서 우리는 늘 내가 살아가는 방식이나 세계관에 대해 줄기차게 질문하고 모색해야 해요. 과연 잘 사는 게 뭔지, 제대로 사는 게 뭔지, 이런 질문이 필요합니다. 급하게 쉬운 해답을 찾는 것보다 쉽게 답이 나오지 않는다 하더라도 근본적인 질문을 던져야 하는 것이죠.

이정환　　고 노무현 전 대통령 시절 '사회적 대타협'이 재벌 개혁의 대안으로 제시된 적 있었습니다. 삼성그룹 이건희·이재용 일가의 후계구도를 용인해 주는 대가로 사회적 책임을 다하도록, 이를 테면 새로운 공장을 짓고 설비투자를 늘리고 고용을 창출하도록 거래를 하자는 아이디어였는데요. 사회적 대타협 이론은 기업이 국가경제에서 벗어나 단기 이익추구에 매몰되는 게 가장 큰 문제라는 인식에서 출발합니다.

그러나 노 전 대통령은 사회적 대타협을 주도할 의지가 없었고 이명박 정부 들어서는 오히려 노골적으로 규제완화를 단행, 재벌과 금융자본주의의 결탁을 방치했죠. 그 결과 이제는 재벌을 통제할 아무런 수단도 남지 않게 됐습니다. 얻을 걸 이미 다 얻은 이 회장 일가는 주식시장의 눈치를 볼지언정 국가권력과 사회의 눈치는 보지 않죠.

과거 SK그룹 경영권 분쟁에서 경험했듯이 재벌과 주주자본주의가 대결 구도를 형성하던 시절도 있었지만 지금은 재벌과 주주자본주의가 이해관계를 공유하고 있습니다. 우리는 기업의 이익이 주식시장을 통해 투자자들에게 빠져나가는 시대에 살고 있습니다. 재벌은 경영권을 보호받기 위해 주주자본주의에 복무하고 투자자들의 이해를 대변합니다. 재벌과 주주자본주의가 공존공생하는 시스템에서 노동자와 소비자들은 수단이고 대상일 뿐이죠.

이 시스템 안에서는 우리 모두 자유로울 수 없죠. 우리가 월급을 쪼개 적립식 펀드에 가입할 때 원하든 원하지 않든 우리는 이건희 회장과 공동 운명체가 되니까요. 주주자본주의는 워낙 강력해서 누구도 이 시스템에서 자유롭지 못합니다.

강수돌　　　　주주자본주의의 나쁜 점과 재벌 체제의 나쁜 점이 교묘히 결합된 게 한국경제의 현주소가 아닌가 싶어요. 이제 신자유주의 세계화 시대엔 그 주주들이 해외 자본인 경우가 절반 이상이죠. 한 나라에서 생산된 부가 결코 그 나라 안에서 머물거나 돌지 않아요. 일부 소액 주주들에게도 약간의 떡고물이 주어지지만 대부분은 대기업과 재벌로, 그리고 해외 투자자들에게 빠져나가죠. 그러니 농민, 여성, 노동자, 그중에서도 비정규직, 중소기업, 이주민, 저학력자, 무자격자 등은 갈수록 힘들어지는 세상이 되고 말았어요. 부지런히 살아봐야 별 희망이 없는 것입니다.

자, 이런 현실에서 어떻게 돌파구를 찾아야 할까요? 저는 어떤 고정된 해법, 완벽한 설계도가 있다기보다는 늘 현재보다는 좀 더 나은 방도를 찾아 힘을 모아 실험하고 시도하는 것이 사회운동, 노동운동의 핵심이라고 봅니다. 일례로, 지금도 사장을 노동자들이 선출하는 그런 기업이 있지요. 대표적으로 키친아트, 우진교통, 한겨레신문이나 경향신문 같은 데가 바로 그런 곳이죠.

인천의 키친아트의 경우 원래 경동산업이었는데, IMF 시기를 거치면서 부도가 나자 20여 명의 직원들이 퇴직금을 모아 2001년에 자주관리기업으로 새출발했습니다. 그리고 서로 마음을 맞추면서 신뢰와 협동으로 일을 하다 보니 10년 연속 흑자 행진을 이어오고 있죠.

청주의 우진교통은 그 이전 경영자가 경영악화와 부도로 체불임금이 늘자 경영을 포기하고 떠나버렸어요. 그때 노동자들이 나서서 체불임금 대신 주식의 50%를 넘겨받는 등 갖은 노력을 기울인 끝에 우진교통은 2005년 1월부터 자주관리기업으로 거듭났습니다. 그 뒤 불과 3년 만에 악성 부채를 모두 갚고 당당히 제 발로 서게 되었죠. 오늘날 우진교통 가족들은 주인의식으로 일하면서 한 걸음 한 걸음 경영민주화를 전진시키고 있습니다.

한겨레신문이나 경향신문과 같은 언론 회사도 크게 보면 마찬가지죠. 직원들이 사장을 뽑거든요. 이 경우는 물론 대부분의 '주주'가 '사원'이니까 가능한 경우이고, 간접적으로 주주가 사장을 뽑는 형태지만 더 건강한 모습은 (주주가 아니라도) 노동자가 사장을 직접 뽑는 형태로 가야 한다는 겁니다. 그게 곧 노동자 자주관리기업의 완성이겠죠. 물론 아직은 손꼽을 수 있는 정도밖에 안 됩니다. 그런 회사가 극소수라고 해서 잘못되거나 틀린 건 아니죠. 반면에 기존의 주주자본주의가 대다수 주류를 차지한다고 해서 90% 이상의 경영학자나 경제학자들 논리가 늘 옳은 것이라 말할 수 있겠습니까. 그런 의미에서 다수결주의가 민주주의가 아닌 것처럼 경영민주화도 '아래로부터의' 관점, 또는 갖지 못한 자의 관점에서 재구성하는 그런 새로운 시도가 필요합니다.

앞서 사회적 대타협 문제를 제기하셨는데, 대타협 이전에 재벌도 민주적인 통제가 돼야 바람직합니다. 그러면 민주적인 통제가 뭘까요? 유럽의 시스템에서는 노사정이 모두 참여해 사회 전체의 관점에서 숙의한 끝에 결정합니다. 여기엔 자연히 노동자의 참여도 보장돼 있죠. 정치가나 자본가는 물론, 노동자도 기업 경영뿐만 아니라 정치경제적 중대사에 참여해 공동으로 결정한다는 것입니다.

일례로, 만일 정부가 자유무역협정(FTA)이라도 하겠다 하면, 민주노총에 3개월 시한을 주겠으니 자체적으로 토론해서 의견을 모아보라, 그러면 각 현장 작업장은 물론 마을마다 토론이 일어나는 것이죠. 또 사회적으로 언론이나 지식인 사회에서도 의견을 모으는 과정이 있는 것이죠. 그렇게 시간이 좀 걸리더라도 다각적으로 논의해서 마침내 결론을 내려야 올바른 의사결정이 되니까요. 재벌 개혁의 경우에도 재벌의 어떤 점은 살리고 어떤 점은 바꿀 것인지, 바꾼다면 어떤 것을 어떻게 바꿔야 가장 바람직한지, 이런 부분에 대해 기업 내부의 노사만이 아니라 정부, 여론, 언론, 지식인 사회 등과 함께 광범위한 논의를 벌여 사회적 합의를 모아야 합니다.

이런 식으로 가는 게 굳이 말하자면 사회적 대타협이지, 재벌 2세 후계 구도를 인정하는 대신 그 대가로 얻어내는 몇 가지 혁신적 조치는 진정한 사회적 대타협이 아닙니다. 결국은 재벌의 지배를 온 사회가 승인해주는 꼴에 불과하니까요.

북유럽 복지 모델에서
배울 점

이정환　　　　　스웨덴의 연대임금 제도가 하나의 대안이 될 수 있지 않을까요? '동일노동에 동일임금'을 지급해야 한다는 이 원칙은 대기업 노동자와 중소기업 노동자 사이의 임금 차별을 줄이는 유효한 장치가 되고 있죠.

전국적으로 조직된 노동조합은 과도한 임금인상을 억제해 생산성을 높이는 동시에 저임금으로 억지로 버티는 부실기업의 구조조정을 촉진하는 효과도 있습니다. 물론 상대적으로 임금 수준이 높은 대기업 노동자들의 경우 상당 부분 임금이 깎이는 걸 감수해야 합니다. 이러한 사회적 합의는 강력한 연대의식과 중앙조직에 대한 신뢰가 없으면 불가능한 일일 텐데요. 스웨덴에서는 당장 인건비를 절감하게 된 수출 중심 대기업을 중심으로 전폭적인 지지를 받아 도입됐고 1960년대 이후 특히 여성 노동자들의 임금 인상에 크게 기여했다고 합니다.

강수돌　　　　　먼저 이야기할 건, '세상에 공짜는 없다'는 원리입니다. 세상의 모든 책을 모아 한 문장으로 압축한 결과가 바로 이것이라 하죠. 스웨덴 식의 복지사회도 공짜로 되는 게 아닙니다. 세금을 어떻게 모아 어떻게 나눌 것인가 하는 것이 핵심이죠.

그런 의미에서 모두가 사회 연대의식을 갖고 공동책임으로 가야죠. 그렇다면 무엇에 대해 공동책임을 져야 할까요? 살림살이의 여러 측면 중에서도 주거나 아이들 양육 및 교육, 의료와 노후, 이런 정도는 공적으로 해결해야 합니다. 적어도 이런 영역에서는 개인적인 능력이나 재산에만 의존하여 해결할 게 아니라 골고루 해결할 수 있는 틀을 만들자는 것이죠. 그 부분에 들어가는 비중이 스웨덴처럼 국내총생산 대비 30%가 된다면 좋고, 경제개발협력기구(OECD) 평균인 20% 정도라도 갔으면 좋겠다는 겁니다.

스웨덴의 '연대임금' 정책은 노사정 합의에 의해 1950년대 중반부터 시행되었어요. 기업의 지불 능력에 관계없이 동일한 노동에 대해 동일한 임금을 지급하는 제도죠. 《스웨덴 모델 − 독점자본과 복지국가의 공존》에 따르면 "연대임금은 생산성이 높은 기업의 근로자들은 임금인상을 자제하는 반면, 실적이 좋지 않은 기업의 근로자는 기업의 지불 능력을 초과하는 임금을 받게 된다. 이는 기업이윤과 임금 간 상관관계를 차단하고 저임금 부문의 임금상승을 우선함으로써 산업 간 또는 기업 간 임금격차를 축소시켰다”고 하죠.

이러한 연대임금 제도처럼 ‘동일노동 동일임금’ 원칙에 따라 비교적 고른 대접을 하되, 내가 평소에 버는 것에 비례해 낸다면 별 문제가 없다고 봐요. 연대임금이 결국 삶의 연대로 이어지는 셈이죠. 더불어 행복하게 살자는 것이니까요. 이걸 싫어할 사람이 있을까요? 우리가 내는 돈이 결국 우리에게 되돌아온다면 반대할 사람이 없겠죠. 극소수의 부자들도 궁극적으로는 그게 더 나은 시스템이라는 것에 동의하지 않을까요?

노동운동을 비롯한 사회운동도 좁은 시야로 운동할 게 아니라 시야를 넓게 갖고 개별 기업이나 자기 집단의 이해관계를 넘어 연대하고 소통하는 형태로 가야 제대로 된 경제민주화를 이룰 수 있어요. 그 과정에서 우리 자신의 태도는 물론 사회 구조 전반, 개인과 공동체의 관계 등을 모두 바로잡을 수 있을 것이라 확신해요. 그 출발점은 아무래도 자신의 삶을 개별 자본과 동일시하는 덫, 다시 말해 ‘우리 기업이 잘돼야 나도 잘살 수 있다’는 편협한 인식에서 빠져나오는 것이어야 합니다. 내 마음부터 자유로워져야 비로소 구조적인 문제를 바꿀 집단적 의지도 형성되니까요.

이정환 박노자 노르웨이 오슬로대 교수의 강연을 들은 적 있는데, “복지국가가 복지 없는 국가보다 낫다”면서도 “북유럽의 복지국가 시스템은 총노동이 총자본을 압박해 투쟁으로 쟁취한 것이고 결코 자본의 시혜로 얻어낸 게 아니라는 사실을 염두에

뒤야 한다"고 강조하는 대목이 인상적이었습니다.

"막연하고 모호한 복지국가 담론을 반복할 게 아니라 어떻게 노동운동을 대중화하고 힘을 키우고 비정규직을 정규직화할 수 있을까를 고민하는 게 낫지 않겠느냐"는 이야기였습니다. 복지국가가 되더라도 약탈적 자본주의가 사라지지는 않을 것이고, 비정규직과 이주 노동자에 대한 차별이 사라지지도 않을 것이며, 자본의 독과점 구조도 그대로 유지될 것이라는 얘기죠. 복지국가가 노동자 계급의 목표 가운데 하나일 수는 있지만 이를 보편적인 인간 해방과 혼동하면 안 된다는 겁니다. 복지국가가 자본주의의 구조적 모순을 해소할 수는 없으며 오히려 차별을 은폐하는 수단으로 작용할 수도 있다는 지적이었습니다.

강수돌　　　　저는 우리 노동자들이 물질적 소비 수준의 향상이나 자녀들의 사회적 지위 상승을 목표로 살아간다는 것이야말로 이미 노동자/자본 간의 싸움에서 패한 게임이라고 봅니다. 물론 현실적 삶의 수준을 개선하는 것은 중요하지만 그것이 최종 목표인 것처럼 고착되면 안 되고, 오히려 노동자들의 꿈이 좀 더 넓어지고 좀 더 길게 내다보는 그런 것이 되어야 한다고 봅니다.

박노자 교수의 《좌파하라》란 책에는 "노르웨이는 예술인, 미술인 누구에게나 기본소득이 보장된다"고 하고 있죠. 한국에서도 모든 시민에게 기본소득이 보장되면, (2011년에 생계 곤란으로 밥도 제대로 먹지 못해 돌아가신) 최고은 작가 같은 사태가 반복되지 않는다는 겁니다.

　최근에 많이 논의되는 '기본소득'이란 사회보장제보다 더 원칙적인 것으로, 모든 시민에게 매월 일정한 돈(일례로, 50만 원)을 주자는 것이죠. 알래스카는 지금도 그렇게 하고 있죠(매월 250달러 지급). 그렇게 되면 생계를 위해 아무 일이나 하지 않고 뭔가 흥미를 느끼는 일을 찾게 된다고 봅니다. 나아가 누구의 자녀이든 자신이 하고 싶은 공부를 하고 나중에 그에 걸맞은 일자리를 가졌을 때 누구나 존중받으며 자부심으로 일할 수 있는 그런 사회를 만들어보자, 이런 식의 사회적 꿈을 공유해야만 비로소 우리 사회는 희망이 열린다고 봅니다. 나 홀로 잘 살아남아 돈 좀 더 벌어 내 새끼만큼은 좀 더 잘살게 하자, 이런 식의 개별화된 꿈이야말로 우리 현실을 더욱 척박하게 만들고 반면에 자본과 권력의 힘은 더욱 커지게 만드는 밑바탕일 뿐이지요. 안타깝게도 이것이 사태의 진실입니다.

이정환　　　　스웨덴은 세금이 너무 많기 때문에 가처분소득(가계가 임의로 처분이 가능한 소득)이 많지 않다고 합니다. 스웨덴에서 이케아 같은 실용적인 가구 디자인이 유행한 것도 높은 세금의 영향 때문이라는 분석이 있습니다.

　이케아는 소비자가 직접 가구 재료를 사들고 가서 조립을 해야 합니다. 디자인도 소박하고요. 그런데도 가격은 싼 편이죠. 멋 부리는 가구가 아니라 최대한 실용적이고 단순하면서도 저렴하다는 게 이케아의 경영 철학이죠.

　그런데 이것은 스웨덴 사람들이 원래 소박하고 검소해서가 아니라 소비의 여력이 크지 않기 때문이라는 이야기가 있습니다. 고급 소파나 장식장을 들여다 놓고 자랑하는 과시적 소비가 많지 않다는 이야기도 되겠죠.

강수돌　　　저도 1990년대 초 독일에서 공부할 때 이케아 책꽂이를 사들고 와서 아내와 직접 조립하면서 감탄한 적이 있어요. 완벽하지는 않지만 실용적이고 저렴한데다 운반과 조립이 쉽게 디자인 된 것이 이케아의 강점이라 보았죠.

　그러면서도 그런 아이디어가 나오게 된 건 분명 스웨덴 사람들이 창의성과 자율성을 보장하는 교육 속에서 성장했기 때문이 아닐까, 게다가 노동자들도 삶과 일의 균형을 유지할 수 있어 그렇지 않을까, 하는 생각도 했어요. 물론 말씀처럼 약 20% 정도를 소득세로 내는 한국과 달리, 스웨덴은 자기 소득의 절반 가까이를 세금으로 내는 나라이니 가처분소득이 적어 과시성 소비를 적게 하는 면도 있겠죠.

　그보다 스웨덴에서는 주거, 양육, 교육, 노후 등이 사회보장으로 해결되니 그렇게 돈을 많이 쓸 일도 없는 편입니다. 차라리 여름 휴가비가 가장 많이 들지도 몰라요. 나머지는 연극이나 영화도 보고 여행하고 이웃이나 친구들과 차 한 잔 나누는 삶의 질 차원의 소비죠.

그런데 이러한 복지국가도 크게 두 가지 면에서 문제가 생겨요. 하나는 재정적자 문제죠. 갈수록 자본주의 세계경제의 확산으로 삶의 위험은 증가하는데 사회보험으로 이를 감당하기가 버거운 것입니다. 특히 실업 문제가 치명적이죠. 결국 국가부채가 늘거나 사회보장도 축소돼요. 참된 경제민주화로 기본적 사회보험의 확충을 넘어 사회적 위험을 근본에서 예방해야 하겠죠. 둘째의 문제는 복지제도를 구축하는 과정이 불행하게도 우리가 이웃을 생각하는 인간적 심성들이 약해지는 과정으로 이어진다는 점이에요.

스웨덴보다는 좀 못하지만 나름 복지체제를 구축한 프랑스에 살았던 분이 이런 말을 하던데요. 지하철을 타러 가다가 실수로 계단에서 심하게 넘어져 낭패를 당했다는 겁니다. 비상벨이 울리고 구급대가 오고 병원까지 가서 응급처치를 받고 다행히 별 탈 없이 다시 나오긴 했는데 뭔가 마음속에는 허전한 구석이 있더라는 것이죠. 복지국가가 시스템적으로는 그렇게 잘 움직이지만 어딘지 모르게 사람 냄새가 나지 않더라는 것입니다. 병원(호스피탈)에 호스피탤리티(환대의 마음)가 없다는 겁니다. 의사나 간호사가 환자를 기계적으로만 대하는 거죠. 그런 면에서 복지라는 개념도 국가화하고 시스템화하면 사람들의 따뜻한 마음이나 관계가 냉정한 기계 같은 것으로 대체되어버린다는 것이죠.

그렇다면 우리가 경제민주화를 통해 복지사회를 만들더라도 기계적인 것이 아니라 따뜻한 마음이 살아 있는 그런 것을 만들어야 하는데, 그게 바로 공동체 마인드가 아닐까 해요. 사회적 위험을 개인에게 맡기자는 것도 위험하지만, 그것을 국가 기구에만 맡기는 것도 위험하다는 말입니다. 우애와 협동으로 살고자 하는 우리의 인간적인 마음을 공동체적으로 회복해서 마을이나 지역 단위에서 풀어나가되, 행정적으로는 필요한 자원들을 지원하는 형태로 가면 앞서 말한 문제들이 올바로 극복되지 않을까 합니다. 이것을 '자율 공동체 복지'라 할 수 있겠죠. 실제로 부탄이라는 작은 나라나 인도 북부의 라다크 전통마을, 그리고 SBS 〈최후의 제국〉에 나온, 남태평양 솔로몬 제도 중 아누타 섬 공동체 같은 곳이 그런 곳이라 할 수 있어요. 여기서는 아기의 탄생이나 노인의 죽음, 그리고 수렵이나 고기잡이 등 생계 활동 같은 일에 온 마을 사람들이 같이 참여하고 서로 돌보는 문화를 갖고 있죠.

물론 극한 상황에 몰린 사람들을 위한 최소한의 기본 복지는 국가적으로 실시하더라도, 그 이상의 부분들은 자발적이면서도 공동체적인 운동에 맡기면서 행정은 측면 지원만 하자는 것입니다. 그렇게 되면 비용도 절감되고 삶의 활기가 넘치지 않을까 해요.

이정환　　　　　그렇다면 스웨덴이 우리나라의 롤 모델이 될 수 있을까요?

강수돌　　　　　'예'이기도 하고 '아니오'라 할 수 있어요. 물론 시장 경쟁력을 중시하는 미국이나 영국에 비하면 스웨덴을 포함한 유럽 대륙은 우리에게 좀 더 미래지향적인 면을 보여준다고 봐요.

하지만 앞서 말했듯 그것조차 기계적으로 적용하기는 곤란합니다. 나름의 역사적, 사회적 과정이 있거든요. 그러나 중요한 것은 사회가 만들어낸 위험을 사회적으로 해결해야지 개인에게만 책임을 지우는 건 곤란하다는 점이죠. 다만 그것을 국가가 빚져가면서까지 고비용으로 물어낼 수 있느냐, 또 사회보장을 기계적인 시스템에 맡기면서 따뜻한 사람의 마음을 잃어버려도 좋으냐, 하는 문제는 남아 있습니다.

일본의 진노 나오히코 선생이 《인간회복의 경제학》이란 책에서 지적하듯 스웨덴에서조차 시민들의 자발적인 학습 서클이나 각종 엔지오 단체, 지역개발 그룹 등이 수많이 형성되어 있다는 보고는 경청할 만합니다.

우리가 재벌의 논리처럼 '부자가 되어야 한다'는 강박증을 따라가지 말고 수출이나 외형적인 성장을 어느 정도 포기하면 오히려 '내면의 성장'에 관심을 갖게 될 겁니다. 그런 면에서 오늘날 '경제 위기'는 새로운 기회가 될 수도 있어요. 제가 중요하게 생각하는 건 우리가 경제 수준이 상대적으로 낮았을 때는 낮은 대로, 높아지면 높아지는 대로 '더불어 행복한' 사회를 만드는 일입니다. 정치경제의 특권층 논리처럼 '부자가 되면 좋은 사회를 만들 수 있다'는 것은 별로 맞지 않은 논리죠. 가난해도 이웃 간에 정이 있을 수 있고, 부자가 되어도 이웃 간에 원수가 되는 경우가 얼마든지 있거든요.

가장 중요한 것은 '관계'라고 생각해요. 경제 수준이 낮건 높건,

온 나라가 여성, 남성, 정규직, 비정규직 노동자, 농민, 학생, 청년, 노인들의 의견을 수렴하고 충분히 반영하여 '더불어 가는' 그런 사회를 만드는 게 민주주의가 아니겠어요? 미국은 경제적으로는 대국이 됐지만 (사실, 그것도 좀 의문이지만요) 실속을 따져보면 모두 빚 덩이고 사람들은 불안감에 고통받고 있죠. 예컨대, 2012년 미국에서 밥을 굶는 아이(아동 빈곤율)는 5명 중 1명꼴로 21.9%에 이르고, 미국에서 집 없는 아이는 45명 중 1명꼴입니다. 미국의 의료보험 미가입자는 미국 국민 6명 중 1명꼴(약 5천만 명)이고요. 이렇게 자본주의는 가난한 자들의 고통을 잘 돌보지 않습니다. 일본도 소득 4만 달러 시대에 와 있는데 국민들은 풍요롭다고 생각하지 않아요. 오히려 1970년대 초부터 '국민총행복(GNH)'을 국정 지표로 삼은 부탄과 같은 가난한 나라들에는 마을이 살아있고, 공동체가 살아있고, 자연이 살아있고, 사회가 살아있어 행복지수가 높다는 것 아니겠어요.

결국 사람과 자연을 병들게 하는, 그러면서도 빈익빈 부익부 등 양극화만 늘리는 '성장 지상주의'를 과감히 버려야 합니다. 설사 재벌을 해체하고 복지를 구축하더라도 성장 지상주의로 회귀해서는 안 되겠죠. 사람을 진정한 주체로 세우는 바탕 위에 경제와 사회, 생태의 조화를 이루는 것이 참된 경제민주화거든요.

이정환　　　　　　스웨덴의 공공 보육 시스템을 취재한 적이 있습니다. 스웨덴에서는 아이를 낳으면 부모가 쓸 수 있는 유급 휴직

기간이 51주나 된다고 합니다. 어머니에게 15주, 아버지에게 11주씩 할당되고 나머지는 둘 가운데 아무나 써도 되고요. 출산 전 소득의 90%가 지급되고 소득이 없었던 경우는 하루 180크로네(1크로네: 약 200원, 2013년 기준)씩 지급됩니다. 이밖에도 1~3세 유아를 집에서 키울 경우 양육수당이 월 3,000크로네씩 나오고 4~5세 어린이는 월 1,260크로네 또는 소득의 3% 가운데 적은 금액을 보육료로 지원 받을 수 있습니다.

우리나라는 0~2세와 3~6세 어린이 보육지원이 국내총생산(GDP) 대비 0.1% 정도인데 북유럽 나라들은 0~2세는 0.5~0.6%, 3~6세는 0.2~0.5%에 이릅니다. 보육비용 가운데 부모 분담률은 15~25%밖에 안 되고 나머지는 모두 정부가 부담하는 시스템이죠. 물론 GDP의 50%에 이르는 높은 세금 덕분에 가능한 시스템이겠지만요. 국가에서 운영하는 보육시설이 많으니 그만큼 일자리가 늘어나고 애들 돌보는 데서 자유로울 수 있으니 젊은 주부들이 취업을 할 수 있습니다. 주부들이 공공 보육시설이나 노인 요양시설에서 일을 하면 세금을 내고, 그 세금이 이런 시스템을 떠받치게 되죠. 지구 반대편에는 그런 나라도 있는데 왜 우리는 안 될까요?

강수돌　　　　스웨덴 식의 높은 사회복지 시스템이 가능하려면 돈을 잘 버는 사람들이 자기 수입의 절반 정도는 기꺼이 세금으로 낼 자세가 되어 있어야 한다는 것이죠. 결국은 그 돈이 모여 모든 가정의 아이 양육이나 교육, 의료 등 삶의 과정 속으로 되돌아오니까요. 내가 낸 돈이 나뿐만 아니라 다른 사람들, 특히 더 어려운 사람들에게도 도움이 된다는 사실을 기꺼이 받아들일 마음의 자세가 기본으로 깔려야 있어야 해요. 스웨덴에는 일종의 사회적 연대의식이 널리 퍼져 있는 셈이죠. 자기만 생각하는 이기심만으로는 가능하지 않은 시스템이라는 점을 알아야 합니다.

한편으로 유의할 것은, 늘 그런 건 아니지만 높은 복지 시스템 배후에는 뭔가 숨기고 싶은 과정들이 내포되는 경우가 많다는 점입니다. 복지 제도로 유명한 유럽 여러 나라들은 다(초)국적기업이나 해외 식민지를 통해 가난한 나라들의 부를 끊임없이 자국으로 갖고 들어가야 한다는 점이죠. 실제로, 각종 광산 개발이나 석유 및 가스 등 에너지 개발, 육류 생산을 위한 숲의 파괴, 각종 상품의 생산을 위한 저임금 노동의 확대, 그런 과정에서의 공동체 파괴나 생태계 파괴 등 잔인한 과정들을 수반하는 경우가 많습니다.

마지막으로는 그러한 세금 등 재원이 모이면 투명하고 공정하게 관리하고 집행하는 시스템이 필요해요. 복지기금을 사회적으로 투명하게 관리하는 민주적 운영이 매우 중요하다는 말입니다. 노사정이 참여하는 공동기구가 필요해요. 요컨대, 참된 복지가 되려면 사회적 연대의식에 기초한 나눔의 정신도 필요하고, 나아가 타자의 희생을 담보로 한 복지 향유를 거부하는 범지구적 차원에서의 사회·생태적 책임의식도 같이 필요합니다.

그래서 복지사회가 되려면 결국 민주주의가 필수적이죠. 경제민주화는 이런 부분까지 포함하는 것입니다. 그냥 복지사회만 외치다고 저절로 되는 법은 절대 없지요.

'요람에서 무덤까지'는 공연한 수사가 아니다. 스웨덴에서는 출산휴가가 부모 합산 480일이다. 480일에서 90일을 뺀 390일 동안 임금의 80%를 지원 받는다. 오후 4시가 되면 대부분의 직장이 유치원에 가서 아이를 집으로 데려올 수 있도록 허용한다. 정부는 달마다 17만 원 정도의 아동수당을 지급하는데 부모들 대부분은 이것으로 아이들 용돈을 준다.

스웨덴에서는 모든 교육비가 무료다. 무료일 뿐만 아니라 16세부터 20세까지의 학생들에게는 학업 보조금으로 월 17만 원씩 지급된다. 학생들은 18세가 되면 대부분 독립해서 생활비를 번다. 대학에 진학하면 학자 보조금 44만 원과 상환 의무가 있는 지원금 89만 원이 매달 지급된다. 유학을 가면 정부에서 유학자금의 3분의 1을 무상 지원해주고 나머지는 낮은 이자로 융자를 받을 수 있다.

유토피아는 하늘에서 뚝 떨어지는 게 아니다. 최연혁 스웨덴 쇠데르턴대학 교수는 《우리가 만나야 할 미래》에서 "북유럽 복지국가들의 공통점은 성공할 수 있는 기회를 국민 모두에게 골고루 나눠준다는 데 있다"고 강조한다. 교육의 평등으로 언제든지 재기할 수 있는 기회를 주고 실패를 딛고 이겨낼 수 있도록 돕는 사회적 안전망과 제도적 틀이 구축돼 있다. 세금은 높지만 그만큼 위기에 강하고 경제를 빨리 회복할 수 있게 해준다는 설명이다. 최 교수는 "공동체 의식과 높은 관용, 낮은 갈등 수준, 투명성, 타협과 협의 정신, 연대의식 등이 정의로운 사회의 필수 요소"라고 강조한다. 박근혜 대통령이 간과하고 있는 대목도 바로 이 지점이다. 사회적 연대가 빠진 성장 정책은 고스란히 이명박 전 대통령의 전철을 밟게 될 가능성이 크다. '내

이정환   우리나라의 소득세 세율은 8%에서 최대 35%인데. 최대 80% 이상을 내는 스웨덴과 비교하면 턱없이 낮은 수준이죠. 또한 우리나라는 면세점 이하의 소득자들에게 소득세를 면제해주고 있지만 스웨덴에서는 학생들 아르바이트 등 특수한 경우를 빼고는 세금 면제 혜택이 거의 없습니다. 부가가치세도 우리나라는 10%밖에 안 됩니다. 유럽의 복지국가들은 17~18%에서 20%까지 냅니다. 법인세 역시 13~27%로 스웨덴과 조금 더 낮거나 비슷한 수준이고요. 스웨덴 기업들이 사회보장기여로 고용자들 임금의 32.8%를 내고 있다는 걸 감안하면 법인세도 매우 낮은 수준입니다.

우리나라에서는 4대 보험을 모두 합쳐도 고용주가 부담하는 비율이 임금의 10%에 못 미치죠. 직접세와 간접세의 비율을 보면 두 나라의 차이는 더욱 명확합니다. 스웨덴은 GDP 대비 직접세의 비율이 23.2%로 간접세 12.9%의 두 배에 이릅니다. 반면 우리나라는 직접세의 비율이 11.4%로 간접세 10.5%와 거의 비슷한 수준입니다. 간접세 비중이 상대적으로 높다는 것은 그만큼 조세 구조가 역진적이라는 의미겠죠.

한편, 2013년 우리나라 예산이 342조 원인데, '증세 없는 복지'를 공약했던 박근혜 정부가 8월 8일에 '세법 개정안'을 확정 발표하자 월급쟁이 '유리지갑 털기', '자영업자 쥐어짜기', '형평과세 아닌 대기업 살리기' 등 강한 반발을 불러는 바람에 곧 '원점 재검토'에 들어가기도 했죠. 원안에 따르면 연간 근로소득 3,450만 원 이상 근로자 434만 명은 세 부담이 연평균 16만~865만 원씩 증가합니다. 그래서 야당은 "만리장성을 쌓고 싸우겠다"며 저지 의사를 선언하기도 했죠.

그런데, 좀 냉정히 보면, 이른바 '중산층'이 한 달에 몇 만 원 정도 더 내어 복지 시스템을 구축하겠다는 의지를 보이는 것도 중요합니다. 그래야 부자들에 대한 증세 요구나 기업들에 대한 법인세 철저 징수, 그리고 불로소득에 대한 과세 요구 시에도 힘이 실리게 되죠. 심지어 핀란드 같은 복지국가는 벌금조차 소득 수준에 따라 중과세가 된다고 하잖습니까? 우리 사회가 좀 수평적인 사회로 가려면 소득은 '하후상박'으로 올려주고, 세금은 '상후하박'으로 거둬야죠. 이런 부분에 대한 사회적 공감대 형성이 필요해요.

강수돌　　　　우리나라처럼 현실적으로 양극화가 심한 상태에서 모든 사람들에게 세금을 요구하는 것은 무리가 있을 수 있으니 사회적으로 인정 가능한 선을 정하고 그 이하로는 면세하는 것도 필요합니다. 물론 거짓 보고를 하는 경우는 상응하는 대가를 혹독하게 치르도록 해야겠지요. 그 위에서 적게 버는 이는 적게 내고, 많이 버는 이는 많이 내는 식으로 직접세의 비중을 높여나가야 합니다.

사람들이 세금을 내면서도 억울하지 않게 하려면 그 혜택이 실제로 돌아온다는 것을 느끼게 해야 돼요. 처음엔 반발하겠지만 피부로 느끼게 되면 결국 내가 낸 것이 나에게 돌아오는구나, 그래서 사회 전체가 좀 더 행복해지는구나, 이런 생각을 하게 되면서 더욱 받아들이게 되겠죠.

지난 이명박 정부 5년 동안 '부자 감세'라는 시대착오적 정책 때문에 약 65조 원 정도의 세금이 줄었다고 하는데, 이거야말로 정말 잘못된 정책이었죠. 게다가 4대강 공사에 들어간 30조 원의 돈까지 감안하면 더욱 한심하고요. 그런 식으로 각종 정부지출에서 '밑 빠진 독에 물 붓기' 식이 많아요. 당연히 비자금이나 부정부패의 개입 가능성도 배제할 수 없고요. 그래서 투명하고 민주적인 관리가 매우 중요합니다. 이런 면에서 저는 '경제 암행어사' 제도가 필요하다고 봐요. 그리고 '내부 고발자'를 자손대대로 보호하고 우대하는 제도도 필요하죠.

월급이 아니라
사회임금을 높여라

이정환　　　　　임금 격차를 줄이는 것도 중요하지만 사회임금이라는 개념을 듣고 신선한 충격을 받았던 적이 있습니다.

아시다시피 사회임금은 국가의 공적 지출에서 나오죠. 사회임금은 현금과 서비스 부분이 있는데 현금에 해당하는 것은 국민연금, 기초노령연금, 기초생활급여, 실업급여, 보육료지원 등입니다. 서비스에 해당하는 것은 공공임대주택, 건강보험 적용, 요양 서비스, 공공교통에너지 등이죠.

'사회공공연구소'에 따르면 2009년 기준으로 우리나라 가계 운영비 가운데 사회임금이 차지한 비중은 7.9%에 지나지 않습니다. OECD 평균은 31.9%로 나타났어요. 스웨덴의 경우는 48.5%로 가계 운영비의 절반 이상을 사회임금에 의존하고 있는 것으로 나타났습니다. 스웨덴 노동자가 기업에서 얻는 시장임금만큼을 사회적으로 제공받고 있는 반면, 한국 노동자는 가계 운영비를 거의 시장임금에 의존하고 있다는 의미가 되겠죠. 물론 한국 노동자들은 낮은 사회임금 탓에 파업을 통해서라도 시장임금을 올려야 하는 처지입니다.

한편 지금은 새누리당이나 민주당이나 다들 복지국가를 이야기합니다. '복지국가 역시 성장을 전제로 하는 것 아닌가' 하는 의문과 함께 과연 복지국가가 우리 사회의 최종 목표가 될 수 있는가 하는 의문도 듭니다.

강수돌　　　　물론, 복지국가 논쟁은 여전히 중요하죠. 일례로, 《쌀과 민주주의》라는 책을 쓴 천규석 선생은 '복지 거지'라는 표현을 쓰기도 하는데, 국가복지가 너무 잘되면 국민들이 국가적으로 거지가 된다는 겁니다. '복지병'에 걸려 아무것도 안 하고 손만 벌리는 사태가 될 수 있다는 말이죠. 물론 복지를 안 하려는 보수기득권층이 주로 그런 주장을 하지만, 천규석 선생의 말씀은 그런 차원과는 좀 다릅니다. 민중의 자율성이나 공동체의 활기가 더 중요하다는 의미입니다. '복지냐 시장이냐?'라는 식으로 사태를 흑백논리나 이분법으로 보지 않는다면 말이죠.

'더불어 살자'는 구호는 옳지만, 우리가 복지국가의 과실만 따려고 하고 아무것도 스스로 만들려 하지 않는다면 '공유지의 비극'이 나올 수 있다는 충고이기도 해요. '더불어 살자'는 것에도 책임과 권리가 공존합니다. 내가 할 수 있는 것만큼 기여를 해야 하지만, 그렇다고 복지국가만 만들면 모든 것이 다 될 것 같은 착각을 하는 건 위험한 발상입니다.

더구나 복지국가 시스템을 유지하려면 부단히 해외로부터 새로운 자원을 가져와야 하는데, 그것이 구체적으로는 해외 공장에서의 착취나 해외 독재 정권과의 결탁, 자유무역협정 등을 통한 간접적 약탈, 민주주의 파괴, 환경 파괴, 자립적 공동체 파괴, 어린이 노동, 성 차별, 인권 침해 등으로 나타난다는 것입니다. 복지국가의 '불편한 진실'이죠.

그래서 작으면 작은 대로, 크면 큰 대로 함께 나눈다는 의미에서 복지를 이야기하는 건 좋으나, 가능한 한 꼭 필요한 기본 수준에서 시행하되 갈수록 국가복지보다는 자율복지나 공동체 복지 개념으

131

로 이행하는 것이 바람직하다고 봐요.

　이렇게 복지라는 것이 민초들의 자율성과 공동체성을 기초로 구축되면, '공유지의 비극'을 '공유지의 희극'으로 바꿀 수도 있어요. 일례로, 독일의 레기네 슈나이더는 《새로운 소박함에 대하여》라는 책에서 함부르크의 한 사례를 소개하고 있어요. 도심지 한 부분에 공원이 있었는데 누군가 개를 산책시키며 똥을 누인 거죠. 그 뒤로 너도 나도 개를 데리고 나와 똥오줌을 누게 하고 쓰레기도 함부로 버리니 사람들이 공원 잔디밭에 앉아 책을 읽기 어려울 정도가 되었어요. 공유지의 비극이 도래한 셈이죠. 그때 소냐라는 한 시민이 나서서 이웃과 함께 '좀 바꿔보자'는 제안을 했어요. 어른, 아이 할 것 없이 나서서 공원을 말끔히 청소하고 꽃과 나무를 심었죠. 그리곤 한 가지씩 음식과 다과를 준비해 사람들을 불러 작은 파티를 벌였죠. 지금부터 좀 더 아름다운 공원을 만들고 가꾸어보자고요. 사람들은 모두 기쁨에 젖어 환호의 박수를 쳤습니다. 행정기관에서는 온갖 자재나 도구를 지원했죠. 모두들 신바람이 났죠. 그렇게 해서 자발적인 시민들이 모여 '공유지의 비극'을 '공유지의 희극'으로 만들었다는 이야깁니다.

　이 아이디어를 확장하면, 우리가 마을 공동체 중심의 복지 시스템을 구축하면서 행정이 측면 지원만 하면 크게 돈이 들지 않으면서도 활기 넘치는 새 사회를 만들 수 있다는 겁니다. 이런 게 진정한 경제민주화라는 것이죠. 그렇게 되면 계속 국가복지에 의존하지 않아도 되고 나아가 세계 각국으로부터 약탈을 해서 부를 가져오지 않아도 되겠지요. 반대로, 부시의 미국이나 오바마의 미국이 제아무리 국내 복지를 잘한다고 해도 그 기반이 중동이나 동아시아, 남미, 동유럽에 대한 전쟁이나 내정 간섭 등에 기초해 있다면 그게 무슨 의미가 있겠습니까?

이정환 보수 언론이나 각종 경제지들은 그리스로 촉발된 남부 유럽의 경제위기를 과도한 복지 때문이라고 공격합니다. 스웨덴을 비롯한 북유럽 복지국가들도 단계적으로 복지혜택을 축소하고 있다는 기사도 쏟아내고요.

국회 예산정책처는 이명박 정부 초기에 "한국의 복지지출의 증가 속도가 최근과 같이 이어진다면 6년 뒤 국가 전체의 생산력 대비 복지지출 규모가 재정위기의 진앙지인 그리스 수준에 도달할 것으로 예측된다"는 보고서를 내놓기도 했어요.

우리나라 국내총생산(GDP) 대비 복지지출 비중은 1997년 3.8%에서 2012년 9.2%로 10여 년 동안 2.2배로 늘었습니다. 그러나 OECD 평균 20%의 3분의 1도 안 되는 수준이죠. 보수경제지들은 복지예산이 급증하고 있다며 엄살을 떨고 있지만 선진국 수준까지는 안 되더라도 최소한의 기본적인 복지 시스템을 갖추는 게 우선 아니겠습니까?

강수돌 '과도한 복지가 경제위기를 초래했다'는 이야기는 무지의 소산이거나 거짓말입니다. 그렇다면 왜 위급한 경제위기가 가장 복지가 잘된 스웨덴이나 덴마크에는 닥치지 않았을까요? 그런 말은 부자 증세 공포증을 가진 특권층의 이데올로기 공작에 불과할 뿐입니다. 다 같이 잘사는 사회를 만들려면 복지지출이 지금보다는 두 배 이상 돼야 해요. 스웨덴, 핀란드 식으로 하려면 세 배 가까이 늘어야 하죠. 물론 민주적 합의와 속도 조절이 필요하죠. 복지를 일종의 '공동구매'로 보면 좋겠죠. 소득에 비례한 증세는 불가피하고요.

그러나 그렇다고 해도 국가복지가 지속가능한 것은 아니라는 점도 인식은 해야 합니다, 앞에서 말한 것처럼요. 그래서 더불어 인간답게 살 수 있는 공동체적 풍토를 새롭게 만들 필요성이 있다는 거죠. 저는 인간이라는 존재 자체가 호혜적인 성격이 있다고 생각합니다. 생명체의 본질은 경쟁보다는 협동에 있거든요.

'사회진화론'을 강조하는 사람들은 적자생존과 약육강식을 이야기하는데 현실적으로 어쩔 수 없어서 경쟁하는 상황이지만, 크게 보면 꾸준히 진화하고 생존하는 데 중요한 건 협동이죠. 벌이나 나비가 꽃과 협동해야 열매를 맺고, 그 결과 생명의 그물망이 존속되듯 말이죠.

경쟁과 분열이 아니라 협동과 공생이 우리의 기본 가치관이 되고 제도나 구조로 승화해야 합니다. 복지사회는 그냥 하늘에서 뚝 떨어지는 게 아닙니다. 협동과 공생, 우애와 환대, 소통과 연대의 가치를 공동체적으로 구현한 것이 곧 복지사회죠.

그러니, 복지엔 우리의 의무나 책임도 자연히 뒤따르죠. 결과만 보고 나는 어떤 혜택을 받을까만 생각할 게 아니라 적극적으로 참여하면서 어떻게 생산적인 결과를 얻을까를 함께 고민해야 됩니다. 우리의 의식과 더불어 사회 풍토가 고양돼야 인간다운 사회구조를 만들 수 있지요.

이정환　　　　　보수 진영에서는 '복지 포퓰리즘'이라고 비판하는데요.

강수돌　　　　　'포퓰리즘'이란 일종의 대중 선동주의 아닙니까. 제대로 하지도 않을 거면서 권력에 눈이 어두워 하겠다고 선전만 할 때 그게 포퓰리즘이 됩니다. 그래서 자원배분 문제만 잘 해결하면 복지 포퓰리즘은 잘못된 개념이 됩니다. 복지는 포퓰리즘이 아니라 데모크라시, 즉 민주주의의 문제죠. 진정으로 백성들을 두루 잘 살게 하겠다, 골고루 행복한 나라를 만들겠다면 누가 딴죽을 걸겠습니까? 딴죽을 거는 자들은 복지제도가 필요 없다고 생각하는 소수 특권층일 터인데, 실은 그들의 특권도 수많은 대중들이 피와 땀과 눈물을 흘린 결과입니다. 그걸 모르고 코앞의 이익만 보고 딴죽을 거는데, 결국은 자기 무덤을 파는 꼴이죠.

스웨덴 같은 나라가 선진국인 것은 바로 그런 특권층조차 복지사회를 만드는 데 연대의식으로 협조한다는 점입니다. 온 사회가 인간답게 살도록 주거 문제나 교육, 의료, 노후, 이런 부분을 공동 책임지자는 것, 이게 바로 복지사회이고 민주사회이죠. 보수층들은 그리스가 복지 때문에 망했다고 공격하는데, 그리스의 사회 공공지출은 스웨덴보다도 훨씬 낮아요. 복지 탓이 아니라 정부의 실패나 사회구조의 문제입니다.

정말 웃기는 것은 한국의 보수층조차 정권 장악에 눈이 멀다 보니 자기들이 비판하던 복지정책을 마치 자기들이 원조인 것처럼 떠벌리며 국민의 환심을 사려고 복지국가를 건설하려는 '척'을 한다는 점이죠.

이정환   경제나 노사관계상의 제도 변화도 중요하지만 생활 관련 제도 변화도 중요한 것 같습니다. 예컨대 교육비와 의료비만 줄여도 저소득 계층의 부담이 상당 부분 줄어들 텐데요. 무엇보다도 주거비 부담을 줄이는 게 시급합니다. 2010년 기준으로 가구소득 대비 집값 비율, PIR(Price income Ratio)을 조사했더니 서울이 7.7로 뉴욕 6.1보다 높았습니다. PIR은 중간치 주택가격을 중위 소득으로 나눈 값인데요. PIR이 7.7이라면 7.7년 동안 연봉을 모두 모아야 대출 없이 집을 살 수 있다는 의미입니다. 미국 샌프란시스코는 7.2, 로스앤젤레스는 5.9였고요. 영국 런던은 7.2였습니다. 서울보다 높은 곳은 호주 시드니(9.6)와 멜버른(9.0), 캐나다 밴쿠버(9.5), 홍콩(11.4) 정도였습니다. 우리나라 공공임대주택 비율은 9.8%로 미국이나 일본보다는 높지만 프랑스나 영국 등 유럽 국가들의 절반 수준에도 못 미칩니다.

강수돌　　　　2012년 전국 기준으로 우리나라 주택보급률은 102.7%로 이미 100%를 넘어섰습니다. 그런데도 PIR이 높은 것은 집 한 채 장만하기 위해 노동력을 오래 팔아야 한다는 의미죠. 최근에는 '하우스 푸어'나 '깡통 주택'이 매우 심각한 문제로 떠올랐죠. 널리 알려져 있다시피 결국 전세나 월세살이의 서러움과 함께 아파트가 재산증식의 수단이 되다 보니 거품이 커진 결과입니다. 도대체 왜 이렇게 되었을까요?

손낙구의 《부동산 계급사회》에 따르면 2006년에 한 사람이 무려 1천 채가 넘는 집을 소유한 것으로 나타났어요. 오래전 자료지만 이걸 제시하는 이유는 그동안 역대 정부 모두 성장지상주의 정책을 펼치다보니 부동산이 돈벌이 수단이 되었다는 겁니다. 그러다 보니 부동산 투기꾼들이 재산증식에 성공해 상류층으로 계급 상승하는 지경이 되고, 이를 동경한 서민들이 뒤늦게 부동산 시장에 뛰어 들었다가 '하우스 푸어'의 덫에 걸린 것 아니겠어요?

해결책은 부동산이 재산증식 수단이나 투기의 대상이 되지 못하게 막고 공공임대주택을 늘리는 것이지만, 핵심은 집을 수익이 아닌 '주거'의 관점에서 보면 실마리가 풀린다는 겁니다. 교육이나 의료 부문도 이런 관점으로 혁신해야죠. 이런 게 결국 국가가 복지를 통해 제공하는 사회서비스인 '사회임금'으로서 모든 구성원이 누려야 하는 기본권이 된다면, 기업에 가서 노동력을 팔아 받는 직접임금에 대한 의존성도 줄일 수 있다는 거죠.

137

이정환　　　　사회임금을 확대하려면 당연히 보편적 증세가 필요할 텐데요. 사회적 합의가 쉽지 않은 것 같습니다.

강수돌　　　　여러 번 말씀드렸지만 '세상에 공짜는 없다'란 말을 기억해야죠. 복지는 같이 만들어 가야 합니다. 많이 벌면 많이 내고, 적게 벌면 적게 내고 말이죠. 소득 분배를 상후하박(上厚下薄)으로 하는 게 아니라 세금을 상후하박으로 해야 합니다.

　게다가 공공지출을 절약하고 효율화해서 꼭 필요한 분야에는 과감히 투입하고, 의미 없는 분야에는 넣지 말아야 합니다. '더 나은 세상을 만들자'는 것으로 사회적 합의를 봐야 하는데 재벌이나 기득권층처럼 편협한 자기 이익만 추구하는 것은 사회적으로 바람직하지 않죠.

왜 다른 삶을
상상하기가 쉽지 않죠?

이정환　　　　자본주의를 벗어난 다른 삶을 상상하기가 쉽지 않습니다. 열심히 공부해서 좋은 대학 가고 좋은 기업에 취업해서 정규직 노동자가 되는 게 우리 사회의 롤 모델입니다. 누구나 좀 더 평등하고 좀 더 자유로운 삶을 꿈꾸지만 늘 일에 매여 있으면서 경쟁에 지쳐 있습니다. 퇴근하고 집에 들어가면 TV를 보다 잠이

들고요. 아파트를 사느라 아이들 과외비를 버느라 젊음을 다 바치게 됩니다. 무엇을 위해 이렇게 열심히 일하는지 알지 못하면서 말이죠.

강수돌   그렇습니다. 바로 그런 측면에서 경제민주화란 일하는 모든 사람들이 '왜 우리는 열심히 일하는가?'라는 근본적 문제를 스스로 던지며 삶의 진정한 주체로 거듭나는 것을 출발점으로 해서 그런 주체성을 억압해온 각종 사회 구조를 타파해 완전히 새로운 구조를 만들자는 논의이자 연대운동이어야 합니다.

여태껏 우리는 억압에 순응하는 걸 학습해 왔습니다. 밥상머리에서는 예의를 갖추라고 하고 선생님 이야기하는데 까분다고 야단을 맞기도 하고요. 두들겨 맞는 친구를 보면서 감히 저항에 나서지는 못하고 울분을 삼키면서도 억압을 체득합니다. 심하게 말하면, 이럴 때 경우에 따라 생명의 위협을 느끼기도 하고요. 사람들은 자연스레 굉장한 두려움에 빠지게 되는데 이런 폭력의 경험이 트라우마(마음의 상처)로 남게 됩니다.

그 결과 우리는 살아남기 위해, 또 주변으로부터 인정을 받기 위해 패배자에 대해서는 혐오감을 갖게 되고, 승리자에 대해서는 선망의 감정으로 '강자와의 동일시'를 하게 됩니다. 나약한 자신이 치욕스럽거나 미워지면서 '나도 힘센 사람이 돼야지', 이런 생각을 하게 되죠. 그러다 보니 자신의 자연스런 정서나 느낌을 억압하는 걸 배우게 됩니다. 마침내는 두려움까지 억압하게 되죠. 내가 두들겨 맞았던 논리, 즉 '강자의 논리가 맞다'고 생각하게 되고 마치 자신이 강자가 된 것 같은 행동을 하기도 합니다.

그래서 우리가 부당함에 대해 분노할 줄 모르는 건 내면의 솔직한 느낌을 억압하고 있다는 증거입니다. 그런 게 가정과 학교와 직장, 사회 일반에서 반복 재생산되다 보니까 속에서 분노가 치솟아도 공개적으로 이야기하는 걸 꺼리게 되죠. 대개 '내가 그냥 참자'는 식이지요. 물론 분노나 증오만으로 사태가 해결되는 건 아니에요. 중요한 건 분노의 차원을 넘어 진심으로 원하고 필요로 하는 게 뭔지 솔직히 접근하는 방식입니다.

이명박 전 대통령을 보세요. 잘살게 해주겠다고 하니까 국민들이 지지했습니다. 그 이전 정부들을 '잃어버린 10년'이라 부르며 떠들었죠. 그런데 모두 부자가 되는 게 우리의 진정한 '필요'일까요? 안타깝게도 지금까지는 일부의 부자를 위해 대다수가 생고생하는 사회 구조 속에서 살아왔습니다. 만일 우리가 이런 틀을 넘어 진정으로 자유롭고 평등한 사회 구조를 상상할 수 있다면, 그리하여 대다수가 더불어 행복하게 산다면, 그것이야말로 우리가 진정으로 바라는 것이 아닐까요? 이런 꿈을 꾸면서 소통하고 토론하며 사회 분위기를 바꿔나가는 것이야말로 역사를 '아래로부터' 바꿔내는 동력이 아닐까 합니다.

모두 행복한 사회를 원한다면 그를 위한 구체적 비전을 공유하고 우리가 그간 받은 상처들을 집단적으로 치유하는 과정(상호 소통하고 연대하는 과정)을 거쳐야만 비로소 참된 주체로 거듭날 수 있지 않을까요? 그래야 또 진정 새로운 사회도 만들 수 있겠지요.

이정환　　　　강준만 전북대 신문방송학과 교수가 '각개약진 공화국'이라는 표현을 쓴 적이 있습니다. 사회를 바꾸는 건 요원해 보이지만 내 자식을 서울대 보내고 삼성에 취업시키는 건 가능할 것 같거든요. 학벌중시, 유학중시, 영어중시 열풍도 각개약진 사회에서 자신과 자신의 가족을 보호하기 위한 장치들이라는 겁니다.

강수돌　　　　바로 그런 식의 태도가 곧 '강자 동일시'의 결과라 할 수 있어요. 사회경제 시스템이 너무나 막강한 강자로 보이니 시스템의 변화는 포기하고 그저 그 속에서나마 높은 자리를 차지하여 자신도 작은 강자가 되는 것이 현실적이라는 인식이죠. 일류대 강박증이나 일류직장 강박증도 모두 그래서 생긴 겁니다.

　문제는 모두가 그 좁은 문을 통과할 수 없다는 점이에요. 나아가 그 좁은 문을 통과한 이들조차 진정으로 행복한가 하는 문제는 또 다른 차원이라는 겁니다. 오늘날 한국 사회를 망가뜨리는 사람들은 대부분 일류대 출신들이지 고졸이거나 비일류대 출신들이 아니라는 점도 지적해야 해요. 그런 면에서 '각개약진 공화국'이 아니라 '공생공락 공화국'을 만드는 것이 시대정신이 되어야겠지요.

이정환　　　　그래도 역시 현실적 삶이 척박하다 보니 모두들 눈을 크게 뜨고 사회 전체를 바꾸려 노력하기보다 역시 각개약진에 빠지기 쉬운 것 같아요. 예컨대, 주택 문제만 해도 월세살이나 전세살이의 서러움에 고통받다 보니 너도 나도 '내 집 장만'이 개인적 숙원사업이 되잖아요? 집을 사고 나면 온갖 가전제품을 들여오고 자동차까지 사야죠. 그럴수록 돈이 필요하니 더욱 노동에 매달려야 하고요. 갈수록 태산이네요.

강수돌　　　　그렇죠. 우리가 인간답게 산다는 의미를 대개는 소유나 소비와 동일시하니까 그런 사태가 생깁니다. 주택 같은 경우, 내 집 마련을 위해 융자를 하잖습니까? 그것은 결국 나의 미래 노동력을 저당 잡혀서 빚을 내어 집 한 채를 소유하는 것이죠. 그걸 다 갚으려면 직장이 튼튼해야 하겠죠. 그런데 'IMF 사태' 이후 15년 동안은 고용불안이 심해졌습니다. 비정규직과 해고자가 양산되는 시대가 되어버렸어요. 사실 그동안은 빚을 내더라도 내가 직장이 있기 때문에 계속 벌 것이란 믿음이 있었기에 문제가 없었죠. 게다가 집값이 설마 내려가겠느냐, 올라간다, 이런 근거 없는 생각이 토대가 돼서 일종의 '부채 경제'가 발생했고 '거품경제'가 만들어진 것이죠.

이 거품의 원조는 은행입니다. 은행이 고객으로부터 100만 원을 예금 받으면 재벌의 순환출자처럼 여기저기 계속 빌려주면서 '신용 창조'라고 그럴 듯하게 말하기도 하는데, 실은 이게 거품을 만들어 내는 과정입니다. 은행이 돈이 많은 것처럼 보이지만 서로 빌려주면서 없는 돈도 있는 듯이 만들고, 머뭇거리는 소비를 부추기는 거죠. 또, 투기적인 사업까지 은행이 부추기기도 합니다. 그래야 끊임없이 돈을 벌 수 있고 은행도 부자가 되니까요. 그런 의미에서 은행 돈은 개인이든 기업이든 '성장을 강제하는 돈'이라 할 수 있죠. 그걸 빌린 자들은 이자와 원금을 갚기 위해 미래 시간과 미래 노동력을 저당 잡히고 일중독 전선에 나가야 하죠.

2008년의 금융위기도 결국은 은행과 건설업, 그리고 투기 심리에 빠진 사람들의 합작품이죠. 이것의 핵심은 거품 경제입니다. 아파트 단지로 상징되는 건설업 붐이 일면서 이것이 종합적이다 보니 공사 하나 시작하면 수백 개 업체가 매달려 먹고살고 일자리도 생기고 해서 마치 모두가 잘살게 될 것 같은 착각을 하게 됩니다.

예전에는 자동차 산업이 산업의 꽃이었다면, 그 이후엔 아파트 건설 붐이 생기면서 투기경제 내지 거품경제가 조장되었죠. 오늘날 아파트 건설 과정에 PF(프로젝트 파이낸싱) 대출로 돈을 대는 금융계 역시 고수익을 노리다 늪에 빠진 꼴이 되었어요. 그것은 굴뚝 산업 시절에 대한 반성과 성찰이 결여된 상태에서 다시 투기 붐을 일으켜 경제를 살리고 부자를 만들어 주겠다는 허황된 논리 때문이었습니다.

그리고 그것에 편승한 사람들은 스스로 노력해서 그 보람을 찾는 것이 아니라 일종의 '한탕주의'를 꿈꾸었던 것이죠. 물론 그 속에서 먼저 이득을 본 사람들이 있었기에 '나도!'라고 외치며 선망하고 동경하며 따라 붙게 되었던 것입니다. 그 과정에서 거품이 급속히 불어났고요.

그러니 대부분의 국민이 거품경제의 공범자가 되고 말았어요. 용산철거 사태나 서울역 노숙자 문제, 정리해고 당한 노동자들이 투쟁하는 데 대해선 눈을 감으면서 많은 사람들이 여전이 거품경제 속에서 한탕주의를 기대합니다. 그러다 보니 엉터리 같은 '747 공약'도 철석같이 믿게 되었고, 아직도 그런 '성장'의 환상을 떨치지 못하는 경우도 많아요.

성장의 과실이
내게 돌아오지 않는 시대

이정환　　　　그래도 성장은 필요한 것 아니냐는 질문을 포기하지 못하는 것 같습니다. 고 박정희 전 대통령에 대한 평가가 엇갈리긴 하지만 가난을 벗어났으니 이런 배부른 소리를 하는 것 아니냐는 이야기도 나오고요. 물론 박정희 전 대통령이 에티오피아에 있었어도 그 나라를 지금의 우리나라처럼 바꿔놓을 수 있었겠느냐는 반론도 있습니다만 정부 주도의 압축 성장이 그나마 지금의 풍요와 여유를 만든 것 아니냐는 인식이 지배적입니다.

강수돌　　　　성장지상주의는 한마디로 파이를 키워야 나눠 먹을 수 있다는 논리죠. 지금은 이미 그 한계를 넘었고 유효하지 않다고 봅니다. 양적인 측면과 질적인 측면으로 나눌 수 있는데 공업화의 과정에서 농촌의 희생이 컸다는 사실을 부정할 수 없습니다. 농경지를 잃고 힘든 농사를 그만두고 출퇴근하는 노동자가 되고 나니 잘사는 것 같고, 가끔 추석이나 설에 선물 들고 시골 찾아오면 출세한 느낌도 들고 그랬죠. 잘살게 돼서 정말 좋다, 이런 시절이 있었죠. 양적으로 보면 그렇게 보이는 건 사실입니다. 그렇지만 임금 노동자의 절반이 비정규직입니다. 상시적인 구조조정이 계속되고 있고 양질의 일자리는 계속해서 급격히 줄어들고 있습니다. 박정희 시절의 그런 고속 성장은 이제 기대하기 어렵습니다.

이제 기업의 성장이 노동자들에게 혜택으로 돌아오지 않는 시대가 됐습니다. 게다가 경제성장을 위해 인권이나 노동권을 침해하고 각종 차별과 환경 파괴를 일삼아도 좋다는 논리는 결코 정당화되기 어렵습니다. 정치와 경제는 결국 백성의 살림살이를 건강하고 행복하게 만들어야 그 본연의 임무를 다하는 것이기 때문이죠.

이정환　　　국민소득 중에서 피용자보수(개인이 노동을 제공한 대가로 받는 임금) 등을 통해 가계에 귀속되는 부분의 비율을 의미하는 노동소득분배율이 외환위기 이전인 1996년 64.2%로 고점을 찍은 뒤 꾸준히 줄어들어 2012년에는 59.7%를 기록했습니다. 경제가 성장해도 그 성과가 노동자들에게 돌아오지 않는다는 건데요. 기업이 경영 효율을 높여서 이익을 늘리는 것은 바람직하지만 비정규직을 늘리고 임금을 깎고 구조조정을 하면서 이익을 늘려왔다는 데 문제가 있습니다. 허리띠를 졸라매고 열심히 일하면 잘살게 될 거라는 그런 믿음이 통하지 않게 된 겁니다.

강 교수님이 여러 차례 지적하셨던 것처럼 노동이 무너지면서 교육과 경제, 생명의 연결 고리가 끊기고 있습니다. 어디서부터 살려야 할까요?

강수돌　　　　　말씀하신 대로 말하자면 노동소득분배율을 점차 높여나가야 하죠. 노동소득분배율을 계산하는 방식에 따라 통계 차이가 있긴 하지만 대개 한국은행이 발표한 자료를 보더라도 IMF 시기를 전후로 다시 내려가는 경향이 있어요.

한국의 경우 자영업의 비중이 취업자의 30%나 되기 때문에 노동소득분배율이 일본이나 미국, 독일이나 영국, 프랑스 등(70% 이상)에 비해 상대적으로 낮게 나타난다는 지적이 있긴 해요. OECD 평균은 67% 정도이죠. 하지만 크게 보면, 한국에서도 1987년 '노동자대투쟁' 이후 60%대를 달려온 노동소득분배가 다시 자본 측으로 쏠리고 있는 흐름이라 볼 수 있죠. 그 증거로 쌍용차나 한진, 현대, 삼성 등 어디 할 것 없이 최고경영자들은 천문학적 돈 잔치를 하는 데에 비해 노동자들은 정리해고 철회를 요구하며 목숨을 걸어야 하는 현실을 들 수 있어요.

또한, 새로 생기는 일자리는 대부분 비정규직이고(1,700만 노동자 중에서 최저임금 노동자만 250만, 비정규직은 800만이라고 하죠. 나머지 정규직조차 결코 편안한 삶을 살지는 못해요.), 대체로 비정규직 임금이 최저임금 수준으로 수렴되는 경향이 또 다른 예라 할 수 있죠. 저는 최저임금화, 무권리화, 일회용품화로 특징되는 노동의 이런 경향성을 '노동의 알바화(arbeitization of labor)'라 부르고 싶네요.

유럽에서는 이런 축소 경향이 의료나 연금 등 공공복지 축소로 드러나고 있어요. 한마디로 그간의 노동자 투쟁의 성취물들을 다시 원점으로 돌리려는 자본의 역공인 셈이죠. 신자유주의는 그 역공을 정당화하는 논리에 불과합니다. (그 와중에 피해를 당하는 노동자나 실업자들이 '외국인'을 혐오하는 논리를 만들고 정당까지 조직하여 새로운 극우 정치 세력으로 급부상하는 문제들도 나타나고 있어요. 2011년 여름에 노르웨이 오슬로에서 블레이비크라는 극우 청년이 무고한 사람들을 다수 학살한 사건도 이런 맥락에서였죠. 무서운 일이죠.) 이런 식의 자본의 역공 뒤에는 자본 측 보수 이론가, 언론인, 정치가들이 그들의 지지 세력을 구축하고 있어요.

그 결과 실질가계부채와 실질공공부채가 각기 1,000조 원이 넘었다고 해요. 일반 국민이나 나라 전체가 빚더미에 올라앉았다는 거죠. 반면에 재벌들이나 그에 소속된 구성원들은 돈 잔치에 바쁘고, 대기업 노동자들은 극한 노동착취까지 감수하며 돈벌이에 목숨을 걸고 있는 형편입니다. 한마디로 절망의 상황입니다. 이런 걸 제대로 고치지 않고 무슨 '경제민주화' 운운하는지 모르겠습니다.

이런 뜻에서 노동소득분배율을 높이기 위한 전 사회적 투쟁이 필요합니다. 최근의 '통상임금' 논란처럼 직접 임금을 올리는 부분도 중요하지만 (박근혜 대통령이 2013년 4월 미국 방문 시 GM 회장이 통상임금 문제를 해결해 달라고 한 데서 본격 시작된 것인데, 핵심은 정기적으로 지급되는 상여금을 통상임금에 포함하지 말라는 게 자본 측 입장이다. 그렇게 해서 임금 비용을 낮추려는 것이다.), 간접 임금에 해당하는 공적 사회 지출, 즉 사회 공공성 강화를 통한 인간적 복지사회를 강화해야죠. 전 국민적 문제 제기가 필요한 부분입니다.

이정환　　　　　IMF(국제통화기금) 외환위기 이후 우리 경제는 매출 중심의 외형 성장에서 이익 중심의 질적 성장으로 옮겨왔습니다. 주주가치가 기업경영의 최우선 목표로 부각됐고 공장을 새로 짓거나 설비투자를 늘리겠다고 발표하면 주가가 폭락하는 일도 벌어집니다. 주주들은 10년 뒤는커녕 1년 뒤도 내다보지 않습니다. 당장 다음 주에 주가가 떨어질 거라고 생각하면 주식을 내다 팔고 떠나는 게 이익이니까요. 장기적인 성장과 단기적인 이익은 배치되는 경우가 많습니다.

　주주자본주의 시스템에서는 노동자를 자르거나 비정규직으로 전환하고 부실한 사업부문을 과감히 정리하는 게 미덕이죠. 그래야 이익이 늘어나고 주가가 오르니까요. 시장의 탐욕이 문제가 아니라 탐욕을 부추기는 금융자본주의 시스템이 문제라는 이야기입니다.

강수돌　　　　　맞습니다. 주주 중심 자본주의는 오로지 주식 가치와 이윤만을 중시합니다. 사람과 자연, 심지어 자신이 죽어가더라도 아마 이윤을 더 중시하겠죠. 그런데 2008년 금융위기와 최근의 세계 경제위기는 그러한 주주 중심 자본주의 내지 신자유주의세계화 시대의 종말을 선언한 상징적 사건이죠.

'시장의 탐욕'이 문제가 아니라 하셨는데, 사실 시장은 탐욕을 갖기 어렵죠. 탐욕의 주체는 사람입니다. 주주나 투자가, 자본가들이 탐욕스럽죠. 다른 건 생각지 않고 '무한 이윤'을 추구하거든요. 그런 탐욕을 부추기는 건 단연코 자본인데, 핵심은 산업자본과 금융자본이죠. 원래 상업자본이건 산업자본이건, 자본이란 끊임없이 자기 몸집을 불려나가려는 속성이 있거든요. 그러니 사람과 자연의 생명력을 부단히 경쟁적으로 흡입해야죠. 다른 자본보다 뒤처지면 가차 없이 쓰러지고 말아요. 그래서 한편으로는 기계화, 합리화에 속도를 내고, 다른 편으로는 국제화, 세계화에 열을 내는 것입니다. 그러나 바로 이런 과정이야말로 자본의 한계를 더 빨리 노정시키는 자기모순에 빠집니다. 투기나 거품, 과잉투자, 과소소비, 석유 고갈, 자원 고갈, 노동 저항 등 여러 가지 문제에 직면하게 되거든요.

그런데 여기서 우린 금융자본의 힘을 간과하면 안 됩니다. 최근 발간된《엔데의 유언》같은 책에도 나오죠. 자본주의 초기엔 금융자본이 별 힘이 없었어요. 은행도 사람들의 저축에서 기본 자금을 모았으니까요. 그래서 저축하는 사람을 대단히 존중했죠. 그 돈을 모아 돈이 필요한 기업에 빌려주고 이자를 받아 그 일부를 저축한 사람에게 이자로 돌려주었죠. 그런데 금융권은 일정한 자금이 형성되면, 적은 돈을 갖고도 이른바 '신용창출'을 통해 약 10배 이상 대출을 해줘요. 대신 각기 빚에 대한 이자를 요구하죠. 바로 이 '부채와 이자'라는 메커니즘이야말로, 금융자본이 산업자본의 동반자이면서도 배후조종자가 되는 비밀입니다. 최근엔 이 금융권이 실물 경제와 아무 연관도 없는 온갖 허구적인 '파생상품' 같은 걸 만들어 이런 경향을 더 강화했죠. 은행에서 돈을 빌린 기업들은 (원금은 물론) 이자를 갚기 위해 끊임없이 성장에 성장을 거듭해야 하는 압박에 시달립니다. 아무리 개혁적인 정치가나 경제인이라도 '무한 성장' 패러다임에서 한 발자국도 벗어나지 못하는 까닭이 바로 여기에 있어요. 이게 바로, 무한 이윤 추구의 연쇄 고리가 갖는 비밀이죠.

생산수단과
노동력의 분리

이정환　　　　노벨 평화상을 받은 무하마드 유누스의 전기를 읽으면서 가장 인상적이었던 부분은 방글라데시의 구두닦이 이야기였습니다. 구두닦이는 사업 밑천이 없기 때문에 구두 닦는 솔과 구두 통을 빌려서 써야 합니다. 돈을 벌면 구두 통 주인에게 매출의 절반을 줘야 하는데, 이를 테면 구두 통을 1만 원이면 살 수 있는데 그 1만 원이 없어서 수입이 절반으로 줄어드는 겁니다.

그라민 은행은 이 구두닦이에게 무담보 신용대출로 1만 원을 빌려줘서 자립할 수 있도록 도와줍니다. 그날그날 먹고 살기 바빴던 구두닦이는 이제 어엿한 사장이 됩니다.

노동자가 생산수단을 소유하는 사례라고 할 수 있을 것 같습니다. 이자는 연 20%. 낮은 이자는 아니지만 고리대금업자에게 빌리는 것보다 훨씬 싸고 99%의 사람들이 돈을 착실히 갚는다고 합니다.

강수돌　　　　지금은 생산수단과 노동력이 분리돼 있습니다. 주체가 객체화되고 사람 그 자체가 목적으로 여겨지지 않고 노동력으로 상품화되어 수단시되고 있습니다. 주체와 객체의 개념 규정을 다시 해야 합니다. 과거에는 땅과 소, 작업 도구와 몸뚱이 노동력을 갖고 일을 했는데 산업노동자가 된다는 것은 땅도, 소도, 작업도구도 없고 맨 몸만 가서 일해야 한다는 것을 뜻합니다. 쉽게 대체 가능한 노동자가 되는 거죠.

구체적으로 이야기하자면 예전엔 언제 씨를 뿌리고, 누구와 함께 일하고, 어떤 삶을 살까 등의 문제에서 '구상'과 '실행'이 통일된 삶을 살았는데 지금은 그게 철저히 분리되었죠. 그런데 생산수단이 노동력과 통일된 자영업자들도 대부분은 오늘날 돈벌이 경제에 편입되었어요. 자신의 삶 속에서 사회행복을 구현하려는 사람은 극소수이지요.

법적인 소유 개념보다 중요한 것이 생산수단과 노동력이 얼마나 실적으로 통일되는가, 하는 문제입니다. 그라민 은행도 결국 그런 것을 아래로부터 지원하는 것이죠. 1970년대 초에 E. F. 슈마허도 비슷한 생각을 했습니다. 일례로 선진국들이 후진국들에게 자본지원과 기술지원을 하거나 구호품을 갖다 주는 것은 별로 근본적인 해법이 될 수 없다는 얘기죠. 대개는 그들이 이자놀이를 하거나 남아도는 농산물을 처리하고 기계를 팔아먹는 정도에 그치기 때문입니다.

사회적 약자를 진심으로 도와주려면 그 사람들이 살아가는 삶을 관찰하고, 어느 부분에서 무엇을 원하는지 귀 기울여 듣고, 그들이 절실히 원하는 것을 제대로 도와줘야 합니다. 구두통이 필요하다면 구두통을 구해주거나 구두통 만드는 방법을 알려주는 것이죠. 구두통을 만드는 데 나무가 없다면 나무를 주거나 나무를 자를 톱을 구해주거나 해야 한다는 것입니다. 그렇게 해서 생산수단과 노동력이 직접 결합되도록 지원해야 합니다. 그게 진정한 도움이고 연대라는 것이죠. 이런 면에서 현재의 금융시스템이나 국제 원조 따위는 근본적으로 바뀌어야 해요. 요컨대, 금융권의 부채와 이자 시스템이 민중의 자립적이고 공동체적인 삶을 파괴하는 게 아니라 오히려 되살려주는 그런 새로운 금융 시스템이 필요하다는 것입니다.

| 2장 |

내 눈을 찌르는 아픔, 우리가 알고 있는 경제는 가짜다

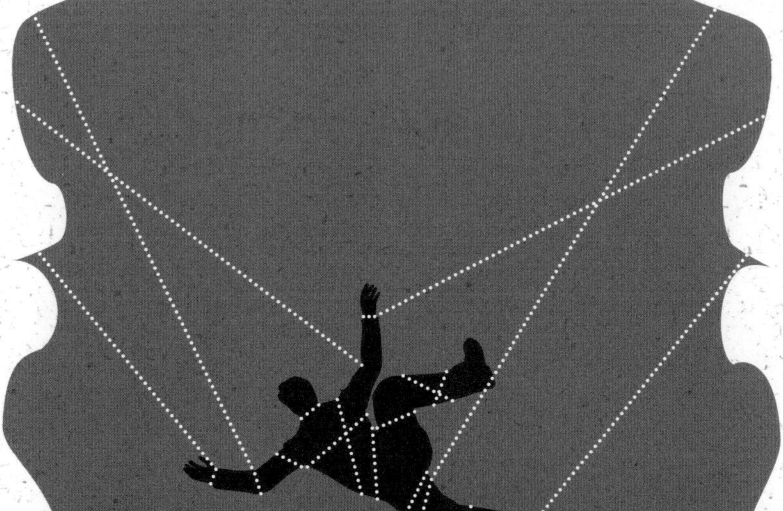

경제 개념,
어떻게 뒤틀렸나

이정환　　　　2012년 대선의 최대 화두는 경제민주화였습니다. 여야 모두 경제민주화를 이야기했죠. 경제성장은 어느 정도 이뤘으나 공정한 분배가 이뤄지지 않고 있다는 데에 다들 문제의식은 갖고 있었다고 볼 수 있어요. 이명박 정부에서 반면교사를 삼기도 했을 겁니다. 그런데 경제민주화라는 개념이 귀에 걸면 귀걸이, 코에 걸면 코걸이, 그런 느낌도 있습니다. 경제민주화만 하면 뭔가 멋진 세상이 될 것처럼 말이죠.

강수돌　　　　'경제민주화'를 말하기 전에 민주화, 그 중에서도 '민'의 개념에 대해 잠시 생각해볼까요? 원래 백성을 뜻하는 민(民)이란 글자는 천한 신분 또는 눈 먼 사람을 뜻하는 상형문자로 탄생했다고 하지요. 글자에서도 보듯이 얼굴이 칼이나 낫에 찔린 형상을 하고 있는 것이 백성, 즉 보통 사람이란 말이죠. 어찌 보면 '민(

民)'의 글자에는 백성을 천하게 여기는 듯한 이미지가 깃들어 있는데, 바로 그러한 사람들조차 함부로 대해서는 안 된다는 발상의 전환이 '민주'라는 말 속에 깃든 것이 아닌가 합니다.

그래서 민주주의(democracy)란 그런 보통 사람들이 주인 행세를 하는 것이므로 눈 먼 사람이 눈이 찔릴 때의 아픔과 같은 큰 아픔을 겪으면서도 스스로 깨어나는 과정이 있어야 한다고 봅니다. 경제민주화가 제대로 되려면 눈 먼 사람들이 스스로 깨어나야만 비로소 제대로 주인 행세를 할 수 있다는 것이죠. 눈 먼 상태에서 눈이 번쩍 뜨이는 듯한 변화, 바로 그것이 주체성과 인간성을 회복하는 과정이기 때문이죠. '경제민주화'를 정의한 헌법 119조에서도 '주체 조화'를 말합니다. 이것이 제대로 되려면 코앞의 이해관계를 넘어선 새로운 주체화가 있어야 한다는 것이지요. 이것이 전제되어야 비로소 우리는 어떤 형태든 민주화를 이야기할 수 있다는 것입니다.

이정환　　　　저도 경제부 기자 생활을 15년 가까이 했지만 많은 사람들이 경제를 단순히 돈 많이 버는 것 정도로 생각합니다. 경제부 기자라고 하면 재테크를 잘 하겠거니 생각하면서 주식을 추천해 달라는 사람도 많습니다. 저는 2003년 월간《말》지에서 일할 때 대구와 구미 섬유공단을 취재하면서 충격을 받은 적이 있어요. 인건비 부담 때문에 공장을 철수하고 중국으로 옮겨가는 추세였습니다. 어떤 분은 금요일 저녁에 퇴근하고 나서 월요일 아침에 출근해 보니 공장이 텅 비어 있더라는 경우도 있었죠. 단순히 많이 벌어서 나누는 게 문제가 아니라 어떻게 버느냐를 먼저 고민해야 하지 않을까 하는 생각을 그때부터 하게 됐습니다.

강수돌 　　　경제라는 말의 뿌리가 경세제민(經世濟民), 경국제세(經國濟世)에 있습니다. 세상을 잘 경영해서 백성을 구제한다, 백성을 잘 먹고살도록 만들어 간다는 뜻이죠. 핵심은 결국 먹고사는 겁니다. 게다가 '제(濟)'라는 글자의 오른쪽에 있는 '제(齊)'는 가지런하다는 뜻이 있어요. 마치 봄철의 보리밭에 보리가 고만고만하게 자라나듯 백성들도 고만고만하게 살아가도록 하는 것이 곧 경제라는 의미죠. 그러니 경제란 결국 '살림살이'를 뜻합니다.

　오늘날 자본주의 시대에 들어와서 경제는 곧 '돈벌이'가 되어 있지만 그것도 역시 먹고살기 위해서죠. 먹고사는 것, 삶이 핵심이고 돈은 수단에 불과합니다. 그런데 지금은 사람들의 삶이 수단시되고 사람이 대상화되었죠. 경제와 사회라는 관점에서 볼 때 경제가 주가 되고 사회가 객이 되어 있어요. 바로 이런 뒤틀림의 차원을 바로잡을 필요가 있습니다. 주체가 아니라 대상화, 목적이 아니라 수단화돼 있는 상태, 경제적 합리성과 사회적 합리성의 분리와 모순을 바로잡는 것, 이것이 곧 경제민주화의 핵심이 되는 셈이죠.

　《거대한 전환》을 쓴 칼 폴라니가 말한 것처럼 경제는 사회의 품 속에 겸손하게 깃들어야 하는데 실제로는 그렇지 못하기 때문이죠. 경제가 사회를 지배하고 억압하는 꼴입니다. 그러다보니 방금 말씀하신 것처럼 자본의 생리만 좇아 하룻밤 사이에 공장이나 기계를 해외로 빼돌리는 기상천외한 작태가 벌어지는 것입니다.

이정환　　　경제민주화를 강조하시면서 경제적 합리성과 사회적 합리성이 전도되었다고 하셨는데, 이게 무슨 말이죠?

강수돌　　　존 라빈스의 《미국인을 위한 식사》라는 책에는 쇠고기 1kg을 만드는 데 14~15kg의 곡물을 써야 된다고 합니다. 세상의 한쪽에서는 굶어 죽는 사람들이 있는데 다른 한쪽에서는 육고기 생산을 위해 곡물을 대량 소비합니다. 경제적인 합리성과 사회적 합리성이 전도된 현실이죠. 바이오에탄올 문제도 그렇습니다. 곡물을 먹는 게 아니라 자동차 돌리는 데 쓰자는 것이니까요. 이 둘 다 경제적 합리성을 위해 사회적 합리성이 희생당하는 꼴입니다. 인간답게 살고자 하는 마음이 아니라 돈벌이를 잘하자, 이게 경제적 합리성입니다. 인간성과 효율성이 전도된 거죠. 이것은 모순과 낭비를 초래하고 자가당착적입니다. 장기적으로는 인류가 파탄에 이르는 길입니다. 자연을 파괴하고 인류 전체를 위기로 몰아가게 될 겁니다.

　기계의 발명도 인간노동을 수월하게 하고 효율적으로 하게 한다는 점에서 그 자체의 목적은 일부 달성했지만 그걸 초과하여 인간을 육체적으로 쫓아내고(정리해고) 정신적 기능을 마비시키고 있지 않습니까. 그러면서도 남아있는 자들은 더욱 더 많은 일을 해야 합니다. 인간의 노동을 수월하게 하고 만족스럽게 해야 하는데, 오히려 일할 가능성을 줄여 버리고 피폐하게 만듭니다. 한 공장에서 기계화로 인해 사람이 필요 없다면 다른 일자리를 만들어주는 것이 제대로 된 사회죠. 아니면 굳이 비싼 기계를 도입하지 말든가요. 그러나 자본의 경제적 합리성 때문에 인간적, 사회적 합리성이 희생당하고 마는 것이 지금의 현실 시스템입니다. 결국 이런 이윤 중심의 시스템 자체를 바꿔야 합니다.

지금의 경제민주화는
요란한 빈 수레

이정환　　　　　경제민주화라는 말은 그래서 약간 모순적인 개념처럼 보이기도 합니다. 우리나라는 특히 개발독재 시대와 IMF를 거치면서 민주화를 좀 희생하거나 미루더라도 성장부터 하자는 논리가 팽배했지요. 경제민주화의 개념을 정리해주시죠. 박근혜 대통령이 말하는 정치구호로서의 경제민주화가 아니라 제대로 된 경제민주화의 개념을 정립해야 할 때입니다.

강수돌　　　　　원래 우리가 아는 민주화는 정치민주화였지요. 식민지 시대와 독재 시대가 '민주화'의 열망을 더욱 부채질했죠. 박정희식 개발 독재는 정치적 독재 아래서도 경제성장이 가능하다거나 경제성장에는 독재가 더 유리하다는 환상을 심어 주었어요.

그러나 서양의 발전을 보면 민주화 과정을 거치면서 산업화가 이뤄졌기 때문에 한국식 경제성장을 일반화할 수도 없습니다. 게다가 경제성장으로 독재 정치를 사후적으로 정당화하는 것은 목적이 수단을 정당화하는 꼴입니다. 가장 대표적인 것이 '성공한 쿠데타는 쿠데타가 아니라 혁명이다'라는 의식이죠. 그러나 아무리 경제가 성장해도 사람들이 자유롭지 않거나 불평등을 겪고, 내면이 행복하지 않으면 무슨 소용이 있겠어요? 그래서 경제민주화라는 것이 필요하지요. 사실, 원래는 정치와 경제가 분리된 것도 아닙니다. 백성들의 살림살이가 온전하고 행복한 것, 그것이 바른 경제이고 바른 정치이기 때문이죠. 편의상 이 용어를 쓰자면 '경제민주화'가 가능할 뿐 아니라 보편적으로 구현돼야만 그 사회가 제대로 된 민주화 사회라고 할 수 있어요.

지금까지 민주화라고 하면 주로 정치적 민주화를 뜻했죠. 군부 독재를 타도하거나 기업의 독재를 타도하거나 아니면 현실 사회주의, 공산주의를 이야기하면서 관료주의를 타도하는 게 민주화라고 했어요. 그게 잘못된 것은 아니지만 진실의 절반에 불과하죠. 또 다른 절반은 '먹고사는' 문제에 있어서 객체가 아니라 주체로, 대상화가 아니라 목적으로, 그리고 합리성의 입장에서 볼 때는 사회적인 합리성이 주가 되고 경제적 합리성은 부차적인 게 되는 그런 차원이 경제민주화를 완성시키는 거라고 생각합니다.

우리 모두가 자본주의 시스템 안에 들어와 있습니다. 누군들 주체로 살고 싶지 않은 사람 있을까요. 시골에 내려가 농사라도 짓고 살지 않는 이상 이 시스템에서 자유로울 수 없는 거 아닌가 하는 생각이 듭니다. 현실적인 문제들이 겹겹이 얽혀 있습니다. '양파 껍질'을 생각해 봅시다. 겉에서 속까지는 여러 겹이 싸여 있죠. 눈앞의 현실에서 삶의 본질까지 다가가려면 수많은 껍질을 벗겨내야 합니다.

현재 우리의 삶은 일정한 틀 안에서의 더 나은 삶, 예컨대 임금 인상이나 승진, 중산층으로 진입하는 것, 이 같은 것으로 규정되죠. 그러나 이것은 크게 보면 역사적으로 비자본주의적인 발전의 길들이 사회운동 과정에서 패배한 결과로 나타난 것이죠. 자본주의란 경쟁을 토대로 이윤을 추구하는 시스템이므로 그걸 넘어서려는 사회운동과 연대의식이 패퇴한 결과라는 말입니다.

그러므로 이 자본주의 틀 안에서도 임금 인상이나 승진 같은 것이 과연 사회적 약자의 희생이나 차별 없이 가능한지, 이런 부분까지 살펴야 하는 것이죠. 결국, 사회구조의 문제를 바꾸려는 노력은 포기한 채 그 속에서 더 나은 한 자리만 차지하려는 과정이 곧 자본주의를 내면화하는 과정이었던 셈입니다. 그 속에서 우리는 우리끼리 상중하 서열을 매기고 서로 경쟁하며 싸우고 있죠. 그러한 분열과 경쟁이 결국은 자본이나 국가의 힘을 더 키우게 되는 것은 잘 모른 채 말입니다. 바로 이런 구조와 행위의 측면을 모두 제대로 인식하는 것이 경제민주화를 위한 대전제라 할 수 있어

요. 이게 제대로 되지 않으면 재벌 개혁이니 복지국가니, 사회 양
극화 해소니 하는 것들도 선거 국면 때마다 단순한 말잔치에 끝나
고 말 위험이 있어요.

이정환　　　　자본주의 시스템을 편안하게 생각하는 사람들
도 많습니다. 자유롭게 경쟁하고 노력하는 만큼 얻을 수 있고. 그
래서 공정한 경쟁만 보장되면 된다고 생각하고요.

강수돌　　　　그렇죠. '공정 경쟁'이라는 말만 들으면 참 그럴
듯해요. 워낙 불공정 경쟁 또는 독과점의 폐해를 많이 보아 왔으니
까요. 이런 면에서 재벌 해체 요구는 공정 경쟁을 향한 요구라 해
도 과언이 아닙니다. 그런데 공정 경쟁이 되더라도 역시 경쟁을 통
해 이윤을 추구하는 자본의 논리엔 아무 변화를 주지 못한다는 점
이 문제죠. 경제민주화란 진정으로 백성이 경제 활동의 주인이 되
는 것이므로 공정 경쟁조차 경제민주화라는 잣대엔 못 미치는 것
이죠.

공정 경쟁에서 '공정'을 강조하다 보면 오히려 자본의 본질을 가
릴 위험까지 있으니, 사태는 더욱 복잡해요. 예컨대, 노예제도의
경우 우리가 노예제도에 대해 싸우는 건 너무 버겁기 때문에 노예
제를 철폐하는 투쟁보다는 '인간다운 노예'가 되도록 투쟁하는 게
나을까요? 이왕이면 노예보다는 마름으로 사는 게 나은 걸까요?
그래서 열심히 공부하고 영어도 잘하고, 백인 문화를 빠삭하게 잘

아는 그나마 마름이 돼서 '행복한 노예'가 될 수 있다고 생각한다면 그렇게 살 수도 있겠죠. 하지만 그게 참된 대안이 될 수 있을까요? 참된 경제민주화는 바로 이런 질문을 던지며 사태의 본질을 바로 잡자는 것으로 해석해야 한다고 봅니다.

이정환　　　아마르티아 센 케임브리지대학 교수는 "인간의 행복에 가장 결정적인 것은 한 사람이 얼마나 많은 재산이나 자원을 소유하고 있느냐가 아니라 그 사람의 능력이나 삶의 기회"라는 이론을 끌어낸 바 있습니다. "중요한 것은 실제로 자신의 목표와 소질, 능력에 부합하고 스스로 결정하는 삶을 살 수 있느냐는 것, 다시 말해 삶의 다양한 모델을 실현할 수 있는 선택 가능성에 있다"는 이야기인데요. 독일 뮌헨대학 요하네스 발라허 교수도 인간다운 경제의 두 가지 조건을 이렇게 정리합니다. "첫째, 모든 사람의 삶이 지속적으로 성공할 수 있도록 물질적 기반을 마련해야 한다. 둘째, 경제활동은 그 자체가 성공적인 삶에 유익한지 아닌지를 보고 평가를 받기도 해야 한다."

　많이 벌어도 행복해지지 않는다는 건 식상하지만 통계적으로도 입증된 사실입니다. 미국의 경우 1963년부터 2006년 사이에 물가를 반영한 평균소득은 1만 5,121달러에서 3만 7,674달러로 두 배 이상 늘어났지만 삶의 만족도는 거의 그대로입니다. 독일이나 다른 선진국들도 마찬가지입니다. 일본에서는 1950년대 말 이후 평균소득이 6배 이상 늘어났지만 삶의 만족도는 전혀 나아지지 않았습니다. 이런 걸 어떻게 설명할 수 있을까요?

강수돌 그런 것을 '이스털린의 역설(Easterline's Paradox)'
이라고도 하지요. 1974년에 미국의 경제사학자 리처드 이스털린
이 30개 나라를 체계적으로 비교한 끝에 어느 정도 기본 욕구가
충족되고 나면 소득과 행복감은 비례하지 않는다는 걸 발견한 것
이죠.

삶의 목적을 굳이 이야기하자면 '행복'이라고 할 수 있는데, 그
행복을 느끼기 위해서는 식의주 등 기본적인 필요의 충족도 필요
하지만 '삶의 질'이 중요하거든요. 제가 말하는 '삶의 질'이란 첫째,
건강과 여유를 누리며 사는 것, 둘째, 서로 존중하고 평등하게 지
내는 것, 셋째, 사랑하는 사람이나 이웃, 친구 등과 공동체적 관
계를 잘 유지하는 것, 넷째, 맑고 깨끗한 생태계 등 네 가지 차원
을 말합니다. 이런 다양한 삶의 측면이 균형과 조화를 이뤄야 하
지요.

여기서 가장 중요한 것은 뭐니 뭐니 해도 한 사람이 자신의 소박
한 꿈을 이루며 살 수 있는가 하는 점이라고 봐요. 부자가 되기 위
해 허덕거리며 만날 생계 전선에서 헤매는 사람과 비록 소박하게
살더라도 자신의 꿈을 실현하며 사회 헌신도 하면서 사는 사람의
행복도는 엄청난 차이가 나지 않겠어요?

결국 지금과 같은 자본주의 사회가 마약처럼 중독적으로 추구하
는 돈이란 행복의 필요조건에 불과할 뿐 결코 충분조건은 되지 못

한다는 거죠. 인간의 삶이란 결코 돈으로 환원할 수 없는 복합적 차원을 가진다는 걸 알 수 있어요.

이정환   자본주의 시스템이 지속가능하지 않을 수도 있다고 보시는지, 다른 시스템이 가능하다는 그런 말씀인가요? 자본주의가 실제로는 한계를 맞는 것처럼 보이지만 오히려 진화되고 강화되고 있지 않습니까?

강수돌   오죽하면 '지속가능한 발전' 개념 같은 것이 나왔겠어요? 현재의 시스템이 흔들리기 때문이라는 것이죠. 좀 전에 말한 '삶의 질' 차원이 한 나라만이 아니라 세계 전체 차원에서도 계속 망가지고 있거든요. 좀 지나면 더 이상 회복이 불가능할지 몰라요. 그리고 약 500년 내외의 역사를 가진 현재의 자본주의는 역사의 보편성이나 종착지가 아니라 역사적 특수성의 일부로서 얼마든지 변할 수 있죠. 그 변화는 우리가 주체적으로 만들어야 합니다. 그러나 현재는 그 주체들이 대상화돼 있고 객체화, 노예화돼 있습니다. 경제적 합리성이 주류 담론으로 자리잡고 있는 한 자본주의가 변하지 않겠지만 흔들릴 수는 있어요. 최근의 금융위기도 그런 징후의 일부입니다. 정치경제 지도자들이 '신성장 동력' 같은 말을 만들어내면서까지 애를 쓰는 것도 그 위기의 방증이고요. 다만 사람들이 계속 자본주의에 협력하는 한 조금은 더 수명이 연장되겠죠. 하지만 언젠가는 끝장이 날 수밖에 없어요. 그 속에서는 사람들이 행복하지 않거든요.

이정환　　　　　너무 낙관적이거나 과격하다고 생각하지 않습니까? 자본주의 시스템에 문제가 많다는 건 누구나 압니다. 그렇지만 하루아침에 자본주의가 아닌 다른 어떤 시스템으로 건너갈 수 있는 건 아니니까요. '노동사회'에서 벗어나야 한다고 하지만 도시에서 생활하는 임금노동자들이 이 시스템을 부정할 수는 없습니다.

강수돌　　　　　그렇죠, 결코 하루아침에 바뀔 수 있는 시스템은 없어요. 그러나 겨울이 가고 봄이 오듯이 서서히 변하게 되어 있어요. 다만 사회 시스템이다 보니 우리의 집합적 노력이 어떠한가에 따라 결과가 달라질 뿐이죠. 물론, 자원이 완전 고갈돼 언젠가 인류가 종말 한다고 할지라도 그 순간까지는 역사 변화와 발전을 믿고 낙관하는 수밖에 없어요. 역사 변화엔 객관적 차원과 주체적 차원이 있을 텐데 끊임없이 몸집을 불려 나가면서 체제를 확장시키려는 자본의 욕망을 채워줄 자원이 고갈되는 건 시간문제입니다.

　미래 연구기관 로마클럽에서 '성장의 한계'를 이야기한 게 1970년대부터죠. 빠른 성장과 발전은 역설적으로 자원의 빠른 고갈을 불러왔어요. 게다가 자본주의 생산성은 불행하게도 파괴성의 형태로 나타나고 있습니다. 생산성 향상 과정에서 앞서 말한 '삶의 질'이 파괴되니까요.

이렇게 자본은 자기의 기반, 즉 사람과 자연의 생명력을 끊임없이 파괴합니다. 이런 식의 성장에는 한계가 분명합니다. 자본에 끊임없이 노예처럼 작동하던 노동자들도 정리해고라는 계기를 맞아 배신감을 느끼면서 자본주의 시스템에 저항하기도 해요. 물론 더 많은 사람들이 다시금 순응하기도 하지만요. 그러다가 또 투쟁에 나서기도 하고 심지어 죽음으로 맞서기도 하죠. 그 과정에서 다시 일자리를 찾기도 하겠지만 성패와 무관하게 시스템이 비인간적이고 반생명적인 한 사람들은 저항할 수밖에 없어요.

이정환   자본주의의 모순을 극복하려는 시도가 지금까지 성공한 사례는 거의 없습니다. 근본적으로 시스템을 뒤흔들기보다는 적당히 땜질 보완하거나 자본주의의 외부를 만드는 정도죠.

강수돌   그렇습니다. 자본주의는 물론이고 자본주의를 극복하겠다고 등장한 사회주의도 참된 '경제민주화'를 이루는 데는 실패했어요. 과거의 소련이나 동유럽에서 구현된 사회주의 실험 역시 그 구호나 이상과는 달리 현실에서는 관료적 독재, 노동소외, 노동자의 대상화 등 경제민주화와는 거리가 먼 것으로 나타났죠.

저는 참된 경제민주화가 이뤄지지 못하는 이유를 다음 세 차원으로 봅니다. 첫째는 소유 및 생산의 측면으로, 생산수단과 노동력이 분리되어 있다는 점입니다. 둘째는 분배의 측면으로, 갈수록 사회 양극화가 심해지기 때문입니다. 셋째는 주체의 측면으로, 그동안 민초 자신이 그 고유의 인간적 심성을 잃고 기득권의 심리 구조, 즉 돈과 권력에 대한 욕망을 그대로 내면화했기 때문입니다.

그래서 올바른 경제민주화를 이루려면 재벌 개혁이나 복지국가, 양극화 극복 등을 위한 다양한 제도적 변화도 필요하지만, 그전에 우리 자신을 민주화하여 잃어버린 인간성과 주체성을 회복해야 하겠죠.

이정환　　　　지금까지 다른 학자들의 경제민주화 논의에서는 주로 재벌 개혁이나 복지국가, 양극화 해소 등에 초점이 맞춰져 왔는데, 인간 주체의 민주화를 강조하시는 부분이 참신합니다. 좀 모호하기도 하고 도덕이나 윤리로 흐르는 것 같기도 해서 걱정스럽습니다만. 좀 더 설명해 주시죠.

강수돌　　　　노동자가 생산의 주인이 되지 못하고 노동력만 파는, 일종의 '임금 노예'가 될 수밖에 없는 구조에 문제가 있다는 이야기입니다. 소유와 경영, 그리고 노동과 분배에서 모두 소외되니 갈수록 삶이 팍팍해지는 거죠. 그러니 생산수단과 노동력이 통일될 수 있는 다양한 방식, 예컨대 협동조합, 마을, 공동체, 풀뿌리 기업, 사회적 기업, 자주관리 기업 등 다양한 형태의 민주적 경영체들을 만들어야 합니다. 나아가 일하는 사람들이 주인 된 모습으로 모든 경제 운영 방식을 재편해야 합니다.

재벌 개혁이나 복지국가 건설조차 풀뿌리 민중의 주체적 참여가 전제되지 않는다면 실속 없는 개량으로 그치기 쉽죠. 국내외의 역사가 그걸 증명하지 않습니까.

이정환 풀뿌리 민중의 주체화, 그리고 인간 자신의 민주화, 좀 더 구체적으로 그것을 실현할 방법들을 말씀해주시면 좋겠습니다.

강수돌 가장 시급한 것이 '노동시간 단축과 일자리 나누기'라고 봅니다. 고용 불안도 없애고 청년 실업도 없애면서 삶의 질을 고양하려면 이게 핵심이라 봅니다. 더불어 주거, 교육, 의료, 노후 문제를 사회 공공적으로 풀어내야 합니다. 처음엔 국가복지가 필요하지만 갈수록 공동체 복지(지역이나 마을 차원)를 늘려나가야죠. 또 기본소득을 포함한 모든 구성원의 기본권을 다시 논의해야 하며 사회적 필요(식의주 및 삶의 질 향상)에 걸맞은 경제 분야는 계속 살리되 그렇지 않은 분야(공해, 퇴폐, 과잉, 중복 산업 따위)는 과감히 구조조정을 해서 없애야 합니다.

또한 돈벌이 경제가 아니라 '살림살이 경제,' 즉 이윤을 위한 경제가 아니라 '필요를 위한 경제'를 실현하는 데 필수적인 유기농을 국가 시책으로 장려하면서 식량 자급률을 70% 이상으로 높여야 합니다. 지금은 식량 자급률이 25%밖에 안 되는데, 매우 불안한 상황이죠. 이런 면에서 도시건 농촌이건 땅만 있으면 유기농을 시도하는 쿠바를 본받을 필요가 있어요.

당연한 이야기지만 아무리 임금을 깎는다고 해도 없던 일자리가 당장 생겨나지는 않는다. 인턴사원을 채용해도 이들이 할 일이 없다. 일자리를 만드는 게 목표라면 세계 최장인 노동시간을 줄이는 게 유일한 해법이다. 많이 줄어들긴 했지만 우리나라 노동자들의 노동시간은 여전히 길다. 경제개발협력기구(OECD) 자료에 따르면 2011년 기준으로 우리나라 노동자들의 연간 노동시간은 2,090시간으로 비교 대상 나라들 가운데 가장 길었다. 우리나라 대기업들은 추가 수당을 주면서 세계 최장의 노동시간을 합리화했고 노동자들도 낮은 기본급을 잔업과 특근 수당으로 보전하는 기형적인 임금 체계에 적응해 왔다. 물량이 넘쳐날 때는 문제가 없지만 매출이 줄어들고 잔업과 특근이 줄어들면 그 부담을 고스란히 노동자들이 떠안게 되는 방식이다. 당장 인건비는 줄일 수 있겠지만 장시간 근무로 건강을 해치는 것은 물론이고 노동 생산성과 경쟁력도 떨어질 수밖에 없다.

경제도 어려운데 무슨 배부른 소리냐고 할 수도 있지만 당장 인건비를 줄여 보겠다고 너도나도 임금부터 깎고 나면 내수 기반을 무너뜨려 경제 위기를 더욱 가속화 · 장기화하는 결과가 될 수도 있다. 오히려 경제가 어려울수록 노동시간을 줄여 효율성을 높이고 경쟁력을 제고해야 한다. 그런데 박근혜 정부가 내놓은 정책은 거꾸로다. 정부는 임금을 깎는 기업들에게 자금 지원을 하고 세제 혜택까지 줄 계획이다.

잡셰어링은 경제 위기를 틈타 자본의 이익 구조를 강화하려는 거대한 음모다. 정부와 언론이 이를 일자리 창출이라는 그럴 듯한 포장을 씌우고 있을 뿐이다. 만약 일자리 창출에 관심이 있다면 임금 삭감보다는 노동시간 단축과 비정규직의 정규직 전환에 좀 더 적극적인 정책적 지원을 해야 한다. 야근과 특근을 줄이고 주 40시간 근무만 엄격히 지켜져도 수많은 일자리를 만들어 낼 수 있다.

한울노동문제연구소 하종강 소장은 "인건비를 절감해서 경제 위기를 넘어선 나라도 기업도 없다"고 지적한다. "임금을 깎아서 낮은 생산성을 보완하는데 익숙해지면 오히려 장기적으로 경쟁에서 뒤쳐지고 사회 전체적으로도 성장 동력을 잃게 될 가능성이 크다"는 이야기다. 하 소장은 "임금 삭감은 최악의 경우에 임시적인 조치로 제한돼야 한다"면서 "결코 경제위기 극복의 해법이 될 수 없다"고 강조했다.

한국노동사회연구소 김유선 소장은 "일자리 나누기의 핵심은 노동시간 단축인데 정부와 기업들은 떡본 김에 제사 지낸다는 생각으로 노동자들에게 일방적으로 고통 분담을 강요하고 있다"고 지적했다. 김 소장은 "단기적으로는 이윤을 늘릴 수 있겠지만 가뜩이나 수출에 어려움을 겪고 있는 상황에서 내수 기반을 갉아먹고 오히려 실업을 늘리는 자충수가 될 수 있다"고 경고했다. 김 소장은 "정부 차원의 해법이 필요하다"고 거듭 강조했다.

금속노조 정책연구원 이상호 연구위원은 "노동시간 단축분에 상응하는 임금 손실분을 노사정이 3분의 1씩 분담할 경우 고용효과가 사업장 수준을 넘어 업종과 산업, 더 나아가 사회적인 추가 고용창출로 이어진다"고 주장했다. 이를테면 연봉 3천만 원인 500명 규모의 사업장에서 10시간씩 일하는 주야 맞교대를 8시간씩 주간 2교대로 전환할 경우, 주 50시간 근무는 주 40시간 근무로 줄어들고 추가 고용으로 15명이 필요하게 된다.

이 경우 500명이 하던 일을 515명이 하게 되는데 늘어난 비용을 노사정이 3분의 1씩 나눠서 부담하자는 이야기다. 이를테면 연봉을 2,800만 원으로 줄이고 정부가 200만 원씩을 지원해 주면 기업은 인건비 부담을 2,600만 원까지 낮출 수 있다. 15명의 고용을 늘리면 연간 3억 5천만 원 정도의 소비가 창출되고 3억 5천만 원의 소비가 다시 6억 원 정도의 생산을 유발한다. 소비와 생산에서 각각 6.2명과 2.2명의 추가 고용 창출을 기대할 수 있다.

정리를 하면 노동시간을 줄였더니 직간접적으로 23.4(=15+6.2+2.2)

명의 추가 고용이 발생했다는 이야기다. 이런 모델을 우리나라 전체로 넓히면 어떨까. 대기업은 빼고 5명 이상 300명 미만 기업에만 적용한다고 가정하면 필요한 재원은 5조 원. 직접 고용 효과는 11만 명, 생산과 소비 효과를 감안하면 모두 24만 명의 추가 고용을 기대할 수 있다. 50조 원을 쏟아붓겠다고 했던 이른바 녹색 뉴딜(2009년 이명박 정부가 추진한 경제정책)의 10분의 1 수준이면 가능한 모델이다.

금속노조는 아울러 단위 사업장을 넘어 산업 전체를 아우르는 노동시간 상한제와 생산 물량의 공정한 분배, 노사가 공동 출연하는 고용안정기금 조성 등을 대안으로 제안하고 있다. 핵심은 단위 사업장에서는 고용 위기의 해법을 찾기 어렵다는데 있다. 문을 닫는 공장, 동료들이 떠나는 걸 지켜보고 회사를 살리기 위해 임금이 깎이는 걸 감수하는 노동자들, 정부가 이들을 방치해서는 안 된다는 이야기다.

문 닫는 공장의 문제도 좀 더 전향적으로 고민하면 얼마든지 발전적인 해법이 가능하다. 우선은 해고 노동자들에 대한 사회 안전망이 필요할 것이고 쌍용차처럼 경제 전반에 파급 효과가 큰 기업들이라면 정부가 공적자금을 투입해서 국유화하거나 국민주 공모나 지방자치단체 등의 출자를 통해 사회화하는 방법도 있다. 어떤 경우든 과거처럼 공적자금을 투입해서 회생시킨 뒤 특정 자본에게 독점적인 경영권을 넘기는 방식이 돼서는 안 된다.

이정환　　　경제성장만 계속한다고 해서 삶의 질이 저절로 높아지는 건 아니라는 말씀이시군요. 보수층이 말하는 '트리클 다운 효과'라는 것도 나타나지 않고 말이죠. 왜 그렇게 될까요?

강수돌　　　그렇죠. 이른바 '20대 80 사회' 이야기나 '빈익빈 부익부' 현상이 바로 그 증거입니다. 갈수록 소수만 부자가 된다는 이야기죠. 포커판처럼 '승자독식 사회'란 말도 같은 뜻이고요. 한국만 그런 게 아니라 세계적으로도 그렇습니다. 경제에 투기 바람이 일고 거품이 일면 그것은 이미 사람의 경제가 아닙니다.

사람의 경제가 되려면, 칼 폴라니의 지적대로 토지와 노동력, 화폐는 상품이 되어선 안 됩니다. 이 세 가지 외에도 주거, 보육, 교육, 건강, 노후 문제 등을 해결하려면 '탈상품화 전략'이 사회적 과제가 되어야 진정한 경제민주화가 되겠죠. 이런 진지한 변화를 모두가 갈망하지 않으면 갈수록 양극화는 심화합니다.

양극화 상태가 바뀌지 않고 유지되는 것도 다 이유가 있죠. 앞서 말한 대로 역시 주체가 문제입니다. 상류층은 기득권을 누리면서 중독되어 가고, 중하층은 기득권을 동경하면서 중독되어 갑니다. 향유중독과 동경중독, 이 양대 중독이 사람들의 디엔에이(DNA)를 바꿔 버려요. 주체의 '탈주체화'가 이뤄진 셈이죠. 역사적, 사회적 과정에서 자본에 꼭 필요한 사람이 만들어진 것입니다. 그 결과 우리는 사람과 사람, 사람과 자연 사이에 맺었던 본연의 관계를 상실한 채 오로지 남보다 '더 빨리, 더 높이, 더 많이'라는 중독적 구호 속에 자기도 모르게 빨려 들어가고 있는 거죠.

이런 상황을 염두에 둔다면 경제민주화란 것은 결국 객관적 구조의 변화일 뿐만 아니라 우리 자신의 삶에 대한 재성찰, 즉 '나부터' 혁명을 포함해야 합니다. 그것은 돈과 권력에 매몰된 우리 삶의 방식을 근원적으로 성찰하면서도 대안적인 경제 활동, 즉 연대의 경제나 살림의 경제를 실천하는 데 적극 참여해야 한다는 뜻입니다.

이정환　　　우리는 한 번도 자본주의 시스템 이외의 다른 대안을 상상도 해보지 못한 것 같습니다. 중하층이 상류층을 부러워하면서도 그들처럼 되기 위해 강박적으로 집착한다는 지적에 동감합니다. 그러다 보니 현실적으로 직장이나 사회에서 고통을 받으면서도 자본이 만든 각종 제도나 구조에 무비판적으로 동의하고 협력한다는 말씀이네요. 동경중독과 향유중독도 일중독만큼이나 심각한 중독이라고 할 수 있겠습니다.

강수돌　　　그렇습니다. 일례로 노동자와 소비자라는 이름도 곰곰이 짚고 넘어갈 필요가 있어요. 내가 내 삶을 살아가고 나의 필요 충족을 위해 물품을 사는데 자본주의 시스템은 우리를 소비자, 즉 '소비하는 사람'이라고 규정합니다. 어떤 분은 이런 표현이 사람의 존재를 너무나 천박하게 규정하는 것이라 비판하기도 하지요. 그럼 '노동자'라는 표현은 어떤가요? 물론 이 시스템은 노동자를 때로는 '근로자' 또는 '종업원'이라 하면서 '노동의 주체'임을 애써 부정하려 합니다. 그런데 '노동자'라는 말도 근본적으로는 내 인생을 내가 산다는 의미에서 '삶의 주체'가 아니라 오로지 노동을 해야만 먹고사는 존재, 자본 아래로 가서 임금노예처럼 살아야 하는 존재로 격하시키는 면이 있어요. 그렇다고 제가 노동하는 사람들의 사회적 기여나 그 고통을 몰라서 하는 말이 아니죠. 따지고 보면 자본주의 시스템이 필요로 하는 인간상 자체가 한편으론 노동자, 다른 편으론 소비자입니다. 국가는 납세자를 필요로 하고요. 이런 '이름 붙이기'로부터 우리 스스로 '삶의 주체'로서 자유로워질 때 비로소 새로운 세상이 열릴 것이라 봅니다.

그래서 이런 철학이 필요해요. "그래, 나는 이 세상에 매우 독특한 존재이면서도 더불어 살 수밖에 없는 그물망의 한 마디를 이룬다. 그래서 내 나름의 개성을 발현하면서도 더불어 살 방도를 찾아야 한다. 남들 눈치를 보지 않고 내가 절실히 느끼는 바를 좇아 내 꿈을 이루기 위해 실력을 쌓아 사회에 헌신하며 살겠다." 이런 의식, 얼마나 멋져요? 이게 제가 강조하는 '일류 인생'의 철학입니다. 이것은 일류대학이나 일류직장만 좇는 허황된 삶과는 달리 더디게 가더라도 스스로 자유롭고 행복하게 멋진 인생을 살 수 있는 그런 삶이죠. 그렇게 되면 마침내 우리는 동경중독이나 향유중독의 오류를 극복하여 진정으로 자신의 삶을 제대로 살 수 있을 겁니다.

당신이
경제민주화의 주체

이정환　　　　그렇다면 현재의 노동자들이 변화의 주체가 되기 어려울까요?

강수돌　　　　오늘날 노동자들이 스스로 변해서 새로운 주체로 탄생할 때 비로소 역사의 변화는 가능할 것입니다. 물론 (정규직, 비정규직 가리지 않고) 노동자도 중요하지만 농민도 중요하고요. 남성만 중요한 게 아니라 여성도 중요하죠. 어른만 중요한 게 아니라 청소년도 중요하고요. 대개 청소년들은 공부를 잘해서 일류대학을 가고, 좋은 데 취직해서 돈 많이 벌고 사는 것을 삶의 이정표라 생각해요. 아니, 어른들이 그렇게 각인시키죠. 이 부분에서 어른들과 아이들이 갈등을 겪고 있고요.

어른들은 어떤가요? 자신이 하는 일을 아이들이 물려받길 원할 정도로 자부심을 갖고 사는 경우는 드물죠. 마음속엔 열등감이나 패배의식, 또는 피해의식이나 좌절감 같은 게 억눌러져 있는 경우가 많아요. 그러니 아이들만큼은 열심히 공부해서 좋은 대학 가고 높은 자리에 앉길 바라죠. 결국 어른들은 아이를 위해 잔업, 철야, 특근도 마다 않고 좀 더 좋은 학원에 가라며 돈을 대주죠. 그리고 집 장만하고 자동차도 하나 사고… 그런 식으로 부자 흉내를 내는 겁니다. '동경중독'에 빠져 있기 때문이죠.

그러나 만일 사람들이 "아니야, 부자들처럼 살려고 하기보다 내 나름의 인생을 멋지게 살아야 해. 아이들도 자기 나름의 꿈을 갖고 크도록 그렇게 키울 거야. 어차피 아이 인생은 아이 것이고 내 인생은 내 것이니깐. 나도 길지 않은 인생, 내가 꼭 하고 싶은 걸 하면서 살 테야. 내 형편에 맞는 만큼 아이들을 도와주면 되지 않나? 대신에 아무런 조건 없이 사랑은 무한정 베풀 테니까." 이런 식으

로 생각하기 시작하면 제대로 된 삶의 주체가 되겠죠. 그러면 희망
이 생깁니다. 자본에 끌려 다니며 겉도는 삶이 아니라 진짜 자기가
자기 삶의 주체가 되는 삶을 살 수 있죠. 당연히 이웃이나 동료들
과 공동체적 관계를 맺으며 행복하게 살 수 있습니다. 있으면 있는
대로, 없으면 없는 대로 멋진 인생을 살 수 있는 거죠.

이정환　　　　그런데 말처럼 그렇게 우리가 주체적인 삶을 살
수 있다면 얼마나 좋겠습니까? 현실적으로 참 쉽지는 않은 것 같
아요.

강수돌　　　　'경세제민'이란 말도 실은 '백성을 구제한다'는
것이니, 이 속에서 백성은 구제의 대상이 됩니다. 스스로 구제하
는 것은 아니죠. 경세제민이란 말이 분명히 백성들의 살림살이를
내포한다는 점에서 돈벌이 경제와 다른 차원을 갖지만, 백성을 구
제의 대상으로 삼는다는 점에서 한계가 있어요. 민주주의 사회라
면 백성이 주인이고 주체라는 점에서, 경제민주화도 백성이 살림
살이의 주체가 되도록 만드는 것을 뜻하는 것으로 해석하는 것이
옳다고 봅니다.

　비근한 예로, 우리가 흔히 '인재'나 '영재'라는 말을 쓰는데, 우리
아이들이 그런 말을 듣는다고 결코 기뻐할 일이 아니라는 거죠. 인
재나 영재도 결국은 잘 써먹을 수 있는 재목에 불과한 대상화된 존
재라는 말이기 때문입니다. 경영학에서 많이 쓰는 '인적 자원'이라

는 말도 사람을 자원으로 보는 것이니까 주체화가 아니라 대상화의 개념이 들어 있는 겁니다. 또, 경제(經濟)할 때 '제'가 구제할 제(濟)인데 이 글자 안에 또 다른 제(齊)가 있죠. 이 글자는 보리밭의 무수한 보리들처럼 가지런하다는 뜻이 있어요. 경제를 규정할 적에 그 속에는 사람들이 '골고루' 먹고산다, 그런 의미가 들어 있다는 겁니다.

사실, 백성이 위로부터 구제의 대상이 되면 아직 민주화가 덜 된 것입니다. 오히려 백성이 주체가 되어 더불어 골고루 살아가는 것, 또는 골고루 살 수 있게 만드는 것이 제대로 된 경제민주화의 단계이겠죠. 그래서 사람이 객체로부터 주체로, 수단에서 목적으로 올바로 제자리를 잡는 것, 이것이 중요해요. 성과가 좋은 사람만 우대 받는 게 아니라 누구든 존재하는 그 자체로 존중받는 것, 이게 경제민주화라는 거죠. 민주화란 마치 개구리의 도약과 같은 깊은 깨달음을 얻는 과정을 포함합니다. 그래야 진정한 민주화로 이어지겠죠.

이정환　　　　　승자독식의 경쟁사회가 우리 모두를 피폐하게 만들고 있다는 사실을 알면서도 다들 이 시스템 안에서 살아남는 데만 관심이 있습니다. 내가 그 시스템의 위쪽으로 올라갈 수 있을 거라는 기대가 이 시스템이 굴러가는 동력이 되는 건데요. 흔히 많은 사람들이 부동산 투기가 문제라고 생각하면서도 부동산 투기 대열에 동참하는 것도 같은 이유에서일 겁니다.

강수돌　　　　대부분 우리는 주어진 '사다리 질서'에서 높이 상승하는 게 목표라고 생각합니다. 결국은 기득권을 둘러싼 경쟁이죠. 우위를 점한 자들은 분명히 (상대적 박탈감에 반대되는) 상대적 우월감을 느끼긴 하겠죠. 그리고 그 안에서만 상대적 행복감을 느끼겠죠. 그러나 진정으로 내면의 평화를 느끼지 못하는 경우가 많아요. 오히려 가진 것이 많을수록 누군가에게 빼앗길까봐 불안해지기 쉬워요. 왜 부잣집 담벼락이 높고 험하겠어요? 그런 식으로 남들로부터 고립되어 자기들끼리만 살면 행복할까요? 인간은 사회적 동물인데 말이죠. 그래서 그런 행복은 불완전하기 쉽죠. 상대적인 우월감에서만, 그리고 비교의 관점에서만 행복한 것입니다. 다른 사람들이 부러워하는 한에서만 그들은 상대적 행복을 느낄 뿐, 스스로 내면에서 행복감이 충만하긴 어려워요. 특히 자기 힘으로 부유해진 것이 아니라 타자의 희생으로 그렇게 되었다면 말이죠.

　그렇지만 객관적인 자신의 모습을 인정하고 스스로 주체적으로 빠져나오려고 노력하는 순간부터 사다리 질서가 허물어지기 시작할 거라 생각합니다. 그게 사회운동으로 승화되면 전반적인 시스템도 흔들리기 시작하겠죠. 부동산 투기의 경우, "나도 남들처럼 부동산 투자를 잘해서 한 건 해야지" 하는 마음이 아니라 "땅이나 집은 물이나 공기처럼 누구나 사는 동안 잠시 빌려 쓰고 가는 것이다"라는 생각을 가지게 되면 근본적으로 그런 유혹에 빠지지 않아요. 주어진 시스템 안에서 생존만 도모하거나 남들과 비교하여 꼭 남들 하는 대로 따라하려는 모습은 결코 주체적인 삶이 아니죠. 생각한 대로 살지 않으면 사는 대로 생각하게 됩니다.

이정환　　　　흥미로운 사실은 가난한 사람들도 상속세를 반대한다는 겁니다. 우리나라의 상속·증여세 세율은 1억 원 이하 10%, 5억 원 이하 20%, 10억 원 이하 30%, 30억 원 이하 40%, 그 이상은 50%씩인데, 기초 공제와 인적 공제만 적용해도 최대 35억 원까지 공제를 받을 수 있어요. 대부분의 사람들은 상속세를 낼 만큼 상속 재산이 많지 않다는 이야기죠. 그런데도 막연하게 세금은 나쁘다, 덜 내는 게 좋다고 인식하고 막연하게 반발하는 겁니다.

강수돌　　　　부자는 부자대로, 가난한 사람은 가난한 대로 자식들에게 가능한 한 많이 물려주려고 해요. 그러니 빈부가 각각 고스란히 대물림되겠지요.

그런데 숲속의 나무를 보세요. 나무는 '사회적 상속'을 합니다. 한 그루의 나무가 수명대로 자란다면 600년을 갈 수도 있는데 죽어갈 때도 오랜 세월 동안 죽어가면서 새나 벌레의 둥지가 되고 그늘을 만들어 주고 물고기가 놀거나 비버가 나뭇가지를 잘라가게 내버려두죠. 하나하나 해체되고 죽어가는 과정에서 주변에 두루두루 나눠주니 사회적인 상속이라 해야 옳겠죠. 우리 인간도 상속세를 내고 마는 정도가 아니라, 사회에 다 골고루 나눠준다면 얼마나 좋겠습니까? 가난한 이들이 상속세를 반대하는 이유는 가난하게 살았기에 이왕이면 세금 적게 내고 자식에게 다 물려주고 싶은 마음에서 그럴 것이라 이해가 가기도 합니다만, 모두 그런 식으로 접근하면 '빈익빈 부익부' 경향도 대물림되겠죠. 살아서도 복지제도를 통해 재분배하는 게 중요하고, 죽어서도 사회적 상속을 통해 재분배하는 게 좋을 것 같아요. 물론 그 관리를 투명하고 공정하게 한다는 전제 아래서 말이죠.

생계의 논리를 넘어서야
희망이 있다

이정환　　　　　현대자동차가 파업을 하면 보수 언론들은 파업 손실이 얼마라고 떠들어 댑니다. 그러나 실상은 그간의 재고를 소진하기 위해 파업을 방관하는 경우도 있고, 파업이 끝나면 컨베이어 벨트의 속도를 빨리 돌려서 주문 물량을 만회하게 됩니다. 주문이 밀려들어오는데 생산 물량이 부족해서 못 파는 경우는 없다는 이야기죠. 파업이 끝나고 나면 임금을 인상해주고 파업 보상금도 나옵니다.

이런 상황을 지켜보면서 드는 의문은, 노동자들의 파업이 고작 임금을 좀 올리는 게 목적인가 하는 겁니다. 노동운동도 그렇지만 사회운동도 결국 이기적 동기로 움직이는 건 아닐까요? 물론 임금 투쟁 자체를 평가 절하하는 게 아닙니다.

예전에 대한항공 조종사들이 파업했을 때 언론에서는 연봉 1억의 '귀족' 노동자들이 웬 파업이냐고 비난을 쏟아냈습니다. 사실 이런 문제에 해답을 찾기가 쉽지 않은데요. 성공회대 노동대학원 원장인 하종강 선생님에게서 답을 들었습니다. 귀족 노조의 권익이 향상돼야 사회적으로 모든 노동자들의 권익이 더 향상된다는 거죠. 많이 받는 이들의 연봉을 끌어내린다고 해서 일자리가 늘어나거나 다른 노동자들의 임금이 늘어나는 건 아니라는 겁니다. 이들이 상대적으로 고액 연봉을 받는다고 하더라도 이들에게 파업할 권리가 없는 건 아니죠.

강수돌　　　　민주노총 내에도 대기업 정규직 노동자들의 목소리가 큽니다. 여전히 집단 이기주의로 매도당할 소지도 있습니다. 그래서 또 많은 경우 희망을 걸지 못하고 떠나기도 하고요. 그러나 그들의 노동 현실이나 삶의 현실을 찬찬히 들여다보면 마냥 '집단 이기주의'로 매도하고 끝날 일은 아니란 사실을 알게 됩니다. 모두들 나름으로 '먹고살기 위해' 발버둥치고 있는 것이죠.

그렇다고 해서 생계의 논리로 모든 걸 합리화할 수도 없는 노릇입니다. 왜냐하면 현 상황으로 계속 가다가는 노동운동 내지 사회운동 전체가 무너질 수도 있기 때문입니다. 그래서 참된 경제민주화의 관점에서 근본부터 하나씩 차곡차곡 새롭게 만들어내는 것이 필요합니다. 기초 내지 주춧돌인 주체로서의 삶의 가치관이나 '나부터'의 실천부터 바꾸면서 기둥이나 벽체에 해당하는 제도와

정책, 경제사회 구조 (생산력이나 생산관계를 포함), 그리하여 마침내 지붕에 해당하는 사회 전체의 분위기를 바꿔낼 때 비로소 경제민주화도 완성이 되겠지요. 이런 비전을 가지고 노동운동이 스스로 내부에서부터 바꿔나가며 건강하게 만들어가는 것이 절실히 필요합니다. 노동운동을 넘어서서 농민운동과 여성운동, 이주노동자 운동, 청년운동, 환경, 생명운동이 생동하는 연대를 이뤄내야 합니다. 그래야 사회 전체를 건강하게 만들 수 있는 힘이 나오죠.

최근에 불교계에서 '노동위원회'를 만들어 쌍용노동자 등 핍박받는 노동자들과 함께 하려는 모습, 해고자나 비해고자들의 아픈 마음을 어루만지려는 노력은 가슴을 뭉클하게 합니다.

전남대 김상봉 교수님은 '서로 주체성' 개념을 이야기하는데, 매우 시사적이라 봅니다. 내가 주체로 선다는 것은 타자를 대상화시키자는 뜻이 아니라, 나도 주체가 되고 너도 주체가 되고. 내가 너다, 그런 의미가 되겠죠. 나가 '너'고, 네가 '나'라는 말이죠. '국가'라는 큰 공동체의 개념도 그렇게 만들어졌다는 흥미로운 해석입니다. 그게 바로 온 백성을 이야기하는 것 아니겠습니까. 김 교수님의 《기업의 주인은 누구인가》에 나오는 이야기입니다.

이정환　　　　리눅스 운영체제 중에 '우분투(ubunte)'라는 배포판이 있습니다. 남아프리카공화국 줄루족 말로 '네가 있으니 내가 있다'라는 뜻입니다. 남아공의 백만장자 마크 셔틀워스가 개발과 배포에 이르는 모든 자금을 후원하고 있어 세계 어디에서나 신청만 하면 국제우편으로 설치 CD를 무료로 받아볼 수 있습니다.

강수돌　　　　　그렇군요. 그 '우분투'라는 말도 비슷한 개념인 것 같습니다. '서로 주체성'이라는 개념에는 홀로 존재하는 개념이 있을 수 없습니다. 개인(individual)이라는 건 더 이상 쪼갤 수 없다는 의미죠. 더 큰 게 있다는 의미도 됩니다. 그게 바로 공동체입니다. 개인은 공동체를 전제로 한 존재라는 것이죠.

공동체라는 서양 말, 커뮤니티(community)의 어원을 뜯어보면 '서로(com)' 선물을 '나누는(munus)' 관계를 뜻합니다. 저는 이 '관계' 개념이 중요하다고 봐요. 공동체를 언어나 지역 등 '집단' 개념으로 정의하다 보면 배타성이 자리잡게 됩니다. 그러다 보니 나라 사이에 '영토' 분쟁이 생기고 전쟁도 일어나죠. 그러나 '관계' 개념은 어떤 관계를 맺느냐에 따라 누구나 공동체가 될 수 있는 겁니다.

내가 주체적으로 된다는 것은 공동체 안에서 모두가 같이 주체가 된다는 그런 의미입니다. 서로 돕고, 서로 선물을 나누고, 상호 존중하고 말이죠. 이게 공동체죠. 가족이나 마을을 생각하면 이해가 쉬울 것 같아요. 그러나 지역이나 민족, 인종, 국가의 경계를 넘어 우애와 환대의 관계를 맺으면 모든 경계선을 넘어 공동체가 됩니다. 여성과 남성, 한국과 외국, 정규직과 비정규직의 경계를 넘어 노동자 공동체를 만들어야죠. 그게 노동자의 연대입니다.

이런 맥락에서 진정한 이기주의가 공동체로 나타난다고 볼 수 있습니다. 왜냐면 진정한 자아는 더불어 행복한 것을 좋아하기 때문이죠. 충만한 행복감, 내면의 평화는 절대 혼자서만은 이룰 수 없잖아요. 사람마다 이름이 존재하는 이유도 더불어 같이 살아야 하기 때문에 필요한 거겠죠. 남아공의 백만장자 마크 셔틀워스 같은 사람이 있어도 좋겠지만 없더라도 서로가 더불어 행복을 추구하는 한, 이 세상은 희망이 있습니다.

민주주의의 함정

이정환　　　　민주주의의 함정도 경계해야 하지 않을까 하는 생각이 듭니다. 민주주의가 가장 합리적인 지배구조인 것은 사실이지만 민주주의가 마치 모든 걸 해결해줄 것처럼 기대하는 건 오히려 본질을 호도할 위험도 있습니다. 이명박을 대통령으로 뽑은 것도 국민들이니까요. 다수결이 최선의 해법이 아닌 것처럼 민주주의가 기득권의 지배를 정당화하는 수단으로 악용될 때도 있습니다. 모든 진보 담론이 결국 민주주의가 근본 해법이라는 결론으로 수렴되는 문제도 있지 않나요?

강수돌　　　　그것은 '민주주의가' 제대로 되지 않아서 그런 것이죠. 형식적인 절차에만 초점을 맞추다 보면 규정된 '절차'만 이행하고 '다수결'로 더 많은 사람들이 동의하면 민주주의라고 이야기하죠. 하지만 정작 가장 중요한 내용이 빠질 수 있어요. 결정의 내용이 진정으로 압도적 다수를 위한 내용이어야 하는 것입니다. 현재 세대만이 아니라 미래의 후세대를 위해서도 바람직하고 좋은 것에 합의한다면 내용상 민주주의가 구현되는 것이죠. 그런데 그 내용이 그냥 부자 되기라든지, 무분별한 개발 사업이라든지, 이런 식으로 가면 아무리 절차를 거치고 다수결로 정해도 민주주의를 형해화하는(껍데기만 남은) 것입니다.

2012년 10월 말, 우리나라 여성 대통령 후보의 한 선대위원장은 라디오 방송에서 독일의 메르켈 총리나 브라질의 지우마 호세프 같은 사람을 들면서 "여성 대통령들도 나라를 잘 운영하고 있지 않느냐" 하는 말을 하더군요. 그 말에 저는 여성이라는 겉모양이 아니라 철학과 소신이 문제라는 생각이 들었어요. 그분들은 원자력 발전소를 과감히 폐기하도록 하는 결정이나 가난한 사람을 위한 정치, 부정부패 척결에 확실한 소신을 가진 분들이죠. 상황에 따라 그 순간만 잘 넘기고자 겉도는 말만 하는 이와는 다른 사람들이죠. 민주주의 역시 겉모양이 아니라 내용이 문제죠.

이정환　　　　　경제민주화가 화두로 떠오른 건 사실이지만 오히려 진보/보수가 공유하는 비논쟁적 가치로 변질된 것 같기도 합니다. 경제민주화를 대체 또는 더욱 직접적으로 설명할 개념이 필요할 것 같고요. 자칫 신자유주의의 한계를 보완하려는 부분적 땜질 처방을 경제민주화로 부를 위험도 있습니다.

강수돌　　　　　대개 민주화(democratization)라 하면 정치민주화(political democratization)를 의미합니다. 정치민주화는 대체로 보편적 선거권(suffrage)이나 절차적 정의(procedural justice)가 구현되는 걸 의미하죠. 군부 독재를 종식하고 국민에 의한 대통령 직선제를 쟁취한 1987년 이후의 한국이 민주화가 되었다고 할 때 바로 이런 의미에서입니다. 그런데 "민주주의는 공장 문 앞에서 멈춘다"는 말처럼 공장이나 기업, 나아가 경제 영역에서는 민주주의가 구현되지 않는 경향이 있습니다. '경제 민주주의'를 이야기하는 건 이런 절차적 민주화로 상징되는 정치민주화, 즉 형식적 민주화에도 불구하고 민중이 직면한 실질적 삶의 현실, 사회경제적 현실은 별로 나아진 게 없다는 성찰에서 출발하죠.

따라서 경제민주화 논의란 결국 왜 그 모든 조건이 변해도, 아니 세월이 갈수록 민초들의 삶은 더 고달파지는가 하는 문제에서 출발해야 합니다. 결국, 경제민주화를 구현하기 위해서는 한편으로 기존의 사회경제적 구조를 민초들의 관점에서 혁신하면서도 다른 한편으로 대안적인 사회경제적 구조를 창출하는 것이어야 합니다. 하나는 저항과 협상의 측면, 다른 하나는 대안 형성의 측면을 드러내기도 합니다. 사실상 이 둘은 동시에 이뤄져야 바람직합니다. 또, 그 과정에서 구조는 행위에 제약 요인이 되기도 하지만 새로운 행위를 낳는 조건이 되기도 하겠죠. 경제민주화가 진보건 보수건 공유하는 비논쟁적 가치가 되었다고 하셨는데, 한편으론 긍정적이지만 다른 편으론 본질적 내용이 빠진 채 모두 변죽만 울릴 수 있다는 우려도 있습니다.

성장 담론의
재구성

이정환　　　'성장의 한계'에 대해 기업을 예로 들면 당장 지난해보다 올해 더 많이 이익이 늘어나지 않으면 주가가 떨어지고 경영진이 교체됩니다. 그러니 기업은 실적을 올리기 위해 노동자를 해고하기도 하지요. 그러나 갈수록 성장률은 떨어지고 때로는 마이너스로 돌아서기도 합니다. 어렵지만 일부는 꾸준히 이익을 내는 게 가능할 수도 있지만 문제는 해마다 더 많은 이익을 내야 한다는 것이죠. 국가도 마찬가지입니다. GDP를 성장의 지표로 보는데 과연 GDP가 늘어난다고 해서 더 좋은 세상이 되는 것인지 의문이기도 하고요.

이제 성장의 한계가 본격화하자 자본의 도피와 내부 착취가 구조화하고 있습니다. 성장의 한계나 폐해가 아니라, 그게 처음부터 '성장'이 아닐 수도 있다는 생각이 드는데요. 일례로, 전쟁을 하면 GDP가 늘어납니다. 간접자본, 군수산업이 잘 돌아가니까요. 또 산재환자가 많을수록, 공해와 환경파괴가 늘어날수록 성장하는 것처럼 보이죠.

강수돌　　　　이미 1970년대 초에 이탈리아의 국제적인 미래 연구기관 '로마클럽' 사람들이 《성장의 한계》라는 책을 쓰면서부터 본격적인 문제 제기가 시작되었죠. 기업 차원에서나 나라 차원, 세계 차원 모두에서 여태껏 우리가 당연시해온 '무한 성장'이란 패러다임은 결국 모두 모순투성입니다. 국민총생산(GNP, Gross national Product)나 GDP를 지속적으로 키우는 걸 '경제성장'이라 하는데, 과연 무한히 성장할 수 있나요?

크게 세 가지를 지적하고 싶습니다. 첫째는 경제적 모순, 둘째는 사회적 모순, 셋째는 생태적 모순이죠.

첫째, 경제적 모순이란 지금의 경제가 경쟁을 통해서 발전을 추구하기 때문에 바로 그 경쟁 과정에서 독점과 과점이 생겨나 경쟁 자체를 왜곡시키는 모순이 나오고, 다른 한편으로는 경쟁력을 높이기 위해 갈수록 더 비싼 기계나 장치, 설비를 투입하는데 그로 인해 수익성이 떨어진다는 모순이죠. 그러니 경제적으로 보아도 현재의 시스템은 극히 소수만, 그것도 일시적으로만 돈벌이에 성공할 뿐 대다수에게는 비참과 절망, 그리고 빚더미만 안겨다 줄 뿐입니다.

둘째는 사회적 모순입니다. 부단한 성장을 위해 경쟁력을 높인다고는 하지만, 바로 그 경쟁력을 높이기 위해 기업이나 국가는 '원가 절감'을 강조하지요. 그런데 기업이나 국가의 입장에서 보면 인건비나 재료비는 모두 비용 요인인데, 이걸 절감하려다 보니 사회적 모순이 커지게 됩니다. 일례로, 인건비를 절감하기 위해 사람을 자른다든지(정리해고), 아니면 비정규직으로 만들어버리죠. 법에도 보장된 노동권도 억압하기 일쑤이고요. 취업자는 장시간 노동이나 높은 노동 강도에 시달리고 실업자는 생활 불안과 빈곤, 그리고 상실감에 시달리지요. 그 와중에 실업자나 취업자 모두는 언제 잘릴지 모르는 공포에 시달리게 되고, 일과 삶 사이의 균형이 파괴되어 가족 관계나 친구 관계, 이웃 관계, 동료 관계 등 사회적 유대가 깨집니다.

셋째로 생태적 모순이 있죠. 바로 앞에서 말한 경쟁력 향상 과정이 곧 생태적 파괴를 부른다는 겁니다. GNP나 GDP를 높이는 과정은 곧 자연 생태계를 무참히 파괴하는 과정이기도 합니다. 일례로, 요즘 벌이 죽어간다고 하죠. 여러 원인이 있겠지만 살충제나 농약, 그리고 전자파 등이 핵심이라고 해요. 모두 인간이 잘 살겠다고 만든 건데, 자연 생명을 죽이는 것이죠. 게다가 필요의 논리가 아닌 이윤의 논리로 벌꿀을 많이 팔려다 보니 벌에게 인위적으로 설탕을 먹이죠. 진짜 꿀도 거의 없지만, 벌의 비상 식량인 꿀을 인간이 가로채간다는 것도 좀 걸리죠. 이런 식으로 인간이 살다 보면, 마치 영화 '설국열차'와 같은 파국이 도래하지 않을까 두렵기도 해요.

크게 봤을 때 벌레들, 특히 벌이나 나비가 사라지면 지구가 망한다고 하죠. 이들이 꽃을 찾아 수정을 시켜야 사람이나 뭇 생명이 먹고사는 식물에 (곡식이나 과일 등) 열매가 맺기 때문이죠. 마르크스는 인간 노동만 중시했지만 저는 자연의 노동도 중요하다고 봅니다. 지렁이나 미생물도 흙속에서 끊임없이 일을 하고 그래서 생명활동을 하고 있죠.

이런 식으로 자본의 대척점에 서 있는 것은 생명입니다. 그 중간의 교집합이 우리가 아는 임금노동이죠. 그래서 노동해방을 규정할 때는 그동안 자본을 내면화한 노동이 (인간을 포함한) 생명 세계로부터 자본에게 넘겨주던 것을 다시금 생명의 세계로 온전히 끌어오는 것이라야 마땅합니다. 이게 참된 경제민주화죠. 이렇게 자본의 영역으로 모두 변환되던 것을 앞으로는 삶의 영역으로 다시 바꿔내야만 나도 살고 세상도 사는 전망이 생긴다고 봅니다.

자본의 내면화

이정환　　　'자본을 내면화한 노동'이라, 조금 추상적인 것 같기도 한데요.

강수돌　　　'자본의 내면화,' 이것은 어쩌면 경제민주화 문제를 깊이 있게 이해하는 데 가장 핵심적인 개념일지 몰라요. 원래 사람은 생명 세계의 한 부분이죠. 그 노동도 마찬가지고요. 흙에서 흙으로, 즉 자연에서 나와서 자연으로 돌아가죠. 기본 생계라는 것도 식의주 모든 것을 자연에서 고맙게 얻어 겸손하게 쓰다가 모두 자연에 돌려주고 스스로도 흙으로 돌아갑니다. 그런데 자본주의 산업화가 되면서 특히 화학공업이 발달하면서 이제는 자연의 순환 고리로부터 빠져나가는 것들이 무수히 생산됩니다. 반면에 그 생산 노동을 담당하는 인간 노동자들은 자본의 이윤 논리, 경쟁 논리, 효율 논리를 자기 신념처럼 굳게 믿고 따르게 되었죠. 이게 내면화입니다.

원래 이윤 논리, 경쟁 논리, 효율 논리는 사람의 논리가 아니라 자본의 논리였는데, 그래서 자본에 근본적인 저항까지 하고 그랬는데, 서서히 자본이 노동을 임금이나 복지, 승진 따위를 통해 시스템에 동화시키다보니 노동의 모습이 변한 겁니다. 이제 노동자는 근본적인 인간해방을 포기하고 다만 시스템 안에서의 안정과 인정, 출세와 성공에 만족하게 되었죠. "뭐, 몸부림쳐봐야 별 수 있나! 그저 안 잘리고 월급이나 잘 받으면 그만이지"라는 식의 이른바 '소시민적' 노동자의 모습, 바로 이게 자본을 내면화한 노동의 모습이라는 것입니다. 이런 노동의 모습에서는 생명의 기운보다는 자본의 기운이 더 강하게 느껴질 뿐이죠.

이정환　　　　　이론적으로는 참 명확한 지적이신데, 실제로 우리의 일상을 보면 "너무 거리가 멀구나!" 하는 생각이 듭니다. 척박한 현실 속에서 그런 올바른 방향을 잡아나갈 방도가 있겠는지요?

강수돌　　　　　예, 물론 쉽지는 않습니다. 세상에 공짜가 없는 것처럼 세상에 어디 쉬운 게 있겠습니까. 우리가 보기엔 재벌들이 편법 상속을 하는 게 무척 쉬워 보이지만 그들도 들키지 않기 위해 무척 애를 썼을 겁니다. 또 최근 줄줄이 뉴스가 되는, 뇌물을 주고받는 정치가들과 기업가들 또한 상당히 고심하며 복잡한 기법과 절차들을 고안했을 것이고요. 그런데 그런 자들과는 달리, 전반적인 사회 정의와 모두의 행복을 추구하는 우리의 입장은 그 실현이 얼마나 어렵겠습니까? 더구나 이미 많은 사람들이 자본을 마치 인간의 논리처럼 굳게 믿고 있는 상황이니까요. 그러나 그렇다고 해서 불가능한 건 아니라고 봅니다. 어렵지만 해낼 수 있다는 신념과 용기가 필요하지요.

사회경제 민주화와 관련해서 우선 드는 생각은, '더불어 고뇌하는' 숙의 민주주의가 필요하다고 봅니다. 현재 우리의 객관적 현실이나 자신의 주체적 모습에 대해 깊이 토론하고 생각해 보는 시간이 필요하다는 겁니다. 물론 구체적 이슈는 시대적, 사회적 조건에 따라 달라질 수 있을 겁니다. 중요한 것은, 현실을 외면하거나 포기하는 게 아니라 있는 그대로 보고 뭔가 더 나은 대안을 찾기 위해 부단히 몸부림을 치는 것입니다. 그것도 나 홀로가 아니라 더불어 해야죠. 어려운 일도 함께 하면 즐겁다지 않습니까?

다음으로는, 구체적인 실천 속에서 우리의 의식도 일정한 변화와 발전을 경험할 수 있다고 봅니다. 일례로, 최근에 주목을 받는 협동조합도 있고 마을기업도 있죠. 또, 노동자 자주관리 제도와 사회적 기업 같은 것들에도 관심을 가질 필요가 있어요. 경쟁과 이윤의 원리 위에 자기 이익만 추구하는 그런 경제 활동이 아니라 뭔가 대안적으로 시도해보려는 실천들이거든요. 구체적으로 인천의 키친아트나 서울의 한겨레신문, 청주의 우진교통, 대구의 달구벌 버스, 진주의 삼성교통 등 회사의 사례들이 선구적입니다. 부분적인 사례이지만 고무적이죠.

이런 사례들은 자본주의에서는 아무것도 안 된다는 식이 아니라 자본주의 안에서도 뭔가 생산수단과 노동력이 결합될 가능성이 있다는 것. 그래서 바로 여기서부터 대안의 싹을 만든다는 것, 이런 면에서 매우 중요하다는 것입니다. 사실, 세계 곳곳에서 이런 대안적 시도들이 나오고 있어요. 물론 이런 것들이 제대로 꽃을 많이 피우려면 오랜 세월이 흘러야죠. 자본주의 안에서 나왔으면서도 자본주의를 넘어갈 힘도 생기고 사회적 세력관계나 분위기도 많이 달라져야죠. 성장의 한계나 경쟁의 한계 같은 문제에서 볼 수 있듯이 자본주의 자체의 모순들도 자꾸 터져 나오거든요. 반면, 새로운 대안적 시도조차 자본주의 경쟁이나 상품 관계로부터 자유롭지 못하기에 숱한 시행착오나 진퇴양난 같은 과정을 겪을 것입니다. 이런 면에서 자본주의 이후의 새로운 세상을 완전히 연다는 것은, 길게 보면 수백 년이나 걸리는 과정이 될 수도 있어요.

하지만 중요한 것은 새로운 대안의 싹들이 이미 시작되었고 현재도 진행 중이라는 것, 앞으로도 '흔들리며 피는 꽃'처럼 우왕좌왕하면서도 여전히 한 걸음씩 나아갈 수밖에 없다는 점이죠. 요컨대, 올바른 방향성과 더불어 끈질긴 실천성만이 우리의 희망이라는 겁니다.

그리고 국제적으로도 지금까지와 같이 자기 나라 이익만 추구하려는 '자유무역협정(FTA)'이 아니라 새로운 관계 수립을 통해 서로 상대에게 도움이 되고자 하는 그런 협정을 만들 필요도 있지요. 초국적 연대성이라고나 할까요. 한 나라 안에서 아무리 잘해봤자 국제 관계나 세계 전체가 변하지 않으면 그것도 오래 가지 못할 것이니까요.

이정환　　　그런 국제 관계의 모델이 있을까요?

강수돌　　　대표적으로 남미의 쿠바, 볼리비아, 베네수엘라 사이에 맺어진 '민중무역협정(PTA, People's Trade Agreement)'을 사례로 들 수 있습니다. 한·미FTA나 한·유럽FTA, 한·중 FTA 같은 자유무역협정과는 전혀 다른 형태인데, 서로 경쟁하는 게 아니라 서로 협력하면서 공존하자, 그런 철학을 기초로 한 겁니다. 실제로 쿠바는 풍부한 의료진을 볼리비아와 베네수엘라에 파견하거나 장학생들을 불러들여 의료교육을 시켜줍니다. 볼리비아는 광물 자원이나 콩 같은 것이 풍부하므로 이웃나라에 저렴하게 주고요. 베네수엘라는 상대적으로 석유가 많이 생산되므로 이를 싸게 주고 있고요.

법륜 스님의 《스님의 주례사》에 이런 이야기가 나오죠. 부부나 연인이나 친구나 모든 인간관계가 오래 지속되려면 상대방으로부터 이득을 보겠다는 마음을 버리라고요. "서로 어떻게 상대방에게 도움이 될까" 이런 마음을 먹다 보면, 모든 관계가 오래 간다는 겁니다. 국제 관계도 마찬가지입니다. 세계 평화는 말로만 되는 게 아니라 이런 식으로 호혜적이고 우애로운 이웃관계를 복원하는 데서 가능하겠죠.

이정환　　　리카르도의 '비교우위 이론'을 정면으로 뒤집는 발상이네요. 교역 상대국보다 더 효율적으로 생산할 수 있는 상품을 특화해 교역하면 모두 이득을 얻을 수 있다는 논리인데요. 그것이 실제로는 저성장 국가를 선진국에 종속시키는 결과를 가져왔지 않습니까?

강수돌　　　그렇습니다. 경제와 사회의 영역에서 '전도 현상' 가운데 대표적인 게 비교우위입니다. 원가 차원에서 가격이 저렴하면 분업해서 교환하는 것이 모두에게 유리하다는 게 비교우위 이론이죠. 그러나 남미식의 '민중무역협정'의 아이디어는 우정과 환대, 소통과 연대를 통해 먹고사는 문제를 같이 풀자는 것입니다. 겉으로 보기에는 자유무역과 다를 바 없는 것 같지만, 속으로는 서로 돕고자 하는 마음이 앞선다는 점, 그리고 네가 살아야 나도 잘살 수 있다는 철학, 이런 게 기존의 자유무역과 전혀 다른 점이지요.

다행스럽게도 아직 우리에겐 이런 마음이나 윤리가 남아 있습니다. 우애와 환대, 호혜와 선물, 공감과 연대, 이런 것들이 사람과 사회, 세상을 모두 살리는 밑바탕이지요. 따지고 보면 우리가 지금까지 자본주의 사회에 산다고 하지만 '모든' 인간관계가 다 자본주의 상품처럼 되어버린 건 아니기 때문에 그나마 이렇게라도 굴러가는 겁니다.

자본주의 관계의 첨단에 서 있는 삼성의 회장조차 그 손자나 손녀에게 자본주의 방식으로 '용돈'을 주겠습니까? 귀여우니까 그냥 주는 것이죠. 물론 '편법 상속' 같은 부분은 제외이지만요. 사랑의 이념으로 통용되는 공동체 논리가 여전히 작동한다는 겁니다. 친구 관계도 마찬가지입니다. 일부는 자본주의적 거래 관계도 있겠지만 진짜 친구 관계는 내 친구가 너무나 좋아 그냥 아무 생각 없이 목돈을 줄 수도 있어요. 이런 식으로 비자본주의적 관계, 참된 인간관계 덕에 사회가 힘겹지만 유지되고 있고, 또 어쩌면 그런 것 때문에 자본주의가 금세 붕괴되지 않는 겁니다. 이런 게 원래 인간관계이고, 우리 본연의 모습에 가까운 것임을 알아야 합니다.

그런데 여태껏 자본의 화폐관계나 거래관계가 그런 인간관계를 침식하는 것은 경제발전의 측면에서 '당연하다, 아니면 어쩔 수 없다'라고 생각해온 게 우리 현실입니다. 거꾸로 알고 있는 것입니다. 살려야 할 것과 죽여야 할 것이 뒤바뀐 것이죠. 우리에게 남아 있는 마지막 인간적인 끈까지 파괴되어 버리면 더 이상 역사의 희망은 없습니다. 오히려 아슬아슬 남아 있는 것들을 잘 살려내서 괴물 같은 자본관계를 역사의 박물관 속으로 집어넣어야죠. 살림살이 경제가 돈벌이 경제를 이겨야 하는 까닭이기도 합니다.

제가 강조하는 주체 변화의 필요성 속에는 바로 이런 성찰이 깃들어 있습니다. 별 희망이 없는 것 같지만 희망의 단서는 의외로 우리 주변에, 아니 우리 속에 있는 것이죠. 인간적 유대의 끈, 바로 이걸 왕성하게 되살려내야 합니다. 이런 성찰과 실천이 없는 '경제민주화'란 허상일 뿐입니다.

자아 분열,
파괴된 '사랑의 관계망'

이정환　　　　　도시생활자들은 사실 자본주의적 삶 이외의 대안을 찾기가 쉽지 않습니다. 한 달이라도 급여가 들어오지 않으면 생활이 파탄 납니다. 자본주의가 좋아서가 아니라 자본주의 시스템 안에 너무 깊숙이 들어와 있는 겁니다. 강 교수님이 여러 번 언급하신 임금생활의 노예성, 동경중독과 향유중독을 벗어날 수가 없어요.

강수돌　　　　　그렇습니다. 도시생활, 참 어렵고 고달프죠. 지하철 속 출퇴근 행렬은 지옥이죠. 아마도 날마다 "이런 지긋지긋한 도시, 당장이라도 떠나고 싶다"라고 외치는 이들이 수두룩할지 모릅니다.

사실, 도시생활은 수많은 사람이 밀집돼 있어 겉보기에는 공동체적 모습인데 개인의 내면으로 들어가면 각박하게 원자화되어 고립돼 있고, 그 어원상 '더 이상 나눠질 수 없는' 개인(in-dividu-al)조차 정신과 육체, 이성과 감성이 분리돼 있습니다. 자아 분열이 일어나는 셈이죠. 그래서 문제인데 큰 차원에서는 도시적 요소와 전원적 요소가 조화롭게 배치된 '생태 공동체'가 대안이 될 수 있다고 생각합니다.

솔직히 말씀드리면 거대도시에서는, 물론 나름 다양한 시도는 가능하겠지만, 궁극적으로는 희망이 없다고 봐요. 진정으로 사람과 사람, 사람과 자연, 인간의 외면과 내면이 통일된 삶을 살 수 있는 가능성, 그런 현실성은 없다고 생각하는 것이죠. 그래서 도시는 잘게 나눠 전원적 요소를 많이 결합시키고, 농촌엔 도시적 요소를 많이 결합시켜서 어디에 살건 인간적이고 생태적인 그런 삶이 가능하게 해야 합니다.

사람들이 매일 조금씩만 노동하고, 그 뒤에는 문화나 예술, 이런 걸 즐기기도 하고 나누기도 하고 그래야죠. 왕성하게 살아있는 게 좋으니까요. 또 텃밭 가꾸기를 비롯해 유기농 농업생산이 왕성하게 이뤄지면서 목공, 시와 음악 등이 복합적으로 섞여 있는 '생태 공동체'가 방방곡곡에서 생성된다면 완전히 색다른 삶이 탄생하겠죠.

아나바다 장터나 도농 직거래, 또는 청소년이나 아이들의 자연체험 프로그램 등은 이미 하고 있는 것들이죠. 이처럼 모여서 함께 할 수 있는 음악이나 연극, 무용, 무예 등 아이디어를 만들어

볼 수 있겠죠. 지금처럼 수십 년 노동해서 부자가 되면 나중에 행복한 삶을 살겠다고 말할 것이 아니라, 매일 조금씩 행복한 생활을 하면서도 모두 행복할 수 있는 그런 세상을 만들어나간다는 자세로 살아야 해요.

제가 독일에서 5년간 공부할 때나 미국과 캐나다에서 연구년을 보낼 때 가장 부러웠던 것 중 하나가 주말마다 동네 골목이나 일정한 광장에는 '벼룩시장' 같은 게 선다는 거였어요. 아이들과 산책도 하면서 구경도 하고, 또 필요하거나 흥미로운 것들은 사기도 하고, 다른 사람들과 말을 걸기도 하고 말이죠. 외국은 우리나라의 '아름다운 가게' 같은 중고시장이 활성화돼 있어서 옷이나 가전제품, 그 외 가사용품, 책이나 장난감 같은 것을 매우 폭넓게 재활용하고 있어요. 그런 공간을 많이 만들고 활용하는 것도 좋다고 생각합니다.

사실, 우리가 유행에 민감하거나 광고에 나오는 것, 신상품이나 명품 같은 것에 집착하는 것은 결국 내가 사회적으로 인정받지 못하고 사랑받지 못하기 때문에 뭔가 주목 받고 사랑 받고 싶은 욕망을 반영한 것입니다. 자본주의가 '사랑의 관계망'을 파괴하는 바람에 우리 내면이 파괴되어 버렸는데, 바로 그 공허한 공간을 자본은 상품으로 채우면서 자기 배를 불려 나가는 겁니다.

이런 면에서 우리가 서로 사랑하고 존중하며 모두가 자존감을 회복하는 과정은 자본주의를 넘어설 수 있는 소중한 토대가 됩니다. 같은 맥락에서 우리가 좀 더 진정한 자아에 접근하고 공동체적 관계망을 회복하는 사회 풍토를 만들어간다면 참된 희망이 생기는 것이고요. 그런 분위기에서라면 우리가 살아가는 데 있어 설사 중고 물품을 쓴다고 하더라도, 또 옷이나 양말을 기워 쓰더라도 전혀 부끄럽거나 창피스러울 이유가 없죠. 크게 불편하지 않다면 새옷을 살 필요도 없는 거죠. 마을 작업장 같은 데서 살림살이에 도움이 되는 목공을 배우거나 가르치는 것도 재미있을 것 같아요.

저는 지금도 누가 길거리에 내다버린 나무의자 같은 것을 주워 고쳐 씁니다. 교수 월급으로 새 것을 살 수야 있지만 사는 것보다 스스로 고쳐 쓰는 게 보람이 있어요. 시간으로 보면 손해일 수도 있지만, 그런 손익 계산보다 직접 만들고 고치는 즐거움이 더 중요하다고 봅니다. 삶이란 비용이나 수익의 문제가 아니니까요.

게다가 농촌은 농촌대로 '교육적 박탈감'이 큽니다. 요즘 같으면 대안학교나 혁신학교, 새로운 학교 같은 것을 농촌에 많이 만들면 좋겠어요. 말로만 인성 교육을 외치지 말고요. 폐교 같은 것을 오히려 새로운 학교로 만들어 간다든지 하면 오히려 사람들이 시골에 사는 보람 같은 걸 느낄 수 있지 않을까요? 이런 식으로 농촌의 '삶의 질'이 한결 높아질 수 있도록 도시적 요소와 전원적 요소를 적절히 조화시켜 나가야 합니다. 이런 생태 공동체가 군데군데 많이 생성되면 바람직하지 않겠습니까? 박원순 시장이 하고 계신 것도 바로 이런 맥락이라고 봅니다만, 저로서는 과연 거대한 괴물 같은 서울 자체를 그대로 둔 채 생태 공동체가 가능할까, 하는 걱정도 많이 됩니다.

한편, 쿠바는 '도시농업'으로 유명합니다. 쿠바는 1990년대 초에 소련 멸망과 더불어 경제위기에 처했죠. 식량대란에 직면한 쿠바는 도시나 농촌 할 것 없이 빈 공간만 있으면 유기농으로 채소, 과일, 곡물 재배를 시작했습니다. 그렇게 한 20년 지나고 나니 이제 쿠바의 식량 자급률은 95%가 넘는다고 하죠. 비슷한 조건에서 북한은 유기농보다 농약과 제초제를 쓰는 관행농 중심이죠. 그러다 보니 땅의 생산성이 떨어져 북한의 식량자급률은 66%라고 합니다. 그런데 지금 남한의 식량자급률은 25%도 안 되는 수준이니, 정말 위험한 수준이죠.

이런 식으로 우리 삶의 방식을 근본적으로 들여다보면, 더 이상 임금 노예가 아니라 삶의 주체로 거듭날 필요성을 알게 되고, 또 도시와 농촌의 분리나 차별을 극복하고 생태 공동체로 거듭날 필요성이 절실함도 알 수 있어요. 한편 부자들은 엄청난 기득권을 누리면서 향유중독에 빠지고, 그렇지 못한 사람들은 부자들을 동경하면서 동경중독되어 가는데, 이런 뒤틀린 삶의 방식을 탈피하여 모두가 '소박한 행복'을 누리며 살 수 있게 사회구조와 분위기를 바꿔나가야겠죠.

요약하자면, 국내외의 다양한 경험들을 두루 공부하면서 또 우리 자신을 성찰하면서 나부터, 지금부터, 여기부터, 그리고 함께 힘을 합쳐 변화를 추구하면, 처음엔 꿈이겠지만 언젠가 현실이 된다는 것입니다. 삶의 자율성과 더불어 공동체성이 살아있는 그런 대안적 사회를 창조하는 것, 이것이 우리의 시대적 사명입니다.

도시농업이
가능한가요?

이정환　　　　　쿠바의 도시농업도 대안이 될 수 있을 것 같습니다. 《생태도시 아바나의 탄생》이란 책에 보면 소련의 몰락 이후 미국이 경제 봉쇄를 하면서 쿠바는 정말 굶어죽기 일보직전에 이르렀다고 합니다. 공장의 80%가 폐쇄되고 실업률이 40%가 넘었다고 하죠. 그래서 찾은 해법이 도시농업이었습니다. 아스팔트든 콘크리트든 도시 한복판에 돌이나 합판 쪼가리로 둘레를 치고 퇴비를 섞은 흙을 담아 밭을 만든 거죠. 그걸 '오가노포니코'라고 한답니다. 당시 쿠바는 석유가 없어 차를 굴릴 수 없게 됐기 때문에 도시의 주차장이 텅텅 비었죠. 그래서 주차장이나 빈 공터에 오가노포니코를 만들었다고 합니다.

　쿠바의 토지는 그때나 지금이나 모두 국가 소유인데요. 농사를 짓고 싶은 사람들은 정부에 신청만하면 공짜로 땅을 받을 수 있다고 합니다. 경제위기 전까지 야채를 거의 먹지 않았던 쿠바 사람들은 채식주의자가 됐고 기꺼이 농부가 됐습니다. 도시 한복판에 밭이 들어섰고 푸른 채소가 자라기 시작했고요. 피델 카스트로가 앞장서서 채식주의자가 되겠다고 선언하기도 했죠. 정부는 시민들에게 농사짓는 법을 가르쳐줬고요. 정말 동화 같은 이야기입니다. 화학 비료가 없으니 유기농업을 할 수밖에 없어서 식충 개미를 이용한 방제 방법이나 지렁이 퇴비, 윤작 등 다양한 유기농업 기술을 개발해 냈다고 합니다. 지금도 쿠바는 유기농업 기술 분야에서는 세계에서 가장 앞선 나라로 평가받습니다.

강수돌　　　　　　그렇습니다. '쿠바 모델'도 좋은 대안이 될 수 있습니다. 갈수록 농산물 가격이 비싸질 거고, 식량 안보 차원도 그렇고요. 그래서 자급률을 높여야죠, 유기농 방향으로요. 이게 국가 시책이 되어야 합니다.

농업이란 농민 경제 단위로 중요할 뿐만 아니라 우리의 정서적 안식처이기도 하잖아요. 마을 공동체에서 살아가는 농민의 마음이 순박하고 인간미가 넘치고 위안이 되기도 하죠. 시골마을의 할머니나 어머니의 모습을 생각해 보세요. 이분들이 사라지고 나면 그러한 정서가 대물림되기 어렵지 않겠어요? 사라지기 전에 복원하고 확산해야 합니다.

대부분의 사람들이 여름휴가를 받아서 가고 싶은 곳이 높은 빌딩보다는 자연이죠. 그런데 지금은 인류 전체가 땅에서 멀어지는 삶으로 가고 있습니다. 종자마저도 무섭게 유전자 조작을 해서 한 번 심으면 내년에는 다시 심어봐야 싹도 나지 않는 그런 종자도 나왔죠. 세계 종자시장의 27%를 차지하고 있는 미국 기업 몬산토는 '라운드 업' 같은 제초제를 개발했는데 자기들이 판 종자만 남기고 그 외의 풀은 다 죽이는 그런 제초제입니다. 하지만 그것만으로도 완벽할까요? 완벽하지 않습니다. '슈퍼 잡초'가 또 생기죠. 그러면 기업들은 마치 중독 논리처럼 더 강한 약을 만들어내고요. 이런 식이 되다 보니 갈수록 파괴의 정도가 심해집니다. 근본을 잡지 않고 겉에 보이는 것만 제거하려 하니 전체적으로 더 망가지는 셈이죠.

아르헨티나의 대평원 팜파스에 유전자변형농산물(GMO) 대두를 기계농 방식의 재배 품종으로 단일화한 결과, 농업은 몬산토 같은 다국적기업에 종속되어 산업화의 길로 갔습니다. 곡창지대는 사료 생산지가 되었고, 몬산토의 제초제로 인해 토양은 황폐화되었죠. 농민은 기업 노동자로 전락했고, 아르헨티나는 식량주권을 잃었습니다. 자연 앞에 인간이 겸손해지지 않으면 답이 안 나옵니다.

근대의 패러다임, 과학과 기술의 패러다임은 온 생명계가 통제 가능하고 지배 가능하다고 보는 시각에 서 있어요. 그래서 겉으로는 인간 경제의 성장과 발전에 유익하게 갈 것처럼 보이지만 실은 갈수록 아래로 꺼지는 형상이죠. 이런 패러다임을 자본이 일차적으로 배포하고 교육시키고 있지만 큰 흐름을 바꿀 수 없다고 포기한 노동 진영은 물론 사회 전체가 이에 동조하고 있는 겁니다. 그게 옳다며 빠르게 받아들여 버렸죠. 일각에서는 대안적인 흐름을 시도하고 있으나 역부족입니다. 그나마 이런 움직임이라도 있는 게 희망의 근거입니다. 쿠바 모델은 그래서 소중한 면이 있어요.

| 세상엔 쿠바 같은 나라도 있다 |

미국은 쿠바를 굶겨 죽이려고 했다. 1990년대 초, 소련이 무너지면서 기댈 언덕이 없어진 쿠바는 한때 정말 굶어죽을 위기를 맞기도 했다. 1992년 미국은 이른바 쿠바 민주화법이란 걸 만들어 쿠바에 한번 들른 선박은 6개월 동안 미국에 들어오지 못하도록 했다. 또한 전 세계 모든 나라들을 상대로 쿠바와 무역하지 말라고 협박을 하기도 했다. 결국 쿠바의 국내총생산은 1989년 193억 페소에서 1993년 100억 페소로 절반 가까이 줄어들었다. 사탕수수 수출은 80% 이상 줄었고, 석유의 수입도 3분의 1 수준으로 줄었다. 식료품 수입도 절반으로 줄었다.

당시 쿠바의 위기는 거의 알려지지 않았다. 공장의 80%가 폐쇄되고 실업률이 40%를 넘어섰는데도 말이다. 석유가 없어 트랙터는 밭에 멈춰 섰고 사료와 백신이 부족해 가축은 무더기로 죽어나갔다. 교통의 70%가 마비됐고 농촌의 수확물은 밭에서 썩어갔다. 1991년 피델 카스트로 국가평의회 의장은 국가비상사태를 선언했다. 정부의 배급은 갈수록 줄어들다가 바닥을 드러냈다. 쌀은 한 달에 2.4킬로그램, 빵은 하루 20그램, 달걀은 일주일에 두 개가 고작이었다. 국민들의 체중은 3년 동안 평균 9킬로그램이나 줄어들었다. 치명적인 전염병이 돌았지만 병원에는 아스피린조차도 없었다.

쿠바는 아사 직전의 위기에서 생존의 해법으로 도시농업을 선택했다. 가축이 죽고 없으니 야채라도 먹어야 했고, 교통수단이 없으니 가까운데서 야채를 길러야 했다. 그러나 도시 한복판에서 어떻게 야채를 기른단 말인가. 방법은 있었다. 제대로 된 벽돌이 있으면 됐다. 없으면 그냥 돌이나 합판 쪼가리도 좋았다. 그런 것들로 둘레를 친 다음 퇴비를 섞은 흙을 담으면 그럭저럭 훌륭한 밭이 되었다. 아스팔트든 콘크리트든 어디에든 만들 수 있었고 웬만큼 비가 와도 흙이 흘러 내려갈 일도 없었다. 쿠바 사람들은 이렇게 만든 밭을 '오가노포니코'라고 부른다. 오가노포니코는 이제는 쓸모없어진

주차장이나 빈 공터 위에 만들어졌다. 이 오가노포니코가 쿠바를 살렸다. 쿠바의 토지는 그때나 지금이나 모두 국가 소유다. 농사를 짓고 싶은 사람들은 정부에 신청만하면 공짜로 땅을 받을 수 있다. 경제 위기 전까지 야채를 거의 먹지 않았던 쿠바 사람들은 채식주의자가 됐고 기꺼이 농부가 됐다. 도시 한복판에 밭이 들어섰고 푸른 채소가 자라기 시작했다. 카스트로는 앞장서서 채식주의자가 되겠다고 선언했다. 정부는 시민들에게 농사짓는 법을 가르쳐줬다. 국영TV는 농업에 대한 부정적인 선입견을 불식시키는 대대적인 교육 캠페인을 벌이기도 했다.

화학 비료가 없으니 유기농업을 할 수밖에 다른 방법이 없었다. 사람들은 식충 개미를 이용한 방제 방법이나 지렁이 퇴비, 윤작 등 다양한 유기농업 기술을 개발해 냈다. 정부 차원에서 연구도 진행됐다. 쿠바는 유기농업 기술에서 세계에서 가장 앞선 나라로 평가받는다. 2000년 들어 경제위기가 끝난 뒤에도 쿠바의 도시농업은 더욱 활성화되고 있다.

변화는 생활 전반에서 나타났다. 수도 아바나의 거리에는 이제 자전거가 넘쳐나기 시작했다. 채식의 습관이 없었던 것처럼 쿠바 사람들은 자전거 타는 습관이 없었다. 그러나 자동차가 멈춰버린 이상 다른 수가 없었다. 쿠바 정부는 중국 등에서 150만 대의 자전거를 수입해 시민들에게 나눠줬다. 자동차 수는 경제위기 전보다 3분의 1이나 줄어들었고, 전체 교통량의 30%를 자전거가 맡게 됐다. 자전거를 싣고 탈 수 있는 자전거 전용버스도 등장했다. 세계은행은 쿠바가 자전거 문화를 도입하면서 연간 5천만 달러의 경제효과를 얻었다고 분석했다.

의료 시스템도 크게 바뀌었다. 수입의약품의 대안으로 의사들은 전통 민간요법인 허브 치료를 활용하기 시작했다. 처음에는 미신이라고 비웃는 사람도 많았지만 약 한 첩 안 써보고 그냥 끙끙 앓는 것보다 낫지 않느냐고 생각했다. 정부차원에서 허브와 약초, 침을 활용한 대안의료를 연구하기 시작한 것도 경제위기 무렵부터다. 그 결과 전통의료기법의 상당부분이 과학적 근거가 있는 것으로 밝혀졌고, 부작용 없는 자연산 녹색 약품의 비중은 갈

이정환   마르크스는 노동에 지나치게 큰 비중을 둬서 농업을 가볍게 봤던 것 같습니다.

강수돌   그가 자본의 전개 논리 속에서 자본주의를 지양할 방도를 찾는 변증법적 사고까지는 좋았는데, 제가 보기엔 주관적인 기대가 너무 강했던 것 같아요. 특히 농민이나 자연에 대한 시각이 다소 편협한 면이 있어요. 일례로, 노동자를 우선시하다 보니, 농민은 타도의 대상이 됐습니다. '쁘띠 부르주아(소자산가)'라고도 했고요. 그렇지만 소규모 농사, 그것도 유기농을 기본으로 경제를 재구성하는 건, 쿠바 모델처럼 우리가 모두 적극 지향해야 할 방향입니다. 또, 자연 생태계는 모든 삶의 기본이기 때문에 결코 경시해서는 안 됩니다. 특히 자본주의 기술 체계는 상상 이상으로 파괴적이기도 하죠.

마르크스는 자본주의 산업화 발전 과정을 적극적으로 타고 넘어가야 한다는 차원에서 논의를 전개한 것까지는 좋았는데, 너무 적극적으로 (국가) 독점도 좋다, 국유화만 하면 일거에 변혁할 수 있다, 이런 식으로 봤어요. 그래서 불행하게도 그 결과가 일당 독재, 관료독재로 된 겁니다. 우리가 소련이나 동구 등 역사적으로 실패한 '현실 사회주의' 속에서 발견할 수 있는 게 그런 것이죠.

노인을 위하지 않는
이상한 나라

이정환   '시니어 택배'라는 게 있습니다. 아파트가 밀집돼 있는 지역에 택배를 배달하려면 엘리베이터를 수없이 타고 오르락내리락 해야 하기 때문에 아파트 단지에 들어갈 배달 물품을 한 곳에 갖다 놓으면 그 아파트 단지의 어르신들이 집까지 배달을 하는 제도입니다. 경로당까지 물건을 가져오면 그걸 배달하고 건당 700원씩을 받기로 했다고 하는데, 이게 주민들 반대가 심해서 무산됐다고 합니다. 노인들이 배달을 하면 마음 편히 받을 수가 없고, 잘못된 물건을 반품하기도 쉽지 않다고 하고요. 일부에서는 노인들이 조끼를 입고 왔다 갔다 하면 아파트값이 떨어진다는 이야기까지 나왔다고 합니다.

강수돌   가슴이 아프네요. 이 모든 현상은 이제 우리네 삶에서 공동체적 관계를 상실하고 모두가 '내 밥그릇'만 챙기는 극단적인 개인주의 형태로, 모래알처럼 흩어지는 상태로 가라앉고 있다는 증거지요. 특히 "노인들이 왔다 갔다 하면 아파트값이 떨어진다"는 식의 의식 수준은 정말 우리가 무엇을 위해 사는지 좀 더 근원적으로 되돌아보게 합니다.

그러나 다른 한편으로 '시니어 택배' 문제를 좀 달리 보면 택배당 단가, 즉 인건비가 대단히 낮은데, 그런 구조 속에서 노인들이 보조적으로 들어와 메우는 기능을 하게 되는 거죠. 결국은 택배 자본의 이익을 위해 노동과정이 잘게 쪼개지는 과정에서 노인들도 하나의 작은 톱니처럼 작동할 수 있는 점, 바로 이런 함정도 있어요. 결국, 이 문제는 노인들이 택배 노동과정에서 하위 부속품으로 끼어들어가는 것이 아니라, 좀 편히 쉬면서 나름으로 이웃 공동체에서 보람 있는 일을 할 수 있도록 일정한 자리를 마련하는 것, 그런 것을 마을회의나 이웃 모임 같은 데서 주체적으로 협의하고 결정하고 실행하는 것이 바람직한 대안이겠지요.

이정환　　　　60세 정년을 의무화하면 젊은 사람들 일자리가 사라진다는 이야기를 합니다. 평균수명이 90세에 육박하는 시대에 노인들이 조금이라도 노후를 대비하려면 정년을 연장하는 게 맞는데 그게 직접적으로 젊은 사람들 일자리를 뺐는 건 아니지만 결과적으로 일자리를 늘리지 않으면 누군가의 일자리가 줄어드는 건 현실입니다. 노인 일자리에 대한 대안이 있을까요?

강수돌　　　　우선, 한국의 노인 자살률이 세계 최고라는 점을 환기해야 할 것 같습니다. 예전엔 마을에서 존중받던 분들이 이제는 정서적으로는 물론, 기술적으로나 경제적으로 별로 쓸모없는 존재처럼 비치고 있거든요. 평생 고생은 고생대로 하고 이제 와서 별 대접을 못 받는 현실이니 절망적일 수밖에요. 그래서 노인들이 존중받고 뭔가 사회에 기여하면서 보람을 느낄 수 있도록 기회를 만드는 일은 대단히 중요하다고 봅니다.

다음으로 이런 생각도 들어요. 우리가 기본적으로 청년 일자리, 노인 일자리 식으로 걱정하는 것 자체가 대체로 "노동이 있어야 소득이 있다"는 명제에 기초합니다. 그래서 세대 간의 일자리 전쟁과 같은 이야기가 나오죠. 하지만 노인들은 어린이와 마찬가지로, 꼭 일을 하지 않아도 편하게 먹고살 수 있어야 합니다. 온 사회가 어린이나 노인을 부양하는 시스템을 갖춰야죠. 꼭 극빈층이 아니더라도 말입니다. 노인들에게는 임금노동보다는 마을에서 즐겁고 의미 있는 활동을 할 수 있게 국가가 공공지출을 늘려야 해요. 그리하여 생계 걱정 없이 삶의 보람을 느끼면서도 후손들에게 뭔가 가치 있는 교육 같은 것도 할 수 있으면 좋겠죠.

수명이 길어지면서 정년 연장 이야기가 많이 나오는데, 저는 이걸 좀 다른 각도에서 봅니다. 지금까지는 생계 중심의 노동('해야만 하는' 일)을 했다면 이제는 (노인 생계를 사회적으로 해결하는 전제 위에서) 취미나 흥미 중심의 활동('하고 싶은' 일)을 하는 게 좋다는 것이죠. 국민연금이나 공공의료 같은 것이 이런 부분을 뒷받침해준다는 전제 위에서 말이에요. 자칫 노인 노동이 자본에 의한 저임금

착취를 연장하는 것으로 이어지거나, 노동 외 삶의 어떤 다른 면도 모르고 오로지 일만 하던 젊은 시절의 일중독 경향을 더 연장하는 것으로 귀결되면 곤란하다는 것입니다.

결국, 노인 일자리 문제도 개별화해서 바라보기보다는 전 사회적 관점에서 문제를 바라보기 시작해야 그 해답도 비교적 전향적인 걸로 나오며, 그 결과 개인적 삶의 질도 고양될 수 있다고 봅니다. 그렇지 않으면 갈수록 수명만 연장되어 저임금의 혹독한 노동 착취가 온 사회에 더 널리 퍼지겠죠. 진단과 해결이 잘못되면, 한마디로 노동만 하는 노예 사회가 온다는 겁니다.

소득 재분배,
기본소득을 보장하라

이정환　　　　　국민연금 취재를 하면서 드는 생각은 지금은 보험료를 9% 내는데 만약 13% 정도로 높이면 다음 세대들 부담을 줄이면서 연금 소진 시점도 늦출 수 있습니다. 그런데 당장 내 주머니에서 돈 더 나가는 걸 싫어하죠. 사회적 연대란 말은 쉽지만 설득하기가 쉽지 않아요. 민주주의의 함정이라고 할까요. 어떨 때는 이기적인 욕망들이 모여서 전혀 엉뚱한 방향으로 사회를 끌고 가기도 하는 것 같습니다. 이명박 정부 때 지방선거에서 뉴타운 공약을 쏟아냈던 새누리당이 구청장을 휩쓸었던 것처럼 말이죠. 사회적 연대의 효용을 체감하지 못하기 때문인 것도 같습니다. 국민연금을 조금씩 더 내고 더 많이 나눠 갖자고 설득하려면 어떤 논리가 필요할까요?

강수돌　　　　국민연금을 포함해서 복지 문제를 생각할 때 우리가 유의할 게 하나 있어요. 그것은 복지란 것이 어느 누가 공짜로 주는 것이 아니라 우리가 회비를 내고 우리가 누린다는 점입니다. "세상에 공짜는 없다"란 말도 있잖아요. 참 단순한 말이지만, 생각할수록 참 맞는 말이란 생각이 들어요.

하다못해 무슨 동창회 모임에 가더라도 회비를 내고 같이 쓰잖습니까? 그런 게 곧 복지 시스템이죠. 국민연금도 마찬가지입니다. 9%에서 13%로 올리는 방법에 대해선 점진적으로 한다든지, 소득별 누진제를 좀 더 가파르게 한다든지, 또 다른 재원을 다양하게 찾아낸다든지, 국가복지 차원 말고도 지역복지나 마을복지 시스템을 구축한다든지, 이런 식으로 온갖 아이디어를 짜내야 하지만 기본 회비 자체를 올려야 하는 건 부정할 수 없습니다.

아이디어를 좀 다양하게 찾아보자는 의미에서 흥미로운 사례를 하나 들어보죠. 예컨대, 예전에 핀란드의 다국적 기업 노키아의 부사장이 오토바이를 타고 달리다 과속으로 벌금을 냈는데, 흥미롭게도 기본 벌금에다가 소득 비례 가산금까지 해서 모두 1억 7,400만 원을 냈다는 뉴스는 충격이었습니다. 이 나라는 음주 운전으로 걸리면 무조건 한 달 월급을 벌금으로 다 내야 한다고 해요.

반면 한국의 어느 재벌 2세는 노조 탈퇴를 거부해 해고된 노동자가 1인 시위를 하자 그 노동자를 직접 폭행한 뒤 2천만 원을 던져주고 매값이라고 했죠. 그게 여론이 나빠지자 사법부가 억지로 재판을 하긴 했는데 1년 6개월 징역 선고 뒤 2심에선 집행유예로 석방했습니다. 재벌과 사법의 유착, 한마디로 한국 사회의 천박성을 드러낸 것이죠. 한국에서는 이런 이들이 교회나 절, 방송국에 가서 돈을 많이 내면 '노블레스 오블리주'를 실천한다고 떠들어요.

한국과 달리 유럽 사회처럼 많이 벌면 소득세도 더 많이 내고 벌금조차 더 많이 내는 사회, 이런 식이 되어야 비로소 우리는 '노블레스 오블리주'를 조금이라도 실천한다고 말할 수 있겠죠.

그러나 '노블레스 오블리주'만으로는 좀 부족해요. 개별 차원을 넘어 사회 차원이 필요하기 때문입니다. 언젠가 〈뉴욕타임스〉에 보도된 자료에 따르면, 미국인들은 GDP의 41%를 국가에 내고 그 일부만 돌려받지만, 유럽인들은 GDP의 48%를 국가에 내고 대부분 돌려받는다고 했어요.

박노자 교수의 《좌파하라》에 따르면, 노르웨이는 소득세가 60~70%나 되고 법인세도 일본처럼 40% 정도 된다고 해요. 한국 국민들의 경우는 GDP의 10~20%를 국가에 내고 그 일부만 돌려받는 수준이죠. 그나마 최근 들어 조금씩 올랐지만 말입니다.

그런데 미국 국민들이 세금의 일부만 돌려받는 건 대부분의 돈이 민간 부문, 즉 민간보험사, 제약회사, 응급병원 따위로 흘러들어가기 때문이라 하는데, 한국의 경우는 그 대부분이 재벌과 건설사, 정치가, 판검사들에게 흘러가는 게 아닌지 모르겠네요. 반면에 유럽인들은 많이 내긴 하지만, 그 정도로 많은 돈이 유급출산휴가, 주거 보조금, 아이의 성장을 돕는 공교육, 많은 휴일과 여가, 노동시간 단축과 보편적 복지, 노인 부양 수당 등 공공재로 되돌아온다는 거죠. 마치 우리가 오늘 저녁 모임에서 십시일반 낸 회비가 참여한 사람들의 회식비나 찻값으로 돌아와 쾌적한 저녁을 보낼 수 있는 거와 마찬가지죠.

《미국에서 태어난 게 잘못이야》란 책을 쓴 미국 변호사 토머스 게이건이 유럽에 갔다가 놀란 것이 "최하위 미국인 중 2/3 정도는 유럽에 가면 훨씬 더 잘 살 수 있다"는 점이었어요. 하다못해 미국에서 결혼 전 여성은 상대방 남자의 소득을 물어보는 데 반해, 프랑스 등 유럽 여성은 상대방의 소득 따위엔 신경도 안 쓰고 그저 사람이 좋으면 로망에 빠질 수 있다는 것이죠. 그래서 그의 책 원래 제목도 "잘못된 땅에 태어난 게 아냐?"입니다. 사회적 차원에서 복지 시스템을 어떻게 설계하는가에 따라 우리의 삶이나 태도는 많이 달라진다는 얘기입니다.

이정환　　　지금의 국민연금 수익비율 구조는 매우 역진적입니다. 2012년 기준으로 국민연금의 소득 월액 상한선은 389만 원, 최고 납입 보험료는 35만 1,000원입니다. 월급이 400만 원이 넘는 사람이라면 이건희 회장과 같은 보험료를 내고 있다는 이야기죠. 당장 소득 월액 상한선을 높이고 이들의 수익비율을 낮춰 잡기만 해도 국민연금 기금의 고갈 시점을 뒤로 늦출 수 있습니다. 이건희 회장의 사례를 들어서 미안하긴 하지만 소득 월액 상한선 이 없다면 이 회장의 월급이 10억 원일 경우, 이 회장은 월 9,000 만 원씩 보험료를 내게 됩니다.

저는 국민연금의 소득 상한을 확 뚫어야 한다고 생각합니다. 이 건희 회장은 지금보다 100배 또는 1,000배쯤 더 많이 내도록 만들 고, 부자들이 국민연금으로 재테크하는 이런 어처구니없는 상황 을 확 바꿔야 한다고 생각합니다. 국민연금은 세금이라는 걸 국민 들에게 심어줘야 하죠.

국민연금의 소득 재분배 역할을 강화하려면 가난한 사람들은 낸 돈보다 좀 더 많이 받을 수 있도록 하고, 여유가 있는 사람들은 지 금보다 좀 더 수익 비율을 낮추는 방향으로 바꿀 필요가 있습니다. 국민연금 없이도 노후를 해결할 수 있는 사람들은 낸 돈보다 더 적 게 받도록 해도 큰 문제가 없겠지만(물론 반발은 크겠지만) 지금은 이 들도 국민연금으로 짭짤한 재테크를 하게 됩니다. 오죽하면 부자 들이 많이 가입할수록 국민연금 재정이 더 취약하게 된다는 이야 기까지 나올까요. 가난한 사람들의 노후를 돕기 위해 만든 제도가 부자들에게 더 큰 혜택을 주고 있는 상황이죠.

국민연금이 고갈된다며 떠들기 전에 할 수 있는 일은 많습니다. 첫째, 국민연금은 금융상품이 아니라 세금이라고 확실하게 못 박 을 필요가 있고요. 둘째, 고갈이 되더라도 약속한 건 다 주겠다고 국민들을 설득할 필요가 있습니다. 셋째, 부자들이 좀 더 많이 부담하도록 사회적 합의를 이룰 필요가 있어요. 국민연금 보험료를 높이는 것도 좋지만 기금을 지나치게 많이 쌓는 것도 위험하기 때문에 단계적으로 소득세 세율을 높이는 것도 대안이 될 수 있겠죠.

강수돌　　　　물론 이런 국가복지 차원 말고도 더 건강한 해법이 가능합니다. 국가복지란 것도 그 토대나 논리를 보면 민중의 자율성이나 공동체와 대립되는 면이 있기 때문이죠. 그래서 마을복지 내지 지역복지 차원에 관심을 가질 필요가 있어요. 일례로, 우리의 전통 농촌 마을에서는 노인들이 선생님 또는 멘토 역할을 했어요. 누가 아프면 온 이웃 사람들이 의사가 되기도 했고요. 아이가 출생하거나 노인이 죽으면 온 마을 사람들이 희로애락을 나누었죠. 산업화 이전의 세상은 대체로 이랬죠. 이런 게 곧 마을복지이고 지역복지라 할 수 있어요. 물론, 극복해야 할 부분도 많았지만요.

그동안 국가복지란 유럽 사회에서 노동자들의 투쟁을 잠재우기 위한 전략적 차원을 띠어 왔던 것도 사실이고, 갈수록 경쟁이 치열해지고 자본의 이윤율이 떨어지자 보수정권들이 역공을 가하면서 복지 체제가 조금씩 허물어지는 면이 있거든요. 그래서 말도 많고 탈도 많은 국가복지보다 더욱 민주적으로 접근이 가능한 지역복지나 마을복지가 점진적으로 구축이 되면 그 지역의 부가 그 지역에 남아 시민들에게 곧장 되돌아갈 수 있겠죠.

물론 민주성과 투명성, 효율성을 같이 갖추어야 하는 게 전제 조건입니다만. 나라 전체 차원에서는 단지 부의 해외 유출을 막고 지역 간 불균형을 재조정하는 일만 잘 해줘도 지역복지나 마을복지가 원활히 돌아갈 수 있습니다.

이런 면에서 국민연금 문제도 우리가 얼마나 사회적인 해법을 모색할 수 있는가, 하는 점이 중요하다고 할 수 있어요. 더 넓고 더 길게 보아야 대안이 나온다는 겁니다.

이정환　　　해외에 나갈 때면 면세점을 지나치면서 이런 생각을 하게 됩니다. 당장 물건을 싸게 살 수 있어서 좋지만 내야 될 세금을 안 내면 그 줄어든 세금은 무엇으로 채우나 하는 생각 말이죠. 탈세의 제도화라고 할 수 있을까요. 부자들과 입법권자들의 결탁이라고도 할 수 있을 거고요. 나라 밖으로 눈을 돌리면 탈세는 좀 더 광범위하고 시스템화돼 있습니다.

과거에는 스위스 은행 비밀계좌에 돈을 갖다 맡겼지만, 이제는 조세피난처에 맡긴다고 하죠. 택스 헤이븐(tax haven)이라고도 하는데, OECD 발표에 따르면 전 세계 부자들이 11조 5천억 달러(2009년), 해마다 2,500억 달러가 넘는 세금을 포탈하고 있다고 합니다. 그곳으로 매일 2조 달러가 흘러들어간다고 해요. 이게 미국이나 유럽의 정부들은 몰라서 방치하는 걸까요? 아니면 규제 방법이 없어서일까요. 1980년 이후 3배 이상 늘어났다고 합니다. 역외 경제라고 하는데, 천문학적인 이익을 내면서 세금을 내지 않고 있죠. 이 때문에 세계적으로 공공부문이 붕괴되고 있습니다.

소득 분배가 이뤄지지 않고 있고요. 우리 정부 역시 국민들을 돌보기보다는 자본의 이해를 대변하는 시스템을 구축하고 있는 상황입니다.

강수돌　　　　복지 문제를 제도적으로 접근할 수도 있지만, 논리적으로 접근하자면 임금노동을 해서 돈을 벌어야 복지 문제가 해결되는 비중이 늘어나고 있는지, 아니면 줄어들고 있는지 이 부분을 따져봐야 합니다. 대부분은 주거 문제나 주택 구하는 것, 아이들 양육과 교육, 노후, 건강을 포함해서 생활 영역의 문제죠.

그래서 복지사회 삶의 논리로 보면 이런 차원에서만큼은 사회가 공동체적으로, 공적으로 해결하는 게 바람직합니다. 그런데 개인 차원에서는 돈에 의존하고 임금노동에 의존하다 보니, 필연적이게도 학벌이 좋거나 일류직장의 직업 범주에 들어가야만 복지를 잘 누리게 됩니다. 그렇지 못하면 계속 빈곤해지고요. 그런 현상이 분배 차원에서 근본적인 문제가 됩니다.

그렇다 보니까 아이들이 꿈을 꾸고 교육 받는 방식이 결국은 사회 기득권층에 속하는 일류대학, 일류직장의 범주에 진입하는 것으로 한정됩니다. 결과는 빈익빈 부익부의 심화로 나타나죠.

이정환　　　　한국의 복지지출 비중이 OECD(경제개발협력기구) 평균의 2분의 1도 안 됩니다.

오건호 글로벌정치경제연구소 연구실장이 주도하는 '건강보험

'하나로' 운동에서는 국민들이 건강보험 보험료를 월 1만 1천 원씩 더 내면 보장률을 90%까지 높일 수 있다고 주장합니다.

그렇게 더 내면 건강보험공단 재정은 12조 원 정도 늘어나는데, 이 늘어난 재정으로 입원비와 선택 진료비, MRI(자기공명영상) 촬영, 초음파 진단 등의 비급여 치료 부문을 급여 치료 부문으로 전환하고 환자들의 본인 부담금을 연간 최대 100만 원으로 한정하는 게 가능하다고 합니다.

이 정도면 거의 무상의료에 가까운 수준인데요. 결국 핵심은 부자들뿐만 아니라 가난한 사람들도 지갑을 열어야 한다는 이야기겠죠.

강수돌　　　　　좋은 제안입니다. '복지권'은 헌법 34조에도 나오는 국민의 기본권이죠. 모든 인간이 존엄하니까 기본적으로 누려야 할 삶의 권리가 있다는 것이죠. 문제는 그 재원인데, 부자가 더 많이 내야 하지만 가난한 사람들조차 조금이라도 내는 게 맞습니다.

복지국가의 대명사인 스웨덴도 세계 최고의 공적 사회지출이 GDP의 30% 정도이고 OECD 평균은 20%이죠. 이런 국가적 지출이 어느 정도 전개되면서 공동체적으로 해결하는 부분, 즉 마을이나 지역단위에서 복지의 구축이 이뤄져야 된다는 이야기입니다.

이 과정에서 많이 버는 사람이 많이 내는 건 지당한 이야기죠. 사회적으로 합의를 봐야겠지만 최저 수입으로 인해 면제되는 수준을 정하고 나면, 소득 수준에 따라 좀 가파르게 누진적용을 해야 옳습니다. 나홀로 부자가 되는 게 중요한 게 아니라 더불어 행복하게 사는 게 중요하니까요. 고소득자나 부자들은 상대적으로 많이 뺏긴다고 생각하겠지만, 복지 체제가 잘 구축되면 나로부터 나간 돈이 결국은 주거, 양육, 교육, 노후, 의료로 돌아오게 돼 있습니다. 더 중요한 건 사회적 격차가 줄고 불평등이 줄면서 절도, 강도, 폭력, 폭행, 비행 따위의 사회적 악이 줄어든다는 점입니다. 일종의 사회적 평화랄까, 불안이 없고 편안한 분위기, 바로 그런 게 유럽 복지 사회가 우리에게 주는 가르침이죠.

그런데, 지금 우리나라의 문제는 국가가 세금의 형태로 가져가기는 하는데 내 눈에 보이도록 돌아오는 게 없으니까 문제입니다. 부자는 부자대로 아우성이고 중산층이나 가난한 자는 어려운 대로 아우성이란 말이죠. 한편으로는 나눌 파이가 작아서 그런 부분도 있겠지만 다른 한편으로는 파이를 제대로 안 써서 그렇습니다. 정부가 세금을 엉뚱한 데 쓰는 거죠. 8조 3천억 원이 투입되는 미국산 전투기 도입으로 상징되는 국방비만 봐도 그렇습니다. 공공사업이라고 하면서 22조 원이나 펑펑 들여 '녹조 라떼'를 만든 4대강 사업이 대표적이죠. 미래를 내다본다면 남북이 적대 상태로 군비 경쟁을 하면서 서로 피해를 보거나 이득을 보는 형태가 아니라 진정성 있게 상호 평화국면을 조성하고 협동해서 살아가려는 비전을 짠다면 서로 플러스가 될 텐데 말입니다. 그런 식으로 쓸 데 없이 들어가는 공공투자를 줄이면 복지지출에 충당할 재원이 많다는 거 아니겠어요? 세금을 제대로 쓰기만 한다면 말이죠.

또 다른 재원의 출처로는 탈세나 누세를 막아 거둬들이는 일입니다. 가진 자, 전문직, 자유업, 대기업, 재벌로 갈수록 탈세나 누세가 많다는 건 다 아는 사실이죠. 재벌들이 세금도 제대로 안 내고 편법으로 상속하는 경우도 많고요. 한편으로 모든 거래관계에서 영수증을 철저히 주고받는 제도를 일관되게 실시하는 것도 중요합니다. 전두환, 노태우 등 전직 대통령들이 내야 할 벌금만도 수천억 원이잖아요. 4대강 사업 추진 과정에서 대기업들이 담합해 부당 이득을 취한 부분도 많고요. 보수정권이 복지 재원 탓을 하지만 역설적으로 복지 재원이 많다는 겁니다.

한편으로 복지 문제를 해결하기 위해서는 마인드 전환도 필요합니다. 삶의 비용이 갈수록 비싸지는데 생활의 화폐 의존도를 줄일 방법을 사회적으로 강구해야 한다는 것이죠. 우선 GDP 대비 복지지출 비중이 작으면 작은 대로 '인간적 필요'를 우선해서 해결하는 과정이 중요합니다. 개인적으로 해결해야 될 부분, 특히 돈이 많이 드는 주거, 양육, 교육, 노후, 의료 같은 것들을 공적으로 해결하면 월급을 타고 난 뒤 손에 잡는 건(가처분소득) 적더라도 책도 보고 영화도 보고, 뭔가 창작하며 살 수 있는 여유가 늘어납니다.

복지제도를 통해서 가난하다는 게 '생존'의 문제가 안 되는 상황을 만들어야 합니다. 국가가 기본소득을 보장하는 방향으로 가야 해요. 사실 가난보다 더 무서운 건 '가난에 대한 공포'입니다. 부자들이 늘고, 사치가 나오고, 상대적 박탈감 또는 일상에서의 거품이 커지다보니 수입이 줄어드는 것에 대한 공포가 더 커지는 것입니다. 어쩌면 이반 일리치가 말한 '근대화된 가난'이라고도 볼 수 있어요. 크게 보면 상대적인 박탈감이고, 다르게 보면 물질적으로 풍요를 맛본 사람이 포기해야 할 때 느끼는 처참함 같은 것이죠. 사회 전체가 물질적으로 고양되다 보니까 흥청망청하게 되는데 그런 분위기에서 낙오자가 되는 것, 더욱이 낙오자라는 사회적 낙인은 개인에게 엄청난 공포로 다가오는 것이지요.

복지의 나라 스웨덴에는 NGO 기구도 15만 개나 됩니다. 그 외에도 지역개발그룹, 학습 서클 같은 것들도 수많이 움직이고 있죠. 이런 풀뿌리의 힘이 결국은 나라 자체를 바꾼다는 것입니다. 진노 나오히코 교수의 《인간 회복의 경제학》에 그런 이야기가 나와요. 저는 이 부분을 읽다가 "아하, 그래, 복지국가도 저절로 되지 않는구나. 풀뿌리가 중요하구나." 하는 생각을 했습니다.

더 나은 세상을
상상하라

이정환 홍기빈 글로벌정치경제연구소 소장이 이런 이야기를 했습니다. 잠정적 유토피아는 몇 가지 정책으로 해결될 수 있는 문제가 아니라 사회 전반의 시스템과 산업, 노사 문제, 복지 등 총체적 사회상을 그려야 하는 문제라는 겁니다.

적극적 노동시장 정책을 만들고, 산업 구조조정에 개입하는 일들은 진보정당이 앞서서 해야 할 일인데 지금은 박근혜 대통령뿐만 아니라 누구나 복지를 이야기합니다. 그런 막연한 수준의 복지를 떠들어 봐야 소용없다, 소박한 보통 사람들이 한에 맺힌 것, 그거라도 집단적으로 한 발자국씩 떼자, 그게 복지국가가 가능하다는 이야기죠. 홍 소장은 더 나은 세상을 꿈꾼다면 더 나은 세상을 상상해야 한다고 강조합니다. 토론하고 실천적 대안을 끌어내라는 거죠. 스웨덴 복지국가 시스템도 정치가 뛰어났던 게 아니라 그런 정치를 키워낼 수 있는 국민들의 의식 수준이 뒷받침됐기 때문에 가능했다는 이야기였습니다. 강 교수님이 말씀하신 지역개발그룹도 같은 맥락인 것 같습니다.

강수돌　　　　스웨덴의 지역개발그룹은 나라 전체적으로 각 마을이나 지역마다 사람들이 모여서 어떻게 우리 지역을 보다 살기 좋은 곳으로 만들지, 그것을 연구하고 공부하고 토론하는 조직들입니다. 복지사회도 제도적으로만 보면 그 제도를 가능하게 했던 풀뿌리 차원의 움직임들이 튼튼히 뒷받침을 하고 있다는 점, 풀뿌리와 행정이 상호작용을 한다는 거죠. 인구 900만도 안 되는 스웨덴에는 비영리 조직만 15만 개나 되고, 수천 개에 이르는 지역개발그룹도 마을마다 생겨서 '우리 지역은 어떤 식으로 발전해야 더 나을까' 하는 아이디어를 내고 그것이 행정에 반영되는 구조입니다. 인문학 등 다양한 공부를 하는 학습서클 모임도 왕성해서 전국에 무려 30만 개 이상이 조직돼 있다고 합니다.

실제로 1990년대 초, 스웨덴이 유럽연합(EU) 가입 문제로 시끌시끌할 때 스웨덴 각지에서는 유럽연합 가입의 장단점을 따지고 토론하는 학습모임이 수백 개 이상 생겨났어요. 이런 자발적 모임들이 스웨덴 사람들에게 합리적 비판의식과 연대의식을 심어줬고, 사회 변화를 이끈 원동력이 되었죠.

진정한 경제민주주의를 이루려면 사회구조와 인간 주체가 같이 변해야 합니다. 그런데 사회구조조차 사람이 만든 것이니 인간 주체가 변화의 출발점이 돼야 하죠. 물론 구조가 변하면서 의식이나 행위도 바뀌지만 맨 처음 변화의 불씨를 만드는 작업은 선구적인 사람들이 나서야 합니다. 개인들도 '나부터'라는 의식이 필요하고요. 그렇게 신뢰하고 협동하면 그게 사회 분위기를 바꾸죠. 일례로, 기업에서는 뭔가를 많이 팔면 무조건 좋아하는데, 그건 돈의 관점이죠. 사람의 관점에서는 만들지 말았어야 할 제품도 있어요. 비근한 예로 육체적, 정신적 건강에 해로운 것들, 농약, 제초제, 무기, 환경호르몬, 암 유발 물질, 폭력적 내용을 띠는 게임 따위는 만들지 않아야죠.

이정환 그런 주체의 의식 변화는 어떻게 가능할까요?

강수돌 "나는 진정 행복하게 살고 있는가?"라는 '자기 질문'과 '자기파업'에서 출발해야 합니다. 자기 질문에 '아니오'라는 결론이 난다면 일단 멈춰 서서 생각해보자는 것이죠. 결국은 더 나은 삶에 대한 상상력과 발상의 전환입니다. 창의성이기도 하고요. 물론 이런 일을 '나 홀로' 하려면 무척 힘듭니다. 그러나 비슷한 처지의 사람들이 소통하고 공감하면서 '더불어' 하게 되면 훨씬 쉬워지고 또 즐거워지지요. 더불어 삶을 새롭게 보고 고쳐보자는 겁니다.

대개 우리의 모습은 어떻게 하면 이윤을 많이 추구하고 사람을 많이 갈궈 돈을 많이 벌까, 이런 식이죠. 학자도 그렇고요. 그러나 저는 "그런 학문은 안 한다. 사람과 자연을 살리는 경영을 공부하자" 이런 시각으로 제 나름의 깃발을 꽂은 거죠. 그래서 오늘의 저가 있는 거고요. 노동자도 마찬가집니다. 기업이 부도나면 사장에게 "제발 살려 달라"고 바짓가랑이 붙들 일이 아니라 정신을 단단히 차리고 단결해서 "그래, 좋다. 그러면 당신이 가진 것 내놔라. 우리가 직접 해보마." 이렇게 나서도 되거든요. 쉽지는 않지만 그렇다고 불가능한 것도 아닙니다.

일례로, 키친아트나 우진교통을 봅시다. 회사가 망했으니까 우리가 힘을 뭉쳐서 새 주인이 되어 한번 운영해보자, 그렇게 해서 자주관리 기업이 탄생했고, 경영과 노동이 공존하는 새로운 문화를 만든 것 아니겠어요? 물론 격심한 자본 간 경쟁에서 힘든 점이 한두 가지가 아니지만요. 중요한 것은 우리 삶에 외길만 있는 건 아니라는 거죠.

거슬러 올라가 1987년 노동자대투쟁 당시의 현대자동차나 현대중공업을 봅시다. 기업에 빌붙어서 '마름'(중간 관리자) 자리로 올라가기보다는 호칭도 좀 인간답게 하자, 두발 단속하지 마라, 좀 사람답게 살자, 이런 구호를 외치며 뛰쳐나온 것 아닙니까? 갈수록 노동자들이 개별 사업장이 아니라 노동자 전체, 사회 전체가 어떤 방향으로 가야될 것인가를 고민하면서 싸운 겁니다.

그런데 자본은 이들을 돈으로 꼬드겨서 임금 인상을 좀 시켜주고 끝, 그렇게 정리하려 했죠. 바로 이 부분이 중요한데, 많은 노동자나 노조가 이 부분에서 '그래 이 정도면 됐다. 더 이상 하면 한국경제가 흔들린다', 이런 식으로 접고 만 겁니다. 갈수록 노조는 밀리고 마침내 노조가 나서서 '물량 확보 경쟁'에 앞장서는 지경까지 와버렸죠.

삶의 논리와 돈의 논리가 충돌할 때 일관되게 삶의 논리로 가야 하는데, 돈 앞에서 속으로 웃어버리면 이미 지는 겁니다. 개별 자본(기업)이 주택자금 지원해 줄게, 장학금 줄게, 그러다 보면 노동자들이 타협하고 더 이상의 진전은 없게 되는 겁니다. 기업이 어려워지면 다시 하나씩 거둬가죠. 이게 우리 현실입니다.

이런 원리를 우리가 잘 꿰뚫어본다면 좀 더 현명하게 대처할 수 있죠. "우리가 필요한 것은 (개별로 중산층이 되는) 돈이 아니라 (더불어 행복한) 삶이다." 이런 소박한 의식이 일관되게 공유되고 사회의 저변을 달구어야 합니다. 요약하자면, 주체의 의식 변화는 투쟁 속에서, 실패의 성찰 속에서, 삶의 원리를 학습하는 과정 속에서 다양하게 이뤄질 수 있습니다. 출발점은 '현재의 내 삶이 행복한가? 현재 우리 사회가 행복한가?' 하는 질문들이죠.

더 적게 일하고
더 풍성한 인생

이정환　　　　　행복과 관련하여 마르크스의 소외 개념을 적용할 수도 있을 것 같습니다. 마르크스는 소외의 근본 원인을 사적 소유에서 찾았는데요.

강수돌　　　　　물론 마르크스만이 주장한 건 아니지만, 사적 소유가 소외를 부른다는 점은 대단한 통찰이죠. 우리 헌법에도 나와 있는 '자유민주주의'란 곧 '자본주의'로 바꿔 쓸 수 있습니다. 그 물적 기초는 곧 사적 소유이고요. 여기서 사적 소유가 문제로 되는 부분은 생산수단에 대한 사적 소유입니다. 책이나 가방, 옷 같은 소비 수단 부분은 큰 문제가 되지 않죠. 생산수단 중에서도 땅이나 공장, 기계와 같은 것들이 문제가 됩니다. 역사적으로는 넓은 벌판이나 목초지, 강, 산, 논밭 따위의 '공유지'가 개인들에게 헐값으로 팔려 넘어간 것, 그리하여 '아무나' 그 공유지를 이용할 수 없게 된 것이 소외의 기초가 됩니다.

　이제 사람들은 먹고살려면 더 이상 산천초목을 누비며 먹을거리, 입을거리, 잠잘거리 등을 얻을 순 없게 되었죠. 그러니 공장에

나가 일을 해서 품삯을 벌어야 해요. 이것을 노동자가 노동과정에서 통제와 지배를 받는 대상으로 변했다고 말하죠. 이제 갈수록 사람들은 자기 삶의 주인공이 아니라 다른 사람이 시키는 대로 해야만 겨우 먹고살 수 있게 된 것입니다. 그 결과물도 가져가지 못하죠. 이제 들판에서 농사를 짓거나 나물을 캐던 시절과는 영 딴판이 된 것이죠. 이런 소외감을 오늘날 누구나 마음속으로는 느끼고 있는데 70~80% 이상은 '아니'라고 말합니다. 하지만 다음날 아침 출근 시간에 '왜 이렇게 살아야 하나?' 하고 물을 시간도 없이 무조건 뛰어갑니다. 대안적 삶에 대한 상상력도 부족하고 경험도 없습니다. 대안이 없다고 생각하거나, 현실적 대안도 보이지 않거나 체험하지 못했으니까요.

그렇지만 지금과 같은 삶이 진정한 인생이 아닐 것이라는 의심을 하면서 차곡차곡 대안을 찾기 시작하면 조금씩 달라지겠지요. 사실, 구석구석을 잘 찾아보면 많은 사람들이 대안을 이야기하거나 실천해 오고 있어요. 척박한 현실 속에서도 국내외 곳곳에는 대안적 움직임이 생각보다 많습니다.

마르크스의 사위였던 폴 라파르그는 하루 3~4시간 노동을 해도 먹고사는 데는 충분하다고 주장한 적 있습니다. 놀랍게도 벌써 약 100년 전에 '여유로울 권리'를 주장한 겁니다. 그는 《여유로울(게으를) 권리》라는 책에서 "모든 노동자가 다 일자리를 가지려면 조난당한 배에서 식수를 나누듯 일자리를 나눠야 한다"고 주장했습니다. "프롤레타리아는 하루 3~4시간만 일하고 나머지 시간은 여가와 오락을 즐기는 삶에 익숙해져야 한다"고요.

사실, 산업화 이전에 살던 사람들은 일과 놀이(여가)를 분리해서 생각하거나 생활하지 않았습니다. 자본에 고용된 임노동 관계가 아니었으므로 일하면서 노래도 부르고 술도 마시고 쉬고 싶을 땐 쉬면서 일했어요. 그땐 따로 여유롭게 게으를 권리를 주장하지 않아도 되었죠. 하지만 산업화 과정을 거치면서 일하는 시간과 여가 시간이 분리되었습니다. 이때부터 노동시간은 가파르게 상승했고, 여가는 작심하고 짜내야 되는 시간으로 변했죠.

이정환 '여유로울 권리'라는 말씀을 들으니, 우리나라와 같은 자본주의 사회가 대마초를 금지하는 것도 약간 이해가 됩니다. 일례로, 대마초 합법화 운동에 앞장서고 있는 소설가 유현 씨는 자본주의가 대마초를 혐오했던 가장 큰 이유가 노동자계급에게 지나치게 적은 비용으로 큰 기쁨을 줬기 때문이라고 주장합니다. 대마초는 환각물질이 아니라 기분을 좋게 하는 진정효과가 있을 뿐입니다. 묶어서 대충 마약이라고 부르지만 대마초는 필로폰이나 코카인 같은 독성 마약과는 다릅니다. LSD나 엑스터시 같은 환각약물과도 다르고요.

유현 씨는 대마초라는 게 사람을 나른하게 하고 게으르게 만들기 때문에 자본주의에서 퇴출됐다고 주장합니다. 부지런히 일해서 소비하는 게 자본주의의 미덕인데 대마초는 그렇지 않기 때문이라는 겁니다. 노동자들이 게을러질 기회를 박탈하기 위해서라는 거죠. 오늘날 우리는 우리가 하는 일이 우리의 정체성이 되는 그런 시대에 살고 있습니다. 부지런히 일하느라 젊음과 열정을 모두 쏟아붓지요. 그러다 보면 어느새 인생이 다 가고 맙니다.

강수돌　　　　바로 그것이죠. 자본의 입장에서는 기업가에게 충성하고 복종하며 주어진 과업을 100% 이상 완수하는 노동력이 가장 좋죠.

그런데, 사람들이 대마초 같은 것에 물들어 성실하지 못한 사람이 되거나 술을 지나치게 많이 마시고 흥청망청 댄다면 문제가 되겠죠. 그래서 자본주의는 규칙생활을 강조하는 겁니다.

찰리 채플린의 〈모던 타임스〉의 첫 장면에 시계가 나오죠. 규칙적인 생활, 정확성과 엄밀함, 이런 것이 바로 근대 자본주의가 우리에게 심어준 가치관입니다. 사실은 그 싹이 이미 중세 수도원에 있었죠. 수도원의 종소리. 그 종소리에 따라 성경 읽고 노동하고 기도하는 식으로 하루하루를 엄격하게 관리하는…. 그런 싹을 적극 발견하고 체계화한 것이 오늘날의 자본주의 삶입니다. 그래서 부지런하게 사는 것을 그렇게도 강조하는 겁니다. 무엇을 위한 부지런함인지 물어보지도 못한 채 말이죠.

〈모던 타임스〉 영화에서 털 깎인 양들이 공장노동자와 오버랩되면서 우르르 공장으로 몰려 들어가는 장면은 바로 이 '생각 없는 부지런함'을 상징적으로 보여주기도 하죠.

이정환　　　　　그러게 말입니다. 원래 사람이란 행복한 삶을 살기 위해 일하는 것일 터인데, 오늘날은 아무 생각 없이 무조건 열심히 일하다 보면 나중엔 언젠가 행복한 날이 오겠지, 이런 식으로 살아가고 있다는 생각이 듭니다.

강수돌　　　　　물론 사람들이 늘 환각 상태에 빠져서도 곤란하겠지만 늘 일중독에 빠지는 것도 곤란하죠. 담배나 술은 허용되는데 대마초는 왜 안 되는지, 참 이상하죠? 게다가 일중독은 금지시키기보다는 칭찬을 하고 있습니다. 자본주의의 속살이 드러나는 부분이죠.

사실, 중세까지만 해도 사람들은 3일 노동하고 4일 쉬는 게 보통이었다고 합니다. 축제하고 노는 것만 해도 반년 정도였다고 해요. 그렇게 인생을 즐기며 살았던 겁니다.

오늘날 신기한 건 생산성은 높아졌는데 24시간 가동하는 공장이 늘어났다는 겁니다. 생산성이 올랐는데 더 많이 노동해야 한다는 건 어불성설이죠. 무한 이윤을 추구하지만 않는다면, 그래서 인간적 필요를 추구한다면 우리는 더 적게 일하고도 더 풍성하게 인생을 즐길 수 있어요. 아이들과 더 많이 놀아주고, 이웃과 만남도 가지며 책도 읽고 토론도 하고 말이죠. 좋은 연극이나 영화도 같이 보고 차 한 잔 하며 삶을 성찰하는 식으로 살 수 있는데, 부자들은 골프나 치고 보통 사람들은 회사에 묶여 인생을 헛되이 보내는 겁니다. 같이 변해서 더 깊진 삶을 꾸리면 좋을 텐데 말입니다.

이정환   폴 라파르그 이야기를 좀 더 해볼까요. 라파르그는 모든 노동자가 다 일거리를 가지려면 "조난당하게 된 배에서 식수를 나누듯" 일거리를 나눠야 한다고 말했습니다. "노동은 금지되어야지 강제되어서는 안 된다"고도 했고요. "노동자는 자신들의 자연적 본능으로 돌아가 부르주아 혁명의 형이상학적 법률가들이 지어낸 무기력한 '노동의 권리'보다 천 배는 더 고귀하고 성스러운 '여유로울 권리'를 선언해야 한다. 노동자는 하루 3시간만 일하고 나머지 시간은 여가와 오락을 즐기는 삶에 익숙해져야 한다." 이렇게 말했다죠.

여기서 라파르그가 말하는 '여유로울 권리'는 축 늘어져서 그냥 시간을 흘려보내자는 의미가 아니라 명상하고, 산책하고 사람들과 어울리고 공부하고 토론하고 자신의 삶을 스스로 기획하고 실천하는 그런 삶을 살아야 한다는 의미일 겁니다. 이런 사회가 가능할까요?

강 교수님께서는 《경제와 사회의 녹색혁명》이란 책에서 "현실 자본주의에서 노동시간 동안 실행되는 노동의 노예성, 노동의 파괴성, 노동의 무의미성을 그대로 둔 채 오로지 자유시간 안에서만 행복을 추구하려는 것은 결국 반 쪼가리 행복에 불과하다"고 지적한 바 있습니다.

강수돌   그렇습니다. '노동의 신성함'을 믿고 있는 우리에게 라파르그의 '여유로울 권리'는 신선한 충격이죠. 그만큼 우리는 일중독에 빠져 있으면서도 그걸 잘 모르고 있어요.

마르크스는 산업화와 더불어 생산력이 발달하고 노동계급이 정치적으로 성장하면 자본주의 틀을 부수고 새로운 혁명이 일어날 것이라 보았지만, 그 사위인 라파르그는 그렇게 보지 않았던 것 같아요. 노동자가 열심히 일해 봐야 결국 자본가만 부자 만들고 자신은 가난해지거나 실업자가 될 뿐이란 것이죠. 그러니 '지금부터' 하루에 서너 시간만 일하고 삶을 즐기며 살자고 한 것입니다. 크게 보면 마르크스는 나중에 올 거시적 변화에 초점을 맞춘 반면, 라파르그는 지금의 미시적 변화가 중요하다고 본 것입니다. 이 점이 두 사람의 차이인 것 같아요.

저는 솔직히 둘 다 중요하다고 봅니다. 미시적 변화가 바탕이 되지 않으면 거시적 변화도 불가능하겠죠. 물론 어떤 변화를 원하는가 하는 부분에서는 민주적인 토론이 필요합니다. 마르크스가 생각한 것처럼 법칙대로 가는 건 아니니까요. 또 현실 사회주의처럼 온갖 모순이 나타나기도 했기 때문에 우리 나름의 새로운 시스템을 구축하는 게 옳겠죠. 저는 민주적이고 생태적인 방향으로의 변화가 거시적으로 옳다고 봅니다.

한편, 우리의 노동 안에서는 억압과 파괴가 존속하는데 만일 노동 밖에서만 여가와 자유를 누리는 것에 만족한다면 그것은 대단히 불완전하죠. 오늘날 우리는 노동 안에서는 일중독, 밖에서는 소비중독에 빠져 인생 다 보내는 꼴이기도 하고요. 라파르그의 문제의식도 이런 게 아닐까 합니다. 그는 노동자들이 "마냥 열심히 일하다 보면 저절로 좋은 날이 올 것이다"라는 생각으로 열심히 노동하고 열심히 생산하는 것 자체가 결국은 스스로를 피폐하게 만든다고 했어요.

그런데 오늘날 실업자나 비정규직, 그리고 중소·영세기업 노동자, 농민의 모습을 보면 '열심히 일을 하는데도' 아니, '일을 열심히 할수록' 이상하게도 더 가난해지고 더 힘들어지는 역설적 현상을 볼 수 있습니다. 그것은 결국 자본주의 생산양식 자체가 이윤을 위한 생산이고, 그것을 위해 부단히 경쟁을 부추기는 방식으로 돌아가기 때문입니다. 어쩌면 그 과정에서 자본가 내지 기업가, 그리고 경영자 같은 이들도 이윤과 경쟁의 원리로부터 자유롭지 못하고 아침부터 밤까지 구속받지요.

물론 이들은 일반 노동자나 농민과 달리 '과잉 소비'를 즐기면서 더 많은 부를 누린다는 점에서는 차이가 있긴 하지만요. 일종의 '향유중독'인 셈이죠. 그 외 대다수 노동자와 농민들은 그들을 부러워하며 스스로도 열심히만 하다 보면 그들처럼 될 수 있다고 믿고 집착하는 '동경중독'에 빠진다는 점에서 차이가 있을 뿐입니다.

결국 상층부나 하층부 모두가 진정한 인간적 주체성을 회복하여 적게 일하면서도 골고루 먹고사는 새로운 경제 방식을 찾아내고 같이 만드는 것만이 참된 경제민주화의 물꼬를 트는 작업이라고 할 수 있겠죠. 물론 갈 길은 멀고 힘들어요. 어렵다고 해서 불가능한 것은 아니다, 이런 접근이 필요해요. 이것이 희망의 근거죠.

자기파업의
시대

이정환　　　　　현대자동차의 연봉이 7,000~8,000만 원이 넘는다며 귀족 노동자들이 또 파업했다는 기사를 쉽게 찾아볼 수 있지만 실제로 현대차 조합원 평균 나이 44.4세, 근속 20년, 부양가족 3.89명을 기준으로 할 때 기본급은 월 188만 8,291원이고, 나머지는 후생복지, 잔업, 휴일근무, 야간근무, 자녀학자금, 성과급으로 인한 변동성 임금과 후생복지성 임금이라고 합니다. 게다가 현대차의 2012년 평균노동시간은 2700시간이고요. 국내 제조업 평균 노동시간이 2100시간인데, 이보다 600시간이 많고, 개월 수로 환산하면 4개월을 더 일하는 겁니다. 그 정도의 연봉을 받으려면 지금도 여전히 살인적인 잔업, 철야, 특근 등을 해야 한다는 거죠.

제가 만났던 한 분은, "몸이 망가진다는 느낌이 드는데도 조금이라도 일할 수 있을 때 더 많이 일해야 한다는 생각을 떨쳐버릴 수 없다"고 했습니다. 자신이 돈 버는 기계처럼 느껴진다고도 하고요.

강수돌　　　　　'삶의 현실'만 보면 갈수록 망가지면서도 별 다른 대안이 없으니 계속 그렇게 빠져들게 돼 있어요. 연봉 8천을 받더라도 몸이 망가지거나 가족과 행복한 삶을 누리지 못하면 무슨 소용이겠어요? 그런데 1998년 정리해고 반대투쟁 이후 노조도 믿을 수 없다, 회사도 믿을 수 없다, 믿을 것은 오직 자신 뿐, 이러한 의식이 지배하게 되었죠. 그래서 "살아 있을 때 더 벌자"는 생각이 압도적입니다.

그러나 '삶의 원리'를 보면, 그렇게 해서는 결코 답이 안 나옵니다. 갈수록 망가지는 자신, 망가지는 사회만 보게 될 뿐이죠.

그래서 우리의 삶을 성찰하는 과정이 필요합니다. 내 자신의 삶과 좀 거리를 두기 시작해야 하죠. 늘 빨리 달리다가 좀 멈춰 쉴 필요가 있듯이 다람쥐 쳇바퀴 도는 삶을 돌아봐야 합니다. 그걸 '자기파업(self-strike)'이라고 부르겠습니다. 자본가를 대상으로 하는 게 일반적인 파업이라면, 여기서 말하는 자기파업은 나를 상대로 한 파업입니다. 다람쥐 쳇바퀴 도는 식의 무의미한 삶을 잠시 멈추고 멍하니 산길을 걸으며 자신의 삶을 근본적으로 되돌아볼 필요가 있습니다.

하루라도 젊었을 때 더 벌어서 애들 교육을 잘 시키자, 너도나도 그렇게 생각하죠. 그러나 자칫 천명대로 못 살게 됩니다. 설사 물리적으로 살아있어도 정서적으로는 죽은 사람이 됩니다. 울산에서는 노동자들이 집에 가면 강아지 취급도 못 받는다는 자조 섞인 이야기가 돌기도 합니다. 아빠와는 대화도 안 된다는 것이죠. '돈 버는 기계'라는 겁니다. 이게 말이나 됩니까? 안타까운 일이죠.

24시간, 365일 돌아가도 끄떡없는 기계와는 달리 우리 인간이 가진 한계를 인식해야 합니다. 하루에 두세 명 꼴로 나오는 과로사, 산재와 직업병에 고통받는 이웃들, 아니 나 자신이 바로 그걸 증명하고 있죠. 정부의 산재 통계는 좀 줄어드는 듯하나 실질적으로는 별로 안 줄어들고 있어요. 이런 현실에 대한 정직한 성찰, 집단적 성찰이 필요합니다.

이정환　　　현대자동차가 있는 울산이 강남 못지않게 고액 과외가 성행한다고 하죠. 월급날이면 현대백화점이 대목이라고도 하고요. 많이 버는 만큼 많이 쓰고, 또 그 정도 소비 수준을 유지하기 위해 과잉노동을 거부할 수 없는 그런 상황입니다.

강수돌　　　일중독과 소비중독에 빠져 있는 우리 자신의 모습. "아빠는 못했지만 자식은 성공해야 한다." 그런 동경중독과 향유중독의 사회에 우리는 살고 있습니다. 사람이 거대한 시스템의 톱니바퀴로 기능하고 있는 현실이죠. 보이는 현실에만 적응하고 순응할 게 아니라, 이를 좀 떨어져서 냉철하게 바라보고 과연 그게 인간다운 삶인지 삶의 원리를 되돌아봐야죠. 만일 진정 이게 행복하다고 생각하면 바꿀 필요도 없죠. 그냥 그대로 살면 됩니다. 그러나 그렇지 않다면 이게 내가 원하는 삶인가 돌아보자는 겁니다.

　노동운동은 원래 '노동을 많이 하자'는 운동이 아니라 '노동을 적게 하자'는 것에서 출발했죠. 그래서 저는 '모두 일하되 조금씩 일하자'라는 구호를 노조가 구심에 서서 외쳐나가면 좋겠어요. 그게 과잉노동을 줄여나갈 수 있는 출발점입니다.

　다른 한편으로 과잉노동을 줄여나가기 위해서는 단체협상에만 매일 게 아니라 자기 삶 전체와의 협상도 필요하다고 봅니다.

자본에 몸 바치는 삶을 살 것인지 인간답게 살아가는 삶을 추구할 것인지 성찰해보자는 것이죠. 그래서 단체협상보다 더 중요한 것이 '인생협상'입니다. 우리의 인생과 우리 다음 세대의 인생을 위해서 말이죠. 필요하다면 '자기파업'도 해야 하고요.

이정환 말씀을 듣다 보니, 사회구조의 모순을 깨닫는 것도 어렵지만 자기 삶의 모순을 깨닫는 것도 쉽지 않아 보입니다. 대부분의 사람들에게는 직업이 곧 그 사람의 정체성입니다. 임금이 곧 성취동기고요. '자기파업'이라는 개념이 신선하게 들리지만 다소 모호하기도 합니다.

강수돌 저는 매일 똥과 오줌을 따로 모아 퇴비로 쓰는 노동을 합니다. 어릴 적에 아버지께서 똥을 푸다가 밭에 뿌리는 모습을 보며 자라서 그런지 별로 거북하지 않아요. 요즘 식으로 보면 상당히 생태적인 노동이지요. 제가 그렇게 하는 건 누가 돈을 주어서가 아니라 제 스스로 좋아서 하는 것입니다. '밥이 똥이 되고 똥이 밥이 되는 순환적인 삶'을 일부라도 실천하니 정말 마음이 편합니다. 물론 오늘날 모든 집이 그렇게 하기 힘든 현실도 알죠. 하지만 이런 식으로 나부터 할 수 있는 것을 하나씩 하면서 이웃과 소통하고 분위기를 바꾸면 나중엔 큰 변화로 연결될 수 있다고 생각합니다.

제가 '자기파업'을 말한 까닭도 그런 뜻입니다. 내 삶을 제대로 성찰하고 진정 만족스런 삶을 살기 위해 현재 하는 일을 멈춰 보자. 내 인생의 내비게이션이 뭔가 잘못된 게 아닌가, 그렇다면 내비를 다시 찍어야 한다, 이런 발상이죠. 우리는 자동차만 타면 내비를 찍고 목적지를 가는데, 왜 인생의 내비는 제대로 찍고 가는지 물어보지도 않느냐는 것입니다. 그래서 남들이 뭐라 하기 전에 내가 먼저 '자기파업'을 할 수 있어야 인생을 제대로 살 수 있다고 봅니다.

이정환　　　　똥오줌 이야기를 하시니, 노동의 가치를 다시 한 번 생각하게 됩니다. 우리 사회는 더럽고 힘든 노동을 하는 사람들이 대우를 제대로 받지 못합니다.

강수돌　　　　자본이 늘 강조하는 '고부가가치' 논리 탓입니다. '인적 자본론'에 기초하기도 하고요. 교육을 많이 받아 이윤을 많이 만들어 주는 노동력이 우대받는다는 논리죠. 그러나 만일 사회 구성원 전체가 그런 논리보다는 '인간의 관점' 즉 '힘들게 일하는 사람이 우대받아야 한다'는 논리를 내면화하고 주체적으로 요구해서 관철시키면 사태가 달라지겠죠.

한국에서 비정규직으로 청소하시는 분들, 경비하시는 분들이 독일에서는 기본급이 더 높다는 것, 그들이 더 우대받는다는 것 아니겠어요? 이게 선진국입니다. 더럽고 힘들고 어려운 일을 할수록 돈을 더 받아야죠.

이정환　　　　그러나 사람들은 늘 값싼 것만 찾아다니니 기업도 갈수록 인건비를 낮출 수밖에 없지 않나요?

강수돌　　　　그런 면에서 소비의 측면도 새로운 시각으로 보아야 해요. 생산의 관점에서는 남들이 하기 싫은 노동, 냄새나고 더럽고 꺼려지는 노동을 할수록 더 존중하고 우대해야 하는데, 소비자들은 늘 더 많이 가지려는 마음과 더불어 더 싸게 구하려는 마음이 크죠. 바로 그런 것에 더 힘을 받아 신자유주의 세계화도 끊임없이 저임금을 찾아 확장하는 거 아니겠어요? 자본이 주범이지만 소비자도 자본가와 공범이 되는 측면이 있어요.

　이렇게 본다면 소비의 측면에서도 '자기파업'이 필요해요. 내가 하는 소비가 건전한 것인지 멈춰서 살펴자는 겁니다. 자본의 논리를 넘어서려고 한다면 과시적 소비나 공짜 심리 같은 걸 모두 버려야 해요.

이정환　　　　마트에서 '가격 파괴' 경쟁이 일어나면 우리는 '얼싸 좋다'며 싼 것을 한 번에 많이 사려고 합니다. 그런데 그게 결국 값싼 노동력을 확산시킨다는 말씀이시죠. 마침내 우리 자신에게도 돌아오는데요. 값싼 가격이 신자유주의 세계화의 덕분이 아니라, 응당 가격에 포함돼야 할 비용을 개발도상국의 노동자들과 다음 세대에 전가시킨 결과라는 사실을 소비자들은 잘 모르는 것 같습니다.

《가격 파괴의 저주》라는 책에서 칠레산 연어 이야기를 읽은 적이 있습니다. '연어는 바다에 사는 돼지'라 부르는데요. 실제로 돼지와 동일한 환경에서 서식한다고 합니다. 물속에 산다는 것만 다르죠. 돼지 농장처럼 연어 양식 어장에도 연어가 빽빽하게 들어차 있고 질병 예방 항생제도 많이 사용됩니다. 대량의 생선 폐기물이 일정 지역에 집중돼 어장 주변의 바다에는 치명적이죠. 오염을 정화하고 예방하며 오염 지역을 복원하려면 비용이 들 텐데요. 칠레산 연어 가격에는 그런 비용이 반영돼 있지 않습니다.

강수돌　　　　　충격적인 보고네요. 우리가 좋다고 먹는 연어회가 그런 식으로 양식되는 줄은 대부분 모르고 있거든요. 비단 연어뿐이겠습니까? '물건을 모르면 돈을 더 줘라'는 말이 있습니다. 많은 경우 자본주의 기업의 문제를 '이윤은 사유화하되 비용은 사회화한다'고 요약하는데, 말씀하신 연어 양식 이야기도 바로 그런 점을 실감나게 전해주는 것 같습니다.

동시에 이 문제는 소비의 문제와도 연결되지요. 소비자들이 대량생산과 대량소비 시스템에 길들여지다 보니 무조건 값싼 것을 찾는 것입니다. 값싸게 만드는 과정에서 희생되는 인간 노동, 자연 생태, 공동체 같은 문제엔 아무런 관심이나 감각도 없어지는 것이죠. 그래서 이런 사태를 바꾸려면 타인의 고통에 공감하는 엠퍼

씨(empathy) 같은 것을 회복하는 일이 중요해집니다.

'값싼' 상품을 만드느라 고생하는 상대방의 아픈 현실로 들어가 보면 모든 걸 다르게 대하겠지요. 수년 전에 인도의 한 10대 소녀가 한국에 왔는데, 월드컵 공인 축구공을 수제로 만드느라 화학물질에 오래 노출되다 보니 눈이 멀었다는 이야기입니다. 가슴 쓰린 이야기지요. 이런 식으로 세상의 아이들이 돈 때문에 건강을 잃고 삶을 잃어서야 되겠습니까?

그리고 또 하나 생각할 점도 있어요. 1990년대 이후, 한국의 노동자 평균임금이 10배 이상 올랐는데 삶의 문제를 해결하기 위한 구매력 차원에서 보면 더 못합니다. 쉽게 말해 이전엔 아버지 혼자 벌어서도 먹고 살았는데 이제는 맞벌이를 해도 아등바등 살거든요. 왜 이런 일이 벌어지는 걸까요? 임금이 몇 배 오르고 모든 수치들이 커진다고 무조건 좋은 건 아닌 것 같습니다.

사회 실상을 보면 양극화는 심해지고 전반적인 구매력은 오히려 떨어지고 있잖아요. 새로운 전자기기가 쏟아져 나오고 살기가 나아지는 것처럼 보이지만 실상은 더 바빠지고 여유는 더 없게 되었죠. 다른 편에선 노숙자나 실직자, 비정규직이 양산되고요. 월급 봉투에 동그라미 하나 더 늘지 않더라도 삶의 여유가 생겨 이웃이나 자녀들과 친밀하고 진지한 이야기를 나눌 시간이 많아지는 게 나을 것 같습니다. 무조건 부자 되기가 아니라 삶의 과정을 성찰할 수 있는 이런 기회들이 많아지는 게 중요하지 않을까요?

그렇게 되면 인간적인 주체성이 회복도 되고 사회 모순이나 문제를 제대로 바라볼 수 있게 되겠죠. 이런 식으로 온 백성들이 내 눈을 찌르는 듯한 경험을 통해 '나부터' 경제민주화의 주체로 설 수 있도록 변하는 과정, 바로 이게 대단히 중요해요.

이윤 경제가 아닌
인간 경제

이정환　　　　캐나다 사회에서 이슈화되기도 한 '오일 샌드(흙 속에 포함된 석유)'도 마찬가지입니다. 국제 유가가 치솟으면서 차세대 에너지로 각광받던 오일 샌드의 채굴이 늘어나고 있지만, 비교적 저렴한 천연가스를 투입해 고가의 합성 원유를 얻어내 가격 차이를 이용하는 것이 현재 오일 샌드 산업의 수지를 맞추는 방식이죠. '100달러짜리 지폐를 촛불에 태워 저녁 식탁을 밝히는 것과 같다'는 말도 있습니다.

강수돌　　　　'오일 샌드' 개발 문제는 제가 2011년에 연구년을 맞아 머물렀던 캐나다에서 자주 라디오 방송에 등장한 이슈였어요. 환경운동 단체는 물론, 원주민 공동체가 나서서 "제발 좀 그대로 두라!"는 요구를 하며 결사 투쟁하는 걸 볼 수 있었죠. 그걸 보면서 "아, 한국도 문제지만 비교적 낫다고 하는 캐나다조차 약탈적 경제로부터 자유롭지 못하구나" 이런 생각을 했죠. 그러면서도 우리가 습관적으로 받아들이고 있는 '대량생산 대량소비' 문화를 근원적으로 성찰하지 않는다면, 그리하여 석유 문명에 기초한 편리함에 중독된 우리 자신의 습성을 바꾸려 하지 않는다면, 그를 매개로 무한 이윤을 추구하는 자본의 파괴 본능은 계속되겠구나, 이런 생각에 이르더군요.

한국의 경우, 텔레비전 종영 시에 나오는 애국가에도 비치지만 '삼천리 금수강산'을 생각해봐요. 영상에 비치는 장면은 전부 아름다운 자연이죠. 그런데 해마다 여름에 들로 산으로 휴가 가면서 모두들 느끼지만, 이젠 금수강산이 오염 강산으로 급속히 변했어요.

근대화 시절, 우리나라는 3면이 바다로 둘러싸이고 70%가 산이라 국토는 별로 쓸모가 없는 것으로 이해되어 수출 밖에 길이 없다고 생각했죠. 그게 지난 50년간 우리나라 경제정책의 패러다임이었습니다. 그래서 수출을 많이 하려면 인간 노동력을 값싸게 통제하고, 억압하고, 잘 부리고, 자연자원은 철저하게 이용해서 동원해야 했습니다. 인간 노동력에 대한 억압과 착취, 저임금 구조, 낮은 쌀값 유지 등 농민에 대한 억압이 그 기초였고요. 이런 게 '잘살기 위해' 이루어진 경로였습니다.

요즘 한국이 '새마을운동'과 '경제성장' 모델을 동남아시아나 아프리카 여러 나라에 수출한다고 자랑한다는데, 저는 이게 좀 섬뜩하게 느껴집니다. 사람과 자연을 억압, 약탈해서 이뤄낸 경제성장의 모형을 자랑스럽게 수출한다? 겉으로는 좋은 것 같지만, 결국 그 나라의 민중은 억압받을 것이고 지배자들의 배만 불리는 결과를 불러올 게 뻔합니다.

정치인들이 진짜 국민을 잘살게 하겠다는 소신이 있다면 산과 바다라도 제대로 살려서 그에 걸맞은 경제활동을 활성화해야 합니다. 바다나 땅은 무한히 먹을거리를 제공해 주기 때문이죠. 산업화라는 이름 아래 파괴만 안 했다면 말입니다. 이제 오염강산을 다시 금수강산으로 만드는 노력을 전국가적으로 해야 합니다. 마찬가지로 돈과 권력에 오염된 우리 마음도 비단결 같은 마음으로 되돌리려는 노력도 해야 하고요. 그게 인간성 회복이고 주체성 회복입니다.

이정환　　　　　미국의 새우 산업은 수입 새우 때문에 완전히 붕괴됐다고 합니다. 태국에서 양식 새우가 들어오면서 새우 소비가 네 배로 늘어났는데 가격은 절반 수준으로 떨어졌습니다.

1980년 이후 새우 양식이 발전했고 아시아와 라틴아메리카에는 수백만 에이커의 해변 늪지대가 개발됐습니다. 전통적인 새우 양식장에서는 1에이커에 450파운드 미만이었지만 공장 형태의 양식장에서는 8만 9천 파운드의 새우를 얻을 수 있게 되었어요. 덕분에 태국의 새우 생산은 1987년 3만 3천 톤에서 2010년 50만 톤 이상으로 폭증했다가 전염병으로 인해 2013년 봄에는 생산량이 40% 급감했다고 합니다.

이렇듯 공장형 양식이 확산되면서 환경오염이 심각한 문제로 떠오르고 있다고 합니다. 제대로 관리되지 않은 먹이 찌꺼기와 플랑

크톤 노폐물이 쌓여 양식지가 오염되기 시작했고요. 과밀하고 불결한 환경에서 사는 모든 생물들처럼 양식 새우는 질병에 걸리기 쉽고 대량의 항생제 투여에도 쉽게 병에 걸려 죽게 됩니다. 오염된 양식장은 어떤 농사도 지을 수 없는 버려진 땅이 되었고요. 이 때문에 태국의 해변에서는 맹그로브 숲이 조직적으로 파괴되고 있다고 합니다.

강수돌　　　　안타까운 일이죠. 우리는 대개 자유무역으로 값싼 것을 많이 먹을 수 있어 좋다고 생각하기 쉽죠. 그러나 태국의 양식 새우가 미국의 새우 산업을 붕괴시키듯, 미국에서 대량생산된 옥수수가 멕시코의 옥수수 농민을 파멸시켰죠. 그래서 사빠띠스따 농민 반란군도 탄생한 것이고요. 이런 식으로 신자유주의 세계화나 자유무역은 그럴듯한 이름과는 달리 사람들을 자유롭게 하기는커녕 '경쟁의 덫'에 구속시키고 맙니다. 세계화된 경쟁 과정에서 이득을 보는 세력은 대기업이나 초국적기업, 정치경제적 특권층밖에 없습니다. 나라 살림살이도 헛방이 되죠. 모두 부채로 시달립니다. 세상 전체로도 총체적인 부실입니다.

한국의 경우, 더욱 더 성찰이 없는 상태에서 '아파트 공화국' 정책을 계속 추진하다 이제 드디어 덫에 걸리고 말았죠. 이명박 정부만 그런 건 아니죠. 김대중 정부, 노무현 정부도 예외는 아니었어요. 파괴를 핵심으로 하는 건설업이 마치 마술인 것처럼 느껴지던 시대가 있었죠. 농촌과 마을을 파괴하고 건강을 파괴하면서 허공에 집을 지으니까 없던 돈이 천문학적으로 생기는 마법 말입니다. 도시계획상으로는 용적률 문제인데 전혀 개념 없이 규제를 완화하다 보니, 250% 가이드라인조차 별 것 아니게 되었죠. 많은 사람들이 마치 수백 층 올리면 황금이 떨어질 듯 믿었습니다. 그야말로 '환상'의 패러다임이 우리 사회를 지배하고 있어요.

이제 우리도 일본의 90년대처럼 장기 침체에 들어가고 있다는 징후가 많아요. 나날이 망하는 건설업체, 언제 터질지 모르는 가계부채, 갈수록 벌어지는 빈부 격차, 나날이 도산하는 자영업….

이정환　　　　　'모두 잘 살게' 되는 그런 시나리오는 불가능하다는 말씀인가요?

강수돌　　　　　한계가 있죠. 여기서 간디 선생의 말씀이 생각납니다. "인간의 필요를 위해선 지구 하나로도 충분하지만, 인간의 탐욕을 위해선 지구가 몇 개 있어도 모자란다"는 말이죠. 정말 맞는 말입니다. 세상 사람들 모두 부자가 되려면 지구가 몇 십 개 있어도 모자라지 않겠습니까?

기술에도 슈마허가 제안한 '적정 기술(appropriate technology)'이 필요하듯 우리 삶에도 '적정 수준'이 필요할 것 같습니다. 삶의 양은 식의주, 그리고 아이 양육 및 교육, 의료나 노후 정도만 해결해도 충분할 것 같아요. 그 정도가 되면 삶의 질을 신경 써야죠.

초기 가톨릭 운동가인 피터 모린의 말은 더 감동적입니다. "아무도 부자가 되려 하지 않으면 모두 부자가 될 것이고, 모두 가난해지려 하면 아무도 가난해지지 않을 것이다.” 물론 현실적으로 모든 사람에게 수도자의 모습을 요구하는 것은 무리가 있겠죠. 하지만 사회 전체적으로 ‘적정 수준’에서 고르게 사는 사회는 얼마든지 상상할 수 있지 않겠어요? 말하자면, 예전의 우리 농촌 공동체가 조금만 더 수준이 높아진 상태에서 골고루 정겹게 사는 사회 말이죠.

이정환　　　　그런 상상력이 많이 부족했던 것 같아요. 성차별, 학력차별, 권력차별이 심한 한국 사회에서 그래도 남부럽지 않게 살기 위해선 머리를 좀 써서 부동산 투자라도 좀 잘해야 하지 않느냐, 이런 정도가 보통 사람의 정서인데 말이죠.

강수돌　　　　아파트나 땅 같은 부동산 하나 사서 재산을 불리던 시절은 다 지난 것 같아요. 도덕적으로도 옳지 않고요. 생명의 기초인 땅을 ‘부동산’이란 경제 용어로 부르는 것 자체가 불경한 일입니다. 1854년 북미 원주민의 시애틀 추장이 쓴 편지엔 “저 산과 바위, 강물과 나무는 모두 우리의 부모요 형제자매들이다”라는 취지의 감동적인 이야기가 들어 있죠. 바로 이런 심성을 우리가 회복해야 하고, 그것을 기초로 각종 제도나 정책을 만들어야 제정신이 바로 박힌 사회를 만들 수 있다고 봅니다.

　보다 현실적으로 보면, 부동산 하나를 구입해도 대개 빚을 내는

데, 은행 융자는 직장이 튼튼해야 가능하잖아요. 그런데 갈수록 비정규직과 해고자가 양산되고 있어요. 최근에 '워킹 푸어'도 문제지만 '하우스 푸어'도 문제죠. '에듀 푸어'도 있고요. 일해도 가난하고, 집은 갖고 있으나 가격 폭락으로 깡통을 차게 됐다는 거죠. 빚도 갚지 못하고요. 아이들 교육시키느라 빚을 내야 하는 상황도 많습니다.

이런 식으로 자신의 미래 노동력을 저당 잡혀 물질적 풍요를 구가하려다 보니 이제 자가당착에 빠진 겁니다. 이윤을 추구하는 금융업과 건설업이 합작으로 놓은 덫에 덜커덩 걸리고 만 셈이에요. 이윤을 추구하는 자본도 문제지만, 한탕주의를 노리는 우리의 심성도 문제입니다.

이정환   어쩌면 국가가 나서서 거품경제를 부추긴 면도 있습니다. 어떤 정권이든 국가가 나서서 "경제가 성장해야 일자리가 늘어난다"는 도식을 버리지 못하고 있죠.

강수돌   국가가 경제의 커다란 방향을 정하는 데 시민이 참여할 길이 없는 상태에서 정치경제적 기득권층이 자기들끼리 만들어내는 논리가 겨우 '파이의 크기' 이론입니다. 만날 허리띠 졸라매고 더욱 일해야 부자가 된다는 논리 말입니다. 이제 신물이 나죠. 아마 갈수록 이런 것은 먹히지 않을 것입니다. 이미 '고용 없는 성장'이 현실이 되었거든요. 대학생조차 일자리를 구하기 어렵죠. 눈높이가 높다고만 욕할 수 없어요. 대학생 출신에 걸맞은 일자리를 만들어냈는지 되물어야죠. 경제가 성장해도 일자리는 없는 이 모순적 상황은 결국 이윤만 추구하는 자본의 원리 때문입니다.

성장과 고용이 같이 간다는 논리는 지금은 더 이상 유효하지 않습니다. 지하철을 보세요. 자동화, 기계화의 진전으로 역무원들이 없어진 것 아닙니까? 이제는 뭔가 물어보려 해도 사람이 없어요. 기계적으로 돈만 내고 타라, 잘 모르면 네가 알아서 해라, 이런 식이죠. 기술이 발달하면 사람이 더욱 여유로워지고 일자리도 고급스럽게 된다 했는데, 이게 다 거짓말 아닙니까? 오히려 저급한 일자리만 생기고 갈수록 실업자만 생산되니, 참 갑갑한 현실이죠.

근본 문제는 사람 중시, 생명 중시의 경제가 아니라 이윤 중시, 권력 중시의 경제이기 때문입니다. 이것을 바꿔내지 않는 경제민주화란 속임수에 불과할 뿐입니다.

이정환　　　　　그러면 가난한 사람들을 실질적으로 도와서 살림살이 경제의 주체로 올라설 수 있도록 한 사례들도 있나요?

강수돌　　　　　그라민 은행(마을은행)의 경우가 대표적입니다. 경제학자 출신의 무하마드 유누스 총재가 방글라데시의 가난한 농촌 여성들이 닭을 키워서 달걀을 얻고 병아리를 키우도록 '무담보 소액대출'을 해줬습니다. 5명이 공동으로 팀을 짜서 오면 대출을 해주죠. 서로 도와가면서 자립하도록 촉진한 겁니다. 사회적 문제를 경제적인 것과 통합시켜서 풀어내는 방식이죠. 이것이 세계적으로 소문이 나자 노벨 평화상도 받지 않았습니까?

그라민 은행의 자회사 '그라민 샥티'가 주도하고 있는 방글라데시의 마을 전기 사업도 마찬가지입니다. 송전망이 없는 가난한 농촌 가구에 태양광을 이용한 전기 제공 사업이죠. 사업 시작 후 2010년까지 무려 220여만 명이 이 프로젝트로 값싼 전기를 제공받았습니다. 방글라데시의 가난한 동네에도 냉장고가 있는데, 전기세가 싸지 않아요. 그래서 기존의 전기를 태양광으로 바꾸고 절전형 냉장고로 바꾸면 초기엔 돈이 좀 들지만 약 3년 지나면 본전이 다 나온다는 거죠. 태양광으로 화력이나 원자력을 대체하니 생태적으로도 좋고요.

'그라민'은 마을을 뜻합니다. 마을 차원에서 새로운 경제를 시도하니 사회적, 경제적, 생태적 문제를 동시에 풀 수 있는 길이 열린 것입니다. 이런 식으로 우리의 상상력과 창의력을 동원하면 얼마든지 이윤 경제가 아닌 인간 경제를 만들 수 있어요.

이정환 그 외 다른 사례들도 있을까요?

강수돌 독일의 페터 슈피겔 박사가 쓴 《더 나은 세상을 여는 대안 경영》이란 책에 보면 방글라데시의 그라민 은행과 같은 '사회사업(소셜 비즈니스)' 모델 외에도 여러 가지 사례들이 많이 나옵니다. 저는 그런 구체적 활동을 통해 경제와 사회가 전도된 현실을 바꿀 수 있다고 봅니다.

사회사업에 투자자들은 있되, 그들에게 배당금은 안 줍니다. 굳이 배당이라 한다면 사회가 좀 더 행복해지는 변화가 곧 배당 역할을 하는 셈이죠. 그러니 여기서 투자를 한다는 건 배당금을 얻는 주주가 되는 게 아니라 일종의 사회적 기부금을 내는 사회 혁신가가 되는 겁니다. 이런 사업을 '소셜 비즈니스'라 하고, 일종의 사회적 기업이라 부릅니다.

독일에는 교육 혁신 사회사업도 있어요. 학교를 어떻게 바꾸겠다는 게 아니라 아이들이 교육을 받고 직업 전선에 나오기까지 저소득층의 어려운 아이들, 특히 이주민 자녀들에게 도움을 주는 사업입니다. 마을 공부방을 전문가들이 운영하는 게 아니라 이주민 자녀 출신의 대학생들이 그 현장에 가는 겁니다. 대학생들도 나름대로 사회를 제대로 알아가면서 눈높이에 맞는 지원을 하는 거죠. 이주민 출신으로 어려움을 극복했던 대학생이 자기의 과거를 보듯이 어린 후배들을 도와주므로 자문 내지 교육의 효과도 엄청 큽니다. 아이들도 삶의 의욕을 되찾게 되죠.

이정환　　　　　과연 그런 식의 사회적 기업이나 소셜 비즈니스 정도가 세상을 바꿀 수 있을까요? 자본의 힘은 너무나 거대한데 말이죠.

강수돌　　　　물론 이 정도만으론 어림도 없어요. 하지만 저는 그 같은 동력을 믿어요. 물론 현재의 시스템이 초래한 모순과 문제에 대해서도 맞서 싸워야죠. '저항과 형성의 변증법' 같은 게 작동할 것입니다.

우리가 기존의 사고방식만으로 보면 끊임없이 생산하고 끊임없이 수출을 많이 하고 세일을 많이 해야 일자리도 늘어나고 번영을 하죠. 모두들 이런 패러다임에 젖어 있죠. 그러나 이것은 사회와 생태가 끊임없이 희생을 당하는 시스템입니다. 거꾸로 발상의 전환을 해서 뒤틀린 사회적 차원, 인간적 차원, 생태적 차원을 복원해야 합니다. 이렇게 기본 철학을 잡게 되면 할 일이 많아집니다.

일례로, 반생태적인 아파트 단지를 허물고 생태 건축을 하면 얼마나 일이 많아지겠습니까. 없어진 농경지를 다시 복원하려면 얼마나 많은 일자리가 필요하겠습니까. 발상의 전환 차원에서 잃어버린 걸 되찾아 후손들에게 건강하게 물려줄 수 있는 새로운 세상을 만들고자 한다면 할 일은 굉장히 많아집니다. 그러므로 질적인 차원에서 완전히 다른 종류의 사회 경제를 고민해보자는 것이죠. 발상을 바꾸면 길이 보입니다. 개념이 바뀌어야 길이 보이죠.

경제를 바라보는 눈도 마찬가지입니다. 지금까지의 경제 패러다임이 잘못돼 있고 우리가 일종의 '데드 엔드', 즉 막다른 골목에 와 있는 걸 인정하고, 다른 차원이 필요하다는 걸 인정하고 새로운 출발을 하면 희미하게나마 길이 보이기 시작합니다.

아래로부터의
혁명

이정환　　　2008년 미국산 쇠고기 반대 촛불집회는 아래로 부터의 변화 가능성을 보여줬습니다. 물론 촛불집회에 유모차를 끌고 나온 사람들 상당수는 내 자식에게 광우병 걸린 쇠고기를 먹일 수 없다는 이기적인 동기에서 나왔겠지만 그때처럼 조직적인 정치집회는 역사적으로도 흔치 않은 경험이었던 것 같습니다. 부분적인 성과를 이루기도 했고요. 이명박 정부 집권 초반 '비즈니스 프렌들리' 정책에 강한 제동을 걸기도 했죠.

촛불집회의 가장 큰 성과는 화석화된 민주주의의 의미를 다시 되새기게 됐다는 데 있다고 생각합니다. 저는 중고등 학생들이 거리에 나서서 '부당한 권력에 저항해야 한다'는 구호를 외치는 걸 보고 감격하기도 했습니다. '배운 대로 행동한다'는 구호도 있었는데요. 국민들의 당연한 권리가 묵살되고 배제되는 현실에서 이들의 외침은 무력하게 현실에 순응하고 방관하는 어른들에게 시사하는 바가 컸습니다.

강수돌　　　국민들이 할 수 있는 가장 큰 건 촛불시위처럼 '직접 행동'이라는 거죠. 이런 행위의 기저에는 평화를 추구하는 마음이 있다고 생각합니다. 그야말로 자구적이고 방어적인 차원이라는 거죠.

폭력을 완전 배제하지는 않겠지만 헨리 데이비드 소로나 마하트마 간디 방식의 '시민불복종운동'이 필요합니다. 청소년들이 결코 어리지 않거든요. 학생 인권 조례도 중요하고 청년 활동도 중요합니다. 그들을 억압할 것이 아니라 맘껏 발언하게 해야 합니다. 입시 지옥에 몰아넣고 성숙을 지연시키는 건 사회적으로 큰 손해입니다. 어른, 아이 할 것 없이 서로 소통하고 연대하는 운동이 필요해요. 그런 게 왕성하게 터져 나와야 비로소 '경제민주화 특별법' 같은 결실을 맺을 수 있겠죠.

이정환　　　　촛불집회는 한계도 있었습니다. 정치적인 집회였지만 정치를 배제하려고 했고요. 예컨대, 정치적인 깃발을 들고 나선 단체들을 비난하는 목소리가 있었습니다. 우리는 평범한 시민일 뿐 정치에는 관심 없다는 걸 주장하려는 것처럼 보이기도 했어요.

실제로 촛불집회가 절정이었던 2008년 6월, 세종로 4거리에 세워진 '명박산성'을 넘어가자는 목소리도 있었는데, 그날 시민들이 스티로폼 박스를 싣고 와서 명박산성을 넘는 언덕을 만들기도 했죠. 그렇지만 아무도 그 언덕을 딛고 이순신 동상 있는 쪽으로 넘어가지는 않았습니다. 저는 그게 그해 촛불집회의 한계가 아니었을까 생각하곤 합니다. 부당한 정치권력과 싸우면서도 '합법'의 테두리 안에 머물러야 한다는 의식의 한계가 있었던 거죠. 정치권력을 정면으로 부정하지는 못했던 겁니다. 광장에서 비폭력을 외칠

때 왜 이명박 정권에게 이들은 거의 아무런 위협이 되지 않을까, 비폭력은 형식이지 그것 자체가 목표는 아니지 않은가 하는 생각이 들었죠. 정작 이들의 주장이 아무런 구심점이나 방향도 없고 단순히 이명박을 부정하는 것을 넘어 좀 더 적극적인 대안을 심는 데까지 나아가지 못한다면 무엇을 바꿀 수 있을까 하는 회의감까지 들었습니다.

강수돌 중요한 지적이라 봅니다. 우선은 우리의 삶과 정치는 분리되지 않는다는 점을 시민들이 재인식해야 할 것 같습니다. 마치 정치와 경제도 내용상으로 구분하기 어려운 것처럼 말이죠. 원래 경제의 어원인 '경세제민'조차 세상을 잘 다스려 백성이 잘 먹고살도록 구제한다는 것이니, 일종의 정치를 하는 것입니다. 정치가 경제고, 경제가 정치라는 말이죠. 게다가 경제가 근원적으로는 살림살이이므로 삶의 전 과정이 곧 경제이자 정치라는 말입니다. 이런 점에서 생활과 경제, 그리고 정치는 상호 불가분의 관계에 있습니다.

다만 우리가 강조하는 측면들이 조금씩 다를 뿐이죠. 그런 면에서 광우병 위험이 있는 쇠고기의 수입과 관련된 의사결정에 직접적 당사자인 시민들이 나서서 일정한 의견을 표명한 것은 대단히 정당한 일이죠. 물론 당초에는 10대 청소년들이 나서서 자신의 건강을 말하기 시작했고 어른들도 아이를 데리고 나와 가족의 건강을 이야기하기 시작했죠. 하지만 사람들의 움직임이 역동적으로 변하면서 여기저기 꿈틀거림이 커지게 되었어요. 권력자의 관점에서는 이것이 '비정상'으로 비칠지 모르나 저는 바로 이런 역동적인 움직임이야말로 '민주화'의 과정이라 봅니다. 지극히 정상적인 현상으로 보아야 한다는 것이죠.

한 걸음 더 나가면 비단 쇠고기 수입 문제만이 아니라 우리 삶의 모든 측면에서 시민 내지 민초들이 배제된 상태에서 이뤄지는 결정들, 일례로 학교 교육이나 일제고사, 대입 시험, 노동정책, 언론 정책 따위들에 대해서도 사람들이 자신의 목소리를 내는 것, 바로 이것이 삶과 분리된 경제, 삶과 분리된 정치를 다시금 통일시키는 과정이라는 것이죠. 권력자의 눈에는 '비정상'이어서 경찰을 투입하고 탄압해야 할 일인지 모르나 권력자들에게 권력을 맡긴 시민의 입장에서는 이것이 오히려 '정상'이고 사회적으로 지지받아야 하는 '민주화'의 과정이 아니겠어요?

이런 면에서 촛불 사태 등 온갖 사회운동의 제반 국면은 과연 그 위임 받은 권력이 민주주의 방식으로 제대로 작동하는지를 점검해볼 수 있는 실험 공간이라 볼 수 있어요.

일례로, 제가 1989년부터 1994년까지 독일에서 공부할 때 깜짝 놀랐던 것 중 하나가 경찰들이 경찰 노조의 이름으로 현수막을 내들고 시가행진을 하며 집단행동, 즉 데모를 하는 것이었어요. 그리고 그 옆에는 다른 경찰들이 일정한 호위를 해주고 있었고요. 저는 그걸 보고, 아 독일의 민주주의가 한국과 다른 점이 바로 이런 것이구나, 하고 깨달았지요. 경찰도 특정한 형태의 노동자이다 보니, 나름의 노동조건을 인간화하기 위해 자신의 요구를 분명히 주장할 권리가 있는 것이죠. 그런 것을 제도적으로 보장할 뿐 아니라 온 사회가 그들의 권리를 정당하게 바라보는 시선, 바로 이런 것이 민주주의가 아닐까 생각합니다.

이정환　　　그리고 한편으로는 광우병의 위험이 과장됐던 것도 맞습니다. 촛불집회의 발단이 됐던 중학생들은 미국산 쇠고기를 먹으면 뇌에 구멍이 송송 뚫리는 것처럼 이야기하곤 했죠. 실제로 그렇게 믿는 사람은 많지 않았지만 핵심은 그 확률보다는 정부에 대한 불신이었겠죠.

강수돌　　　광우병의 잠복기가 10년이라니까 지나봐야 아는 문제죠. 《녹색평론》에도 나왔지만 미국에서 치매가 급증하고 있다고 하는데, 지난 십년 사이에 수백만 명이나 늘었다고 하죠. 광우병의 전초전일 가능성을 배제할 수 없습니다. 문제는 쇠고기를 먹고 사망 확률이 얼마나 높은가가 아니라 사망 확률이 있다는 위험성 그 자체죠. 그처럼 반생명적인 방식의 공장형 축산을 당연시하는 대량생산과 대량소비의 문화가 지배적이기 때문에 처음부터 잘못된 거고 위험하다는 것이죠.

옛날에 집집마다 한두 마리 키울 적에는 그런 문제가 없었거든요. 마치 공장에서 자동차 만들 듯이 소나 돼지 등도 그렇게 만들어내다 보니 온갖 부작용이 뒤따르죠. 근본 동력은 바로 '이윤' 추구입니다. 그냥 자기 집에서 먹기 위해 기르는 가축이라면 썩은 짐 승의 고기를 사료로 주지 않았겠죠. 하지만 돈벌이 관점에서는 모든 게 비용 감소와 이윤 증대의 눈으로만 판단이 되니까 마침내 사람과 자연을 희생시키는 것입니다. 지금 당장 사람이 죽지 않는다고 문제없다고 봐서는 곤란해요.

광우병도 문제지만 저는 암 발병이 무섭다고 봅니다. 동물성 사료를 먹고 자란 쇠고기를 당장 맛있다고 계속 먹으면 10년 내지 20년 뒤에 암으로 고통받을 수 있기 때문에 가능한 한 채식 위주로 가고 그것도 유기농 위주로 가야 한다고 봅니다. 바로 이런 문제를 제대로 드러내고 올바로 고치기 위해서는 시민들이 나서고 언론이나 대학, 종교, 예술 등 양심적인 세력들이 발 벗고 나서야 해요. 누가 뭐래도 바른 말을 해야 하는 것이죠. 광우병의 확률이 아주 낮다고 하더라도 그런 우려가 있다는 사실에 대해 아무런 두려움 없이 이야기할 수 있는 사회가 바로 민주사회가 아니겠어요?

특권을 깬
김예슬 선언이 남긴 것

이정환　　　　　김예슬처럼 틀을 깨고 기득권을 버리기가 쉽지 않죠. 한 대학생의 자퇴 선언처럼 보였지만 실제로 그 내용을 들여다보고 신선한 충격을 받았던 사람들이 많습니다.

김예슬은 국가와 대학과 시장을 적으로 규정하면서 좋은 대학에 가고 좋은 학점을 받아 좋은 회사에 취업하는 살아남은 소수를 위한 무한 경쟁에 반기를 들었습니다. 그렇다고 현실적인 다른 대안이 있는 것도 아니었지만 '거짓과 더불어 제정신으로 사느니 진실과 더불어 미친 듯이 사는 쪽을 선택하기로 했다'고 했죠. '그 첫 걸음이 대학 거부였다'는 겁니다. 대안이 뭐냐고 묻는 어른들에게 그는 '저항이 대안'이라고 말했습니다.

김예슬은 '우리 사회의 진보는 충분히 래디컬(급진적)하지 않다'고 지적합니다. '우리 사회의 진보는 근원적인 가치 투쟁에서 매일매일 패배한 듯이 보였다'면서 '그 결과가 탐욕의 포퓰리즘을 들고 나온 이명박 정부의 집권으로 귀결된 것 아니냐'고 반문하기도 했습니다. '충분히 래디컬하지 못하기 때문에 쓸데없이 과격하고, 위험하게 실용주의적이고, 민망하게 투박하고, 어이없이 분열적이고, 놀랍도록 실적경쟁에 매달린다'는 지적도 의미심장했습니다.

반성을 해보면 진보진영은 김예슬 같은 학생들에게 아무런 꿈을 주지 못했던 것 같습니다. 비정규직 노동자들에게도 마찬가지였고 집 없는 서민들에게도 마찬가지였습니다. 일단 학교는 졸업하고, 좋은 직장에 취업하고, 최대한 많이 벌고 열심히 저축해서 살아남을 것. 그것 말고 다른 어떤 대안도 없는 거죠. "우리가 꿈꾸는 이념과 발을 딛고 있는 현실은 다른 것일까" 그런 고민도 듭니다.

강수돌　　　　저도 김예슬의 선언에 신선한 충격을 받았습니다. 당시 김예슬은 고려대 안암캠퍼스의 학생으로, 기득권의 초입에 가 있던 단계에서 그것을 과감히 포기한 것입니다. 그 용기에 경의를 표합니다. 김예슬 선언은 대학사회 전반에 대한 성찰, 대학의 사회적인 역할과 책임, 이런 점에서 반성할 지점이 많습니다.

김예슬은 《녹색평론》에 밝힌 〈내가 대학을 그만둔 이유〉에서 대학의 실체에 대해 깊은 통찰을 보여줬죠. "대학은 기업의 '채용 일제고사'를 대신해 등급을 매기고 분류하는 시스템에 복무하고 있다. 학생들끼리 '무한경쟁'을 시키고, 살아남은 자를 적당한 값에 기업에 넘기면서 말이다. 졸업장과 자격증은 한 인간에게 사라지지 않는 가격표를 남긴다." 또한 "가장 끔직한 말의 타락 중의 하나가 '교육인적자원'이다. 대한민국이 대학과 학교의 존재이유로 내건 것이 '교육인적자원'이다. '인적자원'을 만들어내는 것이 교육의 최고 목적인가?" 이렇게 뼈 있는 질문을 모두에 던졌습니다.

"왜 대학에 가는가?"라는 자기 성찰의 물음이 핵심이라 본 것이죠. 삶의 주체로 살기 위한 공부가 필요한데 배움에 대한 권위를 독점한 학교는 모두에게 똑같은 교육을 강요하고 있어요. 오늘날 학교와 자본은 대학생들까지 인적자원으로 취급해 기업의 이윤창출을 위한 수단으로 길러내고 있기에, 이런 '불편한 진실'을 폭로하며 분노하고 거부했던 셈이죠.

대학 일반의 특권도 있지만 그중에서도 '일류 대학'이 갖는 특권이 존재하기에 국가나 대학이 스스로 특권을 조장하는 시스템을 유지하면서 사회정의를 이야기하는 건 앞뒤가 안 맞죠. 김예슬이

고민했듯이, 궁극적으로는 특권이 필요 없는 사회를 위해 우리가 뭘 할 수 있을지, 그런 사회를 만드는데 현명한 길은 없는지, 이런 것을 같이 고민하고 토론해야 합니다. 우리 사회는 그런 고민이 아직 전 사회적으로 승화되는 단계까지는 가지 못했어요. 대학도 그렇고 교육당국도 그렇고요.

제가 어느 강연에서 "기득권 시스템 자체를 타파하자, 피비린내 나는 경쟁은 철저히 잘못된 거다," 이런 이야기를 하면 "너는 성공했으니까 한가한 이야기를 한다"는 말을 듣기도 합니다. 만일 제가 대학을 안 나왔거나 일류대 출신이 아니라면, 거꾸로 "삼류대 출신이니까, 자기가 올라가지도 못하니까 정당화하는 것"이라고 또 비난하겠죠. 결론은, 어느 입장에서도 비판받을 수는 있는데, 진실은 바로 그런 일차적인 비난, 일차적인 두려움, 나도 특권층으로 올라가고 싶은데 못한다는 두려움 그 너머에 있죠. 이 심층적인 두려움 너머에 진실이 있습니다. 그 정도 깊이로 들어가야 우리는 김예슬처럼 비로소 진실을 논할 수 있고, 제대로 된 사회나 경제를 이야기할 수 있습니다.

보수 기득권 세력에 어떻게 맞서죠?

이정환   이명박–박근혜 정부의 성장정책은 양극화와 불평등을 심화시키고 있습니다. 증세가 아니라 감세를 밀어붙이고 있고요. 보수 기득권 세력은 공영방송을 장악하고 장기적으로 정권 재창출을 노리고 있습니다. 선거로 이런 현실을 바꿀 수 없다면 어떻게 이런 극단적인 양극화에 맞설 수 있을까요?

강수돌 저도 선거엔 별로 큰 기대를 하지 않습니다만, 그래서 선거로 이런 현실을 바꿀 수 없다고 하더라도, 그래도 아무것도 하지 않아야 한다는 건 아닙니다. 가능한 한 진정성 있는 사람들이 많이 나와 하나씩이라도 고쳐 나가면 조금은 낫겠죠.

게다가 2013년 3월 세상을 떠난 베네수엘라의 차베스 대통령처럼 '21세기 사회주의'라는 기치를 내걸고 라틴아메리카를 새롭게 만들려고 한 그런 노력이 한국에서도 나온다면 좀 더 고무적이죠. 《녹색평론》(2013년 5-6월호)엔 베네수엘라에 관한 글이 여럿 있어요. 그 글들을 보면, 차베스는 대통령이 되자마자 석유산업을 국유화하여 서방 자본의 지배로부터 해방시켰죠. 막대한 석유 수입을 국민 대중의 삶을 향상시키는 데로 돌려 빈곤을 절반으로 줄였습니다. 덕분에 극단적 빈곤도 70%나 감소했죠. 수백만의 민중이 생애 최초로 기초적 의료혜택을 받게 되었고, 모든 수준의 교육과정에서 학생 수가 증가했어요. 대학 등록 인구도 갑절로 늘었고요. 나아가 공적 연금 수혜자는 50만에서 100만 명으로 늘었습니다.

게다가 차베스의 베네수엘라는 카리브해 나라들에게 석유를 싸게 공급하는 '페트로카리베' 프로그램을 통해 이웃 나라들에게 수십억 달러의 지원을 하고 쿠바나 볼리비아와 함께 '민중무역협정'을 체결해 경쟁과 분열의 경제가 아닌 연대와 협동의 경제, 이윤의 경제가 아닌 필요의 경제를 열어냈던 거죠. 바로 이와 같은 대대적 변화가 수십 년간 지속되고 나아가 다른 나라들과의 공조 관계가 유지된다면 세상은 좀 희망이 넘치겠죠.

하지만 우리나라를 보면 여러 면으로 참 한심합니다. 보수 기득권 세력들은 선거를 장악하는 걸 넘어 교육과 언론을 장악하고 기득권 경제를 더욱 탄탄하게 지탱시켜주고 있어요. 물론, 이들의 정치경제 시스템이 영원불변할 것이라는 보장도 없지만요.

전반적으로 체제의 전망도 어두운 건 사실입니다. 2007~2008년 리먼 브라더스 사태로 촉발된 세계 금융위기는 단순한 순환위기도 아니요, 천문학적 혈세로 땜질한 위기가 극복된 것도 아닙니다. 단기적으로는 신자유주의 체제의 파탄을 상징하고 장기적으로는 독일 베를린대학의 엘마 알트파터 교수가 말한 '자본주의의 종말'을 상징하죠.

오죽하면 현단계에서 전쟁이 아니면 자본주의에 돌파구가 없을 것이라는 진단까지 여기저기서 나오겠어요? 이런 면에서 특히 기업과 금융 등 경제 분야가 제대로 민주화되지 않으면 일부 개혁적인 정치가나 행정가가 나온다 한들 '말짱 도루묵'이 될 가능성이 큽니다.

그런 맥락에서 풀뿌리 민초들이 각성하고 공부하고 토론하고 같이 힘을 합쳐 행동으로 나서면서 다양한 실천을 해나갈 때 비로소 새로운 전망이 열립니다. 지금까지 우리는 개별적으로 나뉘어 생존의 두려움에 떨면서 오로지 자신과 가족만 잘살면 된다는 '원자화된 의식'을 갖고 있었는데, 바로 이것이야말로 자본과 권력의 힘을 무한대로 늘려주는 기초가 된다는 사실을 알아야 합니다.

풀뿌리 민초들이 사람과 사람, 사람과 자연이 더불어 살겠다는 본연의 인간성을 망각할수록 그만큼 우리는 자본과 권력이 만들어내는 거짓 논리나 이데올로기의 덫에 빠져 허우적거리거나 오로지 코앞의 생존만 생각하고 사는 노예가 될 뿐입니다. 원자화된 의식을 넘어 '사회 연대의식'이 절실한 까닭이죠. 그에 바탕한 연대의 사회경제 시스템을 새로 구축하는 것이 우리의 공동 과제입니다.

최근 늘어나고 있는 협동조합, 자주관리, 지역화폐, 공동체 마을, 품앗이 경제, 대안학교나 혁신학교 운동 등 개별적 실천들도 상당히 고무적입니다. 물론 사회 전체적으로 돈의 흐름을 바로 잡는 일(예, 금융의 국유화 내지 민주화)이나 노동 현실을 바로 잡는 일(노동의 인간화 및 민주화, 그리고 과감한 노동시간 단축)도 병행해야 하죠. 이것이 곧 사회연대의 실천입니다.

이렇게 말하면 사람들은 "그 연대의식이 어떻게 생길까" 질문하는데, 이건 우선 현실의 삶에 대한 진지한 성찰에서 출발합니다. '나부터' 출발하되 '더불어 행복한' 사회를 지향하는 성찰이죠. 결국 문제는 우리가 단지 부와 권력을 좇는 노예가 될 것인가, 아니면 더불어 사는 삶의 주체로 거듭날 것인가, 하는 질문으로 또 가게 되죠. 이런 질문을 공유하는 것이 반민주적 경제 독점의 문제를 해결하는 출발점이 아닐까요?

왜 삼성 없는 한국을
상상 못하나

이정환 　　　　장하준 교수는 박정희 전 대통령의 국가 주도의 계획경제를 높게 평가합니다.

강수돌 　　　　크게 보면 이른바 '식민지 근대화론'과 맥이 닿는 것 같아요. 왜냐면 동기나 과정이야 어떠하건 결과만 보고 판단하는 것이기 때문이죠. 식민지 근대화론을 내세우는 사람들은 일본 제국주의의 식민지 정책, 즉 지배와 자원 수탈을 위한 철도 건설 등의 근대화 정책이 결과적으로 한국경제를 근대화하는데 기여했다고 주장하듯이 박정희의 개발독재 방식의 경제정책도 결과적으로 세계시장으로부터의 보호와 자본가 통제를 잘해서 나름의 성과를 냈다고 보기 때문입니다.

　그러나 그런 주장은 식민지 근대화론이 제국주의적 착취관계를 은폐할 위험이 있는 것처럼 박정희식 개발독재를 은폐할 위험이 큽니다. 박정희는 쿠데타로 정권을 잡은 뒤 합법의 형식을 빌려 장기간 대통령이 되고 그 기간 동안 수많은 학생, 농민, 노동자, 민주인사 등을 억압하고 공포정치를 행함으로써 '레드 콤플렉스'까지 확산시켰어요. 또 정치경제, 사회문화, 교육, 종교 등 모든 사회 분야를 협소하게 만들었습니다. 식민지 근대화 이면에는 우리 선조들의 피와 땀과 눈물, 그리고 피눈물이 어려 있듯이 개발독재 뒤엔 우리 부모들의 피와 땀과 눈물이 어려 있음을 보아야 합니다. 목적도 중요하지만 과정은 더 중요하다는 사실을 알아야 한다고 봐요.

이정환　　　　　장하준 교수는 재벌 해체가 능사가 아니라는 입장입니다. 재벌을 해체하면 시장에 맡겨둬야 되느냐는 논리죠. 재벌의 대안은 결국 주주자본주의가 될 수밖에 없다면서 주주자본주의에 맞서 재벌 활용론을 주장하기도 합니다.

강수돌　　　　　재벌 해체 부분으로 들어가면 재벌이라는 구조나 실체, 행태, 이것은 독점 구조이자 독재 구조이기 때문에 당연히 해체해야죠. 삼성이라는 이름이 문제가 아니라 그 행위방식, 경영방식이 문제거든요. 사회정치적 과정의 배후에 재벌이 배후 조종 역할을 하는 모습이 인기 드라마 〈추적자〉나 〈유령〉 같은 데서도 나왔죠. 게다가 하청 계열사에 대해 독단과 횡포를 서슴지 않는 모습, 그리고 노동자를 노예나 벌레 취급하는 모습, 바로 재벌의 이런 부분들이 철저히 타파되어야 실질적인 경제민주화가 이뤄집니다. 그런 것을 타파하는 것이 곧 주주자본주의가 된다는 일부 경제학자들의 주장은 흑백논리나 이분법으로 사태를 보는 것이라 생각해요.

재벌이냐 시장이냐 식의 이분법은 곤란하죠. 이를테면 재벌도, 시장도, 국가도, 경제를 좌우해서는 안 된다. 일하는 사람들이, 민초들이, 풀뿌리가 민주적으로 경제를 구상하고 실행하는 주체로 참여해야 한다. 최소한 민초를 존중하는 경제가 되어야 한다. 진실로 그렇게 하자면 무엇을 어떻게 바꿔야 할까. 뭐 이런 정도는 되어야 그래도 '경제민주화' 논의라고 할 수 있죠. 그렇지 않고 재벌 해체는 곤란하니 재벌 활용 정도만 이야기하자, 이런 자세는 결국 재벌의 품안에 안기는 꼴이 되고 말 것입니다. 변화는 없고 시간만 낭비하는 꼴이 되겠죠.

이정환　　　그럼 재벌을 어떻게 통제할 수 있을까요?

강수돌　　　크게 전체 사회 차원과 개별 기업 차원으로 나눠서 각기 노동자나 그 대표기구가 최고 의사결정, 예컨대 경제 계획이나 투자 계획, 인사 계획이나 재무 계획에 법적으로 참여할 정도가 되어야 합니다. 물론 신자유주의 세계화 시대에 쉽지 않은 문제지만 만약 전체 여론이 이렇게 수렴되고 대통령의 마인드가 그렇게 형성되면 못할 것도 없다고 봅니다.

일례로, 남미의 경우 베네수엘라나 볼리비아, 쿠바 같은 나라들은 더 이상 IMF가 요구하는 방식의 구조조정은 하지 않겠다고 거부하고, 신자유주의적인 자유무역이 아니라 호혜적인 민중무역협정을 맺지 않았습니까? 그런 식으로 세계적 연대가 형성되면 세계 시장의 상황, 자본주의 차원에서 발생하는 문제조차 이겨낼 힘이 생기는 것이죠.

한편 개별적인 기업 수준에서도 경영민주화의 관점에서 총수나 CEO의 리스크 테이킹(위험 감수)에 의존하는 것이 아니라 직원들에게 민주적으로 의견을 물어 결정을 내리고 추진을 하면 지금과 같은 비난이나 (노사 간 투쟁과 같은) 사회적 비용이 크게 들지 않겠죠. 어떤 의사결정도 노동자들의 동의를 구해 이뤄진 것이라면 경영민주화 관점에서는 옳은 것이라 봅니다.

보통은 기업의 수익을 보고 평가를 하지만 한 기업의 성공이라는 것도 어느 잣대로 보느냐에 따라 다르지 않겠어요? 경제적 성공을 더디게 하거나 못하는 한이 있더라도 그 과정이 민주적이고 인간적이라면 저는 그 기업은 성공이라 봅니다. 그렇게 성공한 기업은 감동을 주기 때문에 사람들이 더욱 합심하고 열심히 해서 경제적으로도 더 나은 성취를 이룰 것이라 확신해요. 윤리경영이 오히려 경쟁력이 될 수 있다는 거죠.

이정환 신송희 씨는 삼성전자 기흥공장에서 웨이퍼 불량 여부를 검사하는 일을 했습니다. 웨이퍼가 담긴 박스가 오면 숨을 삼켰다고 합니다. 뚜껑을 열면 참을 수 없는 악취가 났으니까요. 비닐봉지에 구토를 하기도 했고 도저히 견딜 수 없어 라인에 쏟을 때도 있었다고 합니다. 신씨는 이곳에서 6년 동안 일한 뒤 대학에 진학했다가 2년 만인 2009년 유방암 2기 진단을 받았습니다. 신씨는 자신의 병이 그 지독한 악취와 이름을 모르는 화학약품 때문이라고 믿고 있습니다.

유명화 씨는 2000년에 삼성전자 온양공장에 입사해 고온 테스트 공정에서 일했습니다. 1년이 지나자 하혈이 시작됐다고 합니다. 대수롭지 않게 생각했는데, 어느 날 눈에 실핏줄이 터져 병원에 갔더니 중증 재생 불량성 빈혈이라는 진단이 나왔습니다. 골수에 세포가 부족해 피가 만들어지지 않는 질병인데요. 유씨는 이런 말을 했습니다. "다시 시간을 되돌린다면 삼성에 가지 않을 거예요."

비슷한 사례가 수두룩합니다. 삼성전자 온양공장에서 일했던 박지연 씨는 입사 2년 7개월 만에 급성 골수성 백혈병 판정을 받고 2010년 3월 24세의 나이로 사망했습니다. 박씨의 증언에 따르면 실수로 장비를 끄지 않은 상태에서 뚜껑을 열거나 다른 사람이 장비를 끄지 않은 걸 모르고 자재를 넣거나 빼는 일도 많았다고 합니다. 삼성전자 직원은 박씨의 부모에게 억대의 치료 비용을 대신 내주는 조건으로 산재신청을 취소하고 소송을 취하하라고 제안했고 박씨의 부모는 이를 받아들였습니다.

박씨의 죽음 이후 삼성전자가 창사 이래 최초로 반도체 생산 라인을 언론에 공개한 적 있습니다. 그러나 이날 공개한 생산 라인은 황씨와 이씨 등이 일했던 낙후된 1~3라인이 아니라 자동화 비중이 높은 5라인과 최신 설비를 갖춘 S라인이었습니다. 이날 100여 명의 기자들이 기흥공장을 견학했지만 의혹을 제기한 언론은 〈미디어오늘〉과 〈프레시안〉 정도 밖에 없었습니다. 삼성전자는 산재 이야기를 하면 증거를 가져오라고 말합니다. 그러나 이들은 퇴사한 이후 공장을 방문할 수 없었고 일부 라인은 폐쇄되거나 대체됐습니다.

삼성전자는 영업비밀이라는 이유로 작업환경이나 약품 사용 내역을 공개하지 않았습니다. 근로복지공단 역학조사팀 보고서에는 국소 배기장치가 가동되고 있다고 적혀 있지만 한혜경 씨는 "내 가까이에는 없었다"면서 "종일 납 냄새를 들이마시면서 일해야 했다"고 증언했습니다.

물론 삼성전자의 주장이 옳을 수도 있습니다. 적어도 아직까지는 집단 백혈병의 직무 연관성이 밝혀진 바 없습니다. 그러나 분명한 것은 고통을 호소하는 노동자들이 있고 이들이 계속해서 죽어가고 있다는 사실입니다. 삼성전자의 작업 환경이 꾸준히 개선되고 있는 것도 사실이지만 그런 변화를 끌어내기까지 이들이 겪어야 했던 고통과 절망을 외면해서는 안 된다는 지적이 많습니다.

삼성 없는 우리나라를 상상할 수 있을까요? 서울대 없는 한국을 상상하기 어려운 것처럼 말이죠.

강수돌　　　그렇죠. 지금도 생산 현장에서는 수많은 이들이

다치거나 좌절하거나 울부짖고 있어요. 삼성 백혈병은 우리가 쓰는 스마트폰이나 전자 제품이 결국은 이웃의 생명을 희생시킨 토대 위에서 나온 것이란 점을 상기시킵니다. 이런 걸 의식하는 게 올바른 시민의 책임의식이죠. 그렇지 않으면 우리는 스스로를 기만하게 되는 셈이죠.

이런 식으로 물질적인 소비, 대중 소비라는 유혹의 기초는 결국 노동자, 나아가 중소영세하청업체의 착취라는 사실을 알아야 합니다. 2013년을 뜨겁게 달군 '갑을 관계' 논란, 즉 밀어내기식 우유 판매, 라면 상무 이야기, 빵 사장 이야기 등에서도 잘 드러났지만, 결국은 그런 불평등하고 부당한 구도가 없어지는 게 중요하죠. 다시 말하지만 '사회적 필요'라는 차원에서 그런 식으로 생산하고 판매하는 게 옳은가, 그렇게 만들어지고 유통되는 걸 소비하는 것도 옳은가, 하는 문제의식이 핵심입니다.

재벌 해체와 같은 사회적 구호가 나오는 것도 결국은 그런 부당한 구조를 대물림해서는 안 된다는 것입니다. 전문적 역량도 없는데 혈족이라는 이유로 경영권을 이어 받는 행태는 봉건 시대에서나 가능하죠. 또 소수의 지분으로 순환출자를 통해 기업을 사실상 지배하는 구조도 엉터리죠. 재벌이나 대기업 등 규모가 중요한 게 아닙니다. 중소기업도 마찬가지죠. 이들이 커나가는 과정도 잘 봐야 해요. 노동자들을 존중하고 제품이나 서비스도 필요에 걸맞게 제공하는 일이 중요하다는 겁니다. 납품업체를 억압하거나 횡포를 일삼고, 동네 구멍가게를 망가뜨리면서까지 이윤 추구에 혈안이 되는 것은 경제 행태가 완전히 잘못된 것이라는 겁니다.

독일은 삼성 같은 기업이 없이도 잘 굴러가죠. 독일은 부자 한 명이 아니라 수많은 중산층이 만들어나가는 나라이기 때문입니다. 규모는 작지만 경쟁력이 강한, 그래서 헤르만 지몬이 '히든 챔피언'이라 이름 붙인 기업들이 많죠. 전 세계 2,000여 개의 히든 챔피언 중 독일에만 무려 1,300여 개가 있다고 해요. 삼성 같은 대기업 중심의 경제가 아니죠. 그런 배경에는 기술력만이 아니라 앞서 말했듯 우리에겐 없는 노사 공동 의사결정 문화도 동력으로 작용하고 있어요.

반면, 우리는 돈 있고 힘이 센 '강자' 동일시 태도가 너무 강해요. 역사적으로 식민지를 당한 경험, 전쟁에서 약육강식을 겪은 일, 경제개발 과정에서 힘센 놈이 큰소리치는 걸 본 경험 등이 '강자 동일시' 심리를 집단적으로 강화했습니다.

오늘날 우리는 '삼성'이 한국경제의 대표라 생각하고 국가대표 축구팀을 응원하는 논리와 마찬가지로 무조건 편을 드는데, 이건 아니죠. 설사 축구팀이 이긴다고 해서 우리 삶이 당장 달라지는 것도 없는 것과 마찬가지로, 삼성이 일등기업이 된다고 해서 (그것도 수십 명의 백혈병 환자나 사망자를 만들면서) 당장 우리 삶이 뭐가 달라질까요? 중요한 건 누구나 존중받으며 자기 땀의 대가를 인정받는 그런 사회와 경제를 만드는 일이죠. 삼성 없는 한국, 서울대 없는 한국을 상상할 수 '있을' 때, 비로소 새로운 사회가 희미하게나마 솟아오르지 않을까요?

이정환　　　　　국가라는 게 '상상의 공동체' 같다는 생각도 듭니다. 삼성이 고용하는 노동자는 15만 명밖에 안 됩니다. 가족들까지 포함해도 50만 명이 안 될 텐데 삼성이 잘돼야 나라가 잘되고 나라가 잘돼야 우리 모두가 잘살게 된다는 착각에 빠져들게 됩니다. 실제로 삼성의 당기순이익의 절반 이상이 외국인 주주들의 몫인데 말이죠. 매출도 대부분 해외에서 일어나고요. 이런 걸 보면 삼성을 한국기업이라고 볼 수 있는지, 한국기업이라는 게 무슨 의미가 있는지 하는 생각도 듭니다.

강수돌　　　　　바로 그것입니다. 베네딕트 앤더슨이 말한 '상상의 공동체' 이론은 그동안 우리가 생각한 민족과 국가에 대한 환상을 잘 깨주었습니다. 자본주의를 깊게 공부하는 사람들은 국가론을 다루면서 민족이나 국가라는 것이 결국은 '자본이 만든 환상'이라고 정리하고 있죠. 저도 처음에 이런 이야기를 들었을 땐 충격이었습니다. 모든 국민은 (거의 무조건) 국가나 민족에 충성해야 한다는 게 지금까지의 배움이죠. 그래서 국가와 민족이 잘되어야 나도 잘된다는 생각이 당연시되었습니다. 그런데 국가가 자본을 위한 망상의 공동체에 불과하다니, 도대체 말이나 될 일이냐, 이런 생각이 들기도 했거든요. 그러나 차분히 들여다보면 정말 일리가 있어요.

　최소한 지금의 현실을 보면 '신자유주의 세계화' 시대에 자본은 민족이나 국가가 무한한 돈벌이에 도움이 되는 한에서만 그에 충성하지, 도움이 되지 않는다고 판단하는 순간에는 얼마든지 버리고 떠나죠. 심지어 자기 민족, 국가에 세금 한 푼 내지 않으려고 해외의 조세피난처를 적극 이용하기도 하고요. 〈뉴스 타파〉에 의해 이미 드러난 것만 해도 870조 원이라는 어마어마한 돈이 해외에 숨겨져 있다는 것 아니겠어요? 말로는 자본이 경제발전, 고용 창출, 지역개발, 복지 기여 따위를 외치지만, 그 모든 것은 돈벌이(이윤추구)가 잘된다는 전제 위에서만 가능한 것들일 뿐이죠. 결국, 민족이나 국가는 자본의 이용 대상으로만 '쓸모'가 있다는 뜻이죠. 반면에 '국민'들은 미우나 고우나 조국과 민족을 위해 충성해야 한다며 '동일시'를 하는 경향이 강해요. 자본에겐 매우 좋은 여건입니다. 그러니 신자유주의 세계화 시대야말로 이러한 자본의 본질이 가장 적나라하게 드러나는 단계라고 볼 수 있죠..

　일례로, 올림픽이나 월드컵 축구와 같은 운동 경기의 국제 게임은 나라별로 기업들이 행하는 마케팅 광고의 수단이기도 하지만, 어느 나라건 돈 되는 나라에 들어가 많이 생산하고 많이 판매하겠다는 자본의 이윤 의지에 온 세상이 종속되는 과정이기도 합니다. 스포츠 경기가 한편으로는 국가적 단결을 이루게도 하지만, 다른 편으로는 국가적 저항을 사전에 차단하는 세계화의 과정이기도 하죠. 국가적 단결에서는 애국심 프레임을 이용해 돈을 벌고, 세계화 과정을 통해서는 경쟁력 프레임을 통해 돈을 벌지요. 결국 이 두 개가 동일한 것입니다.

　자본의 작품에서는 애국심과 경쟁력이라는 이중 잣대가 작동합니다. 그런데 사실은 하나의 잣대일 뿐이죠. 돈벌이라는 잣대 말이죠.

우리가 어릴 적부터 폭력에 대한 상처 때문에 그런 것일 수도 있어요. 어른이나 힘센 녀석에게 두들겨 맞았던 기억이 '강자 숭배' 심리를 낳고, 마침내 강자 집단에 들어야 되겠다는 '강자 동일시' 심리를 낳죠. 그리하여 약육강식의 세상이 만들어지죠. 그 와중에 내가 속한 기업, 내가 속한 나라가 무조건 '일등'이 되어야 하는 것은 자연스럽게 내 자신의 문제인 것처럼 변해 버립니다. 이것이 '경쟁의 내면화' 과정입니다. 그러다 보니 타인의 상처에 대해 둔감해지고, 나만 강자가 되고 싶은 그런 의식이 굳어지죠. 바로 여기서 미시와 거시가 만나게 됩니다. 그만큼 사회 변화의 가능성도 어려워진 게 사실이죠. 그러나 이런 구조를 잘 알고 나면 사태의 실마리가 조금씩 풀립니다. 사람들이 이제는 '삶'의 관점으로 돌아와 인간다운 삶을 추구해야 합니다. 한마디로, 돈벌이 관점 내지 자본으로부터의 '탈동일시' 과정이 절실하다는 말입니다.

수출만이
답일까?

이정환　　　　　우리나라는 수출 중심으로 성장해 왔습니다. 수출이 한계를 맞는다면 내수를 키워야 한다는 주장이 있는데요.

강수돌　　　　　그 말만 들으면 맞는 말이죠. 그러나 왜 수출이 필요하고 왜 내수가 필요한가를 따져 보면 사태가 좀 달라집니다. 수출 중심의 성장이란 값싼 노동력과 값싼 원료를 이용해 달러를 많이 버는 것인데, 결국은 사람과 농촌, 자연을 희생시키고 수출 대기업만 좋은 꼴이 되었죠. 재벌이 그렇게 해서 부를 많이 축적했고요.

수출이 어렵다면 내수를 늘리자는 말도 결국은 돈벌이가 되는 국내 시장을 키우자는 것인데, 이것도 참 웃기는 면이 있어요. '살림살이의 필요'라는 관점에서 보면 저는 냉장고나 세탁기 같은 경우, 한 번 사면 죽을 때까지 쓸 수 있다고 생각했죠. 그런데 수출이건 내수건 결국은 소비를 부추기는 시스템, 자원을 낭비하는 시스템이 되어버렸어요. 계속 신제품이 나오면서 바꾸라고 하니까 사회 분위기가 그렇게 만들어지는 거죠. 광고나 유행이 아직도 생생한 제품을 버리도록 부추기고요. 아파트 같은 경우, 이사를 하면서 어쩔 수 없이 많은 물품을 버리게 되어 있기도 해요. 또 가전제품 같은 것의 일부 부품이 망가져 그걸 구하러 나서면 "골동품을 왜 고치냐, 차라리 새 것을 사라"는 식으로 말하죠.

과연 이런 것을 '발전'이라 할 수 있을지 모르겠습니다. 요즘 가전제품들은 제품 수명 주기가 몇 개월도 안 된다고 해요. 일례로, 좀 퉁퉁한 텔레비전도 아직 잘 나오는데 디지털 방식으로 바꾸면서 더 이상 못 보게 되고 말이죠. 반강제적으로 새 제품으로 바꿔야 한다는 겁니다. 이런 걸 '내수창출'이라 한다면 정말 웃기는 일입니다. 많은 분들이 우스갯소리로 "대한민국을 망가뜨리는 건 경영학이다, 그중에서도 마케팅이다"라고 하는데, 무조건 많이 팔기 위해 소비자 심리를 조작하기 때문이죠. 틀린 말은 아닙니다. 상품 마케팅이 인간적 필요의 관점에서 보면 상품의 양이나 질을 통제하거나 사람의 욕구를 조작하는 문제가 있죠. 결국은 끊임없이 불필요하게 낭비를 조장하고 있는 겁니다. 어떤 학자는 "자본주의는 쓰레기를 만드는 시스템이다"라고 일갈하기도 했죠.

이런 걸 진지하게 인식한다면 마침내 우리는 덜 생산하고 덜 소비하면서도 더 여유롭게 사는 방향으로 갈 수 있습니다. '부유한 삶'이 아니라, '소박한 삶'이 대안이라는 거죠. 끊임없이 벌고 끊임없이 생산하는 이런 방식은 더 이상 지속가능하지 않기 때문입니다.

초기 가톨릭 운동가였던 피터 모린이 말했듯이 "모두 부자가 되려 하면 아무도 부자가 되지 않을 것이지만, 모두 가난해지려 하면 아무도 가난해지지 않는다"는 진리를 기억할 필요가 있어요. 궁극적으로 보면 이런 태도가 더불어 행복하게 살고자 하는 공동체의 구성 원리입니다.

이정환　　　공동체를 토대로 하는 복지사회가 바람직한 것이란 말씀인가요?

강수돌　　　진정한 공동체 자체가 복지사회입니다. 그런데 조심할 게 있어요. 우리가 대개 '복지사회'라고 하면 '국가복지'를 떠올리는데, 사실은 살아 움직이는 사람들의 관계망 속에서 구현되는 복지가 진짜 복지라는 것입니다.

일례로, 이화여대의 박경미 선생님이 쓴 《맘몬의 시대, 생명의 논리》라는 책에 보면, 기독교가 처음에 국교로 공인되기 전에 유럽 사회에는 각 마을의 가정마다 나그네를 위한 초와 빵 한 조각과 이불을 마련해두었다고 해요. 이게 이반 일리치 선생이 말한 '우정과 환대'의 원형입니다. 칼 폴라니가 말한 '호혜와 선물'의 경제도 같은 맥락이고요. 그런데 기독교가 국교로 공인되면서 모든 게 '제도화'했다는 것 아니겠어요? 나그네가 오면 사람들은 무조건 "저 건너편에 있는 게스트 하우스로 가세요." 이렇게 되었다는 거죠. 복지가 제도화하다 보니, 사람들 속의 따뜻한 마음이 사라지는 것입니다. 제도화 과정이 호혜의 문화를 죽이는 거죠.

그래서 우리가 벼랑에 내몰릴수록 부자가 되려는 탐욕에 빠진 우리 삶을 성찰할 필요가 있어요. 복지라는 것도 공동체적으로 해결하는 게 필요하지만, 우리 가슴 속의 따뜻한 마음을 잃어서는 안 된다는 거죠. 이것이 제가 과도기적 역할로서만 국가복지를 인정하자는 이유이기도 합니다. 궁극적으로는 공동체 복지가 진짜배기라는 것이죠.

복지는
공짜가 아니다

이정환 북유럽의 발달된 복지국가 모델을 따라할 수 없
다는 말씀이신가요?

강수돌 그걸 참고로 삼을 수는 있지만 그게 곧 우리의 목
표가 될 수는 없겠죠. 아무리 좋은 외국 제도도 모두 일정한 사회
적 관계나 역사적 배경을 깔고 있기 때문입니다. 그래서 식당에 가
서 메뉴를 고르듯 우리 눈에 띈다고 해서 다른 나라 제도를 하루
아침에 확 갖다 심을 수가 없죠. 좋은 결과만 똑 떼어 오는 것은 무
용지물입니다. 마치 농어촌 마을에 좋은 경관을 허물고 멋진 '영어
마을'을 만들어 놓았는데, 얼마 안 가서 흉물이 되는 꼴이죠. 돈만
많이 들이고 끝나는 것이죠. (물론 그 와중에 떡고물을 챙기는 사람도
있고요.)

그래서 중요한 건, 해외의 좋은 복지 제도가 있더라도 그 과정이
나 배경을 살피면서 어떤 원리가 작동하는지를 찾아내고 그것이
현실화된 조건들을 점검하면서 그 성과와 한계를 넘어가려는 집
합적 노력을 할 때, 비로소 좀 더 현실적이면서도 좀 더 나은 대안
을 만들 수 있다고 봅니다. 여기서 필요한 사고방식은 모두가 인
간답게 살아가는데 필요한 것이 무엇인지 찾아내고 그것을 나라
전체로, 공적으로 풀어낼 부분과 마을이나 지역에서 풀어낼 부분

을 지혜롭게 구분하면서 서서히 비중의 변화를 꾀해야죠. 처음에는 나라 차원의 자원 배분이 중요하겠지만, 갈수록 마을이나 지역 공동체 차원의 복지 시스템이 더 중요해지죠. 일상적 삶의 과정에 복지 혜택이 실감나게 돌아오는 방식으로 분위기나 제도를 만들어내면서 말이죠. 여기서도 중요한 건 호혜와 선물, 우애와 환대, 소통과 연대의 생동하는 과정들을 제도가 다 집어삼키게 해선 안 된다는 점입니다.

아직 한국은 국가복지가 결여된 상태라 GDP 대비 사회공공지출을 늘리되 일정 정도 구축이 되면 국가 의존도를 갈수록 줄여 나가야 합니다. 마을이나 지역 공동체 차원으로 비중이 옮아가야죠. 자율성과 공동체가 동시에 중요하다는 말입니다.

한편, 복지는 공짜로 얻는 게 아니라 공동체적으로 재분배하는 것이기 때문에 의무나 책임도 따라야 합니다. 결과적으로 받는 혜택만 생각할 게 아니라 복지 시스템의 구축 또는 복지 행위, 즉 상부상조하는 과정에 적극 참여하고 내가 다른 사람들에게 꼭 필요한 존재로 일정한 역할을 함으로써 생산적인 결과를 얻겠다는 마음을 가져야 합니다. 국민들 수준, 의식이나 사회풍토, 분위기가 고양돼야 비로소 인간적인 삶의 토대도 마련되겠죠.

이정환　　　　　근본적인 문제를 건드리지 못하고 시스템을 변형시키지 않는 형태의 부분적인 제도개혁은 무의미하다는 말씀인가요?

강수돌   그렇습니다. 원칙적으로는 우리의 심성과 사회의 제도가 같이 바뀌어야 하지만, 더 근본적인 것은 어떤 가치관을 바탕으로 하느냐의 문제지요. 사람들의 심성에 '따뜻한' 마음이 없는 상태에서 마련되는 국가복지란 결국 '빛 좋은 개살구'일 수 있다는 말씀입니다.

국가복지가 참된 복지라기보다는 자유민주주의, 즉 자본주의 경쟁 시스템이 초래한 모순을 가려주는 역할을 하는 복지도 많아요. 일례로, 가난한 실업자나 노숙자들에게 밥을 주는 복지가 그렇죠. 물론, 굶주리는 이들에게 당장 필요한 밥을 준다는 점에서는 대단히 인간적이지만, 실업자나 노숙자가 양산되는 사회구조적인 문제를 건드리지 않은 채 밥만 퍼주면 되느냐는 문제가 동시에 있다는 거죠. 대체로 보면 종교 단체나 특정 집단이 그런 급식 봉사를 하는데, 고마운 일이긴 하지만 한계나 모순도 보인다는 겁니다.

노동시장의 경우, 요즘은 일자리가 없어지기도 하고 정리해고로 무참히 잘려나가거나 명퇴를 강요당하기도 하지만, 설사 일자리가 안정적으로 있다 해도 진정으로 자아실현이나 사회 기여 차원에서 보람을 느끼지 못한다면 이것도 '빛 좋은 개살구'에 불과하죠.

얼마 전에 특강을 갔는데, 어떤 60대 어머니께서 걱정스런 얼굴로 "세상에 하나밖에 없는 딸이 서울의 명문대를 졸업하고 700대 1의 경쟁률을 뚫고 공기업에 취업해서 한시름 놓나 했는데, 아 글

쩨, 불과 석달 만에 사표를 쓰고 나와 안방에 틀어박혀 있다"며 어떻게 하면 좋겠냐고 울먹이며 자문을 구하시더군요. 대개 말하는 '안정된' 직장에 취업만 하면 끝나는 게 아니라 '보람'을 느끼는 직장이 중요하다는 것이죠. 남 보기에 '안정된' 직장에서 그럭저럭 생계는 유지할는지 모르지만 참된 행복을 느끼기 어려운 경우가 많기 때문입니다.

그래서 근본적인 방향을 바꾸면서도 그것이 사람의 참된 마음을 바꾸지 않는 선에서 시스템의 변화를 이루어내는 것, 바로 이것이 참된 대안이 될 것입니다.

이정환　　　　제도 개혁만으로는 부족하다는 이야기를 계속 강조해 왔습니다.

강수돌　　　　물론 제도 개혁도 중요합니다. 그러나 일상에서 사람 간의 관계들이 '우애와 환대'의 공동체, '공감과 소통'의 공동체, '호혜와 선물'의 공동체, '협동과 연대'의 공동체가 되어야 한다는 것입니다.

이를 구현하기 위한 현실적 제도들을 생각한다면, 결국 다양한 협동조합(육아 협동조합, 생활 협동조합, 생산 협동조합, 교육 협동조합, 의료 협동조합 등)이나 노동자의 경영참가나 경영민주화, 자주관리 기업 형태의 '노동/생산 공동체' 같은 것이 많이 생겨야 합니다. 물론 이런 공동체가 활성화되도록 기초 역할을 할 수 있는 것이 주거, 교육, 의료 등과 관련된 복지 시스템 구축이고, 최근 주목 받는 기본소득이나 사회임금 같은 기본 장치들입니다. 그런데 이 모든 변화의 출발점은 '마인드'입니다.

대부분 길거리 가는 사람들을 붙들고 물어보면, "대기업에 취업하는 게 목표인데 막상 대기업에 취업하고 보면 경제민주화는 딴 나라 얘기이고 경영과정에서도 제가 전혀 주인이 아니잖아요. 오히려 경제 '대상화'가 되어 있는 거죠. 사람들은 대개 취업하기도 힘든데 이 정도만 해도 어디냐"며 자위하는 말이 돌아옵니다. 좋게 보면 자기만족인데 사실은 이게 '자기기만'일 가능성이 큽니다. 왜냐하면 노동의 내용이나 과정, 노동의 결정과정 등에서 전혀 주체로 서지 못한 채 대상으로 객체화됨으로써 한갓 이윤을 창출하는 수단으로 이용당하고 있기 때문이죠.

그렇기 때문에 역설적으로 수많은 자영업자들이 탄생(약 700만 명, 취업자의 30% 이상)하고 그 불확실한 전선에 뛰어드는 겁니다. 그런 욕구, 즉 주체적으로 살고 싶은 욕구가 자영업에 반영된 것이죠. 예컨대 가게 주인은 자기 주관으로 문을 열고 닫고, 계획을 세우고 실행하잖아요. 그러나 2013년 3월 뉴스에도 나왔지만 2011년에만 약 84만 명의 자영업자가 문을 닫았다고(폐업률 85%) 할 정도로 과잉이죠.

반면에 관리직, 생산직, 기술직, 영업직 가리지 않고 일반 직장은 자기가 할 내용을 결정하는 것도, 작업의 속도를 조절하는 것도 스스로 하기 어려우니 숨이 막히죠. 속으로는 '이게 아닌데' 하면서도 외부 상황이 좋지 않으니까 '어쩔 수 없다'고 하면서 계속 그냥 넘어가죠. 내면의 갈등이나 스트레스만 심해지는 겁니다. 그러니 대개 돈만 많이 벌거나 국가복지 시스템만 잘 갖춰지면 문제가 다 해결될 것 같은 착각을 하게 되고요.

그러나 사람이 객체가 아니라 주체로, 수단이 아니라 목적으로 존중받아야 한다는 근본적인 문제는 여전히 남습니다. 바로 이런 부분에 대한 성찰이 필요합니다. '바꿔야 한다'는 절박함에서 출발하되 그런 노력이 개인적으로 일시적으로 그치지 않으려면 제도적이고 정책적인 변화로 이어가면서 한편으로 우리의 깊은 심성도 잃지 말아야 한다는 것이지요. 마음이 따뜻한 복지, '우애와 환대'라는 사람 사이의 관계가 살아있는 복지, 그것은 결국 생동하는 마을 공동체 내지 지역 공동체의 회복으로 귀결될 것입니다.

자본주의를 넘어서기 위한 몸짓

행복이 일상에 깃드는
경제 패러다임

이정환   진보성향의 경제학자로 알려진 사람들도 막상 이야기를 들어보면 '합리적인 시장경제'를 최고의 가치로 두는 사람들이 많습니다. 시장이 제대로 작동하지 않기 때문에 문제가 생긴다고 보는 관점이죠. 이 사람들의 관심은 정부가 시장에 지나치게 개입해서는 안 된다, 정부의 역할은 시장이 제대로 기능하도록 돕는 데서 그쳐야 한다는 수준을 넘어서지 못합니다. 시장 자체를 부정하지 못하는 것이죠. 2008년 미국 서브프라임 사태 이후 '고장 난 자본주의' 시스템에 대한 설명을 하지 못하는 것도 그런 이유에서일 거라고 생각됩니다만. 그람시의 표현에 따르면 "지금은 낡은 체제는 무너졌으나 새로운 체제는 오지 않은 그런 과도기적 상황"일 수도 있겠다는 생각이 듭니다.

강수돌   보수 성향도 가지가지이듯 진보 성향 또한 가지

가지죠. 합리적 시장 가설이란 실은 보수 성향의 이론입니다. 좋게 말하면 산업 자본주의 시대에만 걸맞은 이론이고요. 나쁘게 말하면 현실과 유리된 진공 속의 이론일 뿐이죠.

정부가 시장이 잘 작동하도록 하는 정도에서만 개입하자는 것이 독일의 '질서 자유주의' 입장입니다. 실은, 시장은 그냥 두면 저절로는 합리적으로 조절되지 않는다는 것을 인정한 셈이죠. 실제로는 영국이나 미국이나 시장을 가장 강조하는 나라들도 시장에 부단히 개입하는 게 현실입니다. 독일 등 유럽에서는 오히려 솔직하게 사회적 불평등이 극심하지 않도록 하는 선에서 정부가 시장에 개입하자는 '사회적 시장경제' 개념도 나온 것입니다. 그런 이론에 기초한 정책을 독일 보수당인 기민련이 추진해왔죠. 상대적으로 진보적이라는 사민당조차 근본적으로 다른 것 같지는 않아요.

그런데 제가 시장을 문제 삼는 것은 크게 두 가지 이유입니다. 하나는 시장 경쟁력을 개인적 삶이나 사회적 삶에서 최우선으로 삼다 보면, 인간 삶의 다른 가치들이 무참하게 희생되기 때문이죠. 일례로, 기업들이 경제성을 추구하며 무한한 시장 경쟁에 돌입하다 보니 인간성이나 생태성 차원이 갈수록 망가지잖습니까? 그래서 시장이 삶을 압도해서는 안 된다고 보는 것입니다. 반면에 재래시장, 벼룩시장, 중고시장, 아나바다 시장, 공정무역 시장 같은 것은 좋은 시장이라 보는 거죠.

둘째는 말로는 시장 경쟁이나 공정 경쟁을 강조하면서도 실제로는 재벌 등 독점 자본의 이익만 키우는 게 문제라고 보는 겁니다.

사실, 아무런 사회적 제재도 받지 않는 자유시장 메커니즘 자체가 결코 합리적으로 자동 조절되는 법은 없습니다. 보수 학자들은 아담 스미스 식의 '보이지 않는 손'이 작동해서 잘 조절된다고 하지만, 그것은 재벌이나 대기업, 기득권층의 특수 이익을 보호하기 위한 강변에 불과합니다. 2012년 베니스영화제에서 황금사자상을 받은 김기덕 감독의 〈피에타〉라는 영화에도 금속·기계 분야의 중소·영세기업들이 얼마나 힘들게 시장 경쟁을 견뎌나가야 하는지, 그러다 빚더미에 앉아 얼마나 자기 목숨이 파리 목숨에 불과한지가 얼핏 나오죠. 하청 기업이 보다 큰 기업에 주는 납품 단가를 200원에 맞추느냐 300원에 맞추느냐가 생사를 가를 정도니까요.

만약 보수 이론가들의 말대로, 시장이 스스로 조정이 잘 된다면 굳이 보수 정권조차 '동반성장' 정책을 추진하겠다고 떠들지 않아도 되지 않겠어요? 이런 걸 보면 시장이 우리 사회를 주도할 이념이 되어선 안 된다는 것입니다.

그러면 시장이 아니라면 국가냐? 이것도 문제죠. 국가 주도, 즉 박정희식 개발독재나 소련식 일당독재도 문제입니다. 개발독재는 이미 수십 년간의 경험을 통해 우리가 그 문제를 알고 있는 거고, 소련이나 동유럽의 체제도 90년대 초에 무너짐으로써 그 실패를 입증한 바 있으니, 더 이상 설명이 필요 없죠.

한편, 복지국가 시스템도 문제는 문제입니다. 그 물적 토대나 지속가능성의 측면, 그리고 민중의 자율성이나 공동체 관점에서 보면 여러 면에서 한계와 모순이 보입니다.

　그래서 중요한 것이 '진정한 제3의 길'이라고 할 수 있는 풀뿌리 민주주의와 자율적 공동체라는 것입니다. 물론 시장이나 국가 논리의 장점까지 통째로 폐기할 일은 아닙니다. 최소한 과도기적으로라도 그 장점을 이어가면서 공동체 요소를 강조하고 강화해야 한다는 거죠. 개인의 자유와 사회적 평등, 공동체와 생태계를 아우르는 가치들이 진정한 진보의 가치니까요. '경제민주화'도 이런 다차원의 사회적 가치를 구현하기 위한 노력의 일환이 아니겠어요?

이정환　　　　저는 경제부 기자 생활을 하면서 한국경제의 가장 큰 문제가 일자리 문제라고 생각해 왔습니다. '고용 없는 성장'이 경제적 약자들을 착취하고 제조업이 쇠퇴하면서 금융시장이 팽창하고 그 과정에서 노동자들은 일방적으로 희생을 전가 받고 있습니다. 정치권에서 경제민주화라고 거론하는 '재벌 개혁'이 근본적인 대안일까 하는 고민도 있습니다. 재벌을 해체하면 '주주자본주의'가 그 자리를 차지하게 된다는 장하준 교수의 지적도 상당 부분 설득력이 있고요. 주주자본주의라는 개념에 갇힐 필요는 없지만 시장의 한계를 벗어나려는 구조적인 고민이 필요할 거라는 생각이 듭니다.

　그런데 강 교수님 말씀을 듣고 보니, 단순히 노동조건을 개선하고 일자리를 늘리는 것을 넘어 근본적으로 '노동사회'를 벗어나는 대안을 고민해야 하지 않을까 하는 새로운 고민이 듭니다. 강 교수님께서는 '살림의 경제'를 대안으로 제시하고 계신데 좀 구체적으로 설명해주시죠.

강수돌　　　　돈벌이 논리를 바탕으로 사다리 질서 안에서 움직이는 경제를 저는 '죽임의 경제'라 부릅니다. 돈벌이 경제가 억압과 착취, 기만과 파괴를 일삼기에 사람과 사람, 사람과 자연의 건강하고 따뜻한 관계를 파괴할 뿐만 아니라 사람의 내면과 정신까지 파괴한다고 보기 때문입니다. 또 사다리 질서란 상하 간 계급적으로 구분된 사회, 옆 사람을 '팔꿈치'로 밀쳐야만 나의 생존이 보장되는 사회, 극소수 상층 진입에 성공한 자는 엄청난 기득권의 떡고물을 누리지만 중하층 대다수는 늘 생계에 허덕일 수밖에 없는 사회의 구조를 말합니다.

이런 맥락에서 "네가 그 사다리를 올라갔으니 나도 올라가겠다. 내 사다리 걷어차지 마라"는 식은 참된 대안이 될 수 없습니다. 진정한 대안은 "네가 올라간 길이 잘못됐으므로 나는 전혀 다른 길을 찾겠다"는 것입니다. 죽임의 길이 아니라 '살림의 길'을 택해야 한다는 것이죠. 이렇게 살림의 길을 걸어가기 위해서는 삶의 자율성과 연대성이 필요합니다.

말씀하신 일자리 문제도 중요하죠. 그러나 고용의 양도 중요하지만 질도 중요해요. 자부심과 보람을 느끼며 일을 할 수 있느냐의 문제죠. 지금 노동시장의 한쪽은 실업자나 비정규직에, 다른 쪽은 만성 과로와 일중독에 시달립니다. 그야말로 최악이죠.

이런 현실을 몰라서가 아니라 오히려 직시하기 때문에 저는 '노동'이 일생을 좌우하는 패러다임이 아니라 '행복'이 일상 속에 내재하는 패러다임을 찾자는 것입니다. 이게 '살림의 경제'입니다. 최근 경제민주화 논란에서 재벌 개혁이나 양극화 해소 같은 문제들이 많이 언급되어 긍정적 면이 있으나 궁극적으로 살림의 경제(사람과 사람, 사람과 자연 사이의 생동하는 관계를 살려내는 경제)를 구현하지 않으면 경제민주화는 실속 없는 허세에 그치거나 일관성을 잃고 더 큰 모순을 낳을 수 있다고 생각합니다.

사회가치와
생명가치

이정환　　　소득과 행복의 상관관계를 분석한 여러 연구 결과를 보면, 소득과 행복은 1만 달러 정도의 한계치까지만 긍정적 상관관계가 있다고 합니다. 아프리카나 남아메리카, 동유럽의 나라들은 소득이 늘어날수록 행복도 늘어나는데 1만 달러가 넘는 나라들은 소득이 늘어나는 만큼 행복이 늘어나지는 않는다는 거죠. 소득의 한계효용 체감이라고 하는데요. 무더운 여름날 저녁 맥주 첫 잔이 가장 맛있는 것과 같겠죠. 두 번째 잔도 맛있긴 하겠지만 첫 잔 만큼은 못한 것처럼 말입니다.

　강 교수님께서는 저서 〈살림의 경제학〉에서 돈벌이 위주의 경제 구조가 파괴하는 7가지 인간적 조건을 규정하셨습니다. 우리가 너무나 당연하게 받아들이는 것들을 자본주의의 병폐라고 지적하셨는데요. 간단히 설명해 주시죠.

강수돌　　　　소득과 행복이 결코 무한정 비례 관계가 아니란 점은 이미 1974년 리처드 이스털린 교수가 밝힌 바 있죠. 그 법칙에 따르면 한국이야말로 대표적인 증거죠. 박정희 정부 초기인 1960년대 초에 1인당 국민소득이 80달러 정도였는데 50년 뒤인 2012년 말 기준으로 2만 3,000달러 정도를 기록했으니 약 250배 부자가 되었죠. 그렇다고 해피니스(행복도)가 250배, 아니 25배라도 늘었을까요? 아니면 스트레스가 오히려 25배 증가했을까요? 물론 사람마다 다르겠지만 2013년 5월 경제협력개발기구(OECD)가 발표한 '행복 지수' 조사에서 한국은 36개 선진국 가운데 하위권인 27위를 기록했죠. 이 뿐만 아니라 '국민 삶의 질 지수'를 비롯한 각종 행복지수에서도 한국은 최하위권을 달리고 있어요.

　질문하신 것 중에 제가 강조한 7가지 측면이란 '살림'이 아니라 '죽임'의 경제가 이뤄지게 된 사회적 조건들입니다. 그것은 첫째, 공동체와 개인의 분리입니다. 공동체가 해체된 자본주의 사회에서 노동자는 스스로 자본가 밑에 들어가지 않으면 살아남기 어렵습니다. 겉으로 자유로운 노동계약의 결과, 노동자는 이제 무얼 어떻게 생산하고 소비할 것인가를 스스로 결정하기보다 하나의 대상화된 생산요소로 혹은 관리 통제되는 인적자원으로 취급당합니다. 자본가의 의지나 시장상황에 수동적으로 적응해야 하는 존재로 전락하죠.

둘째, 생산수단과 노동력의 분리입니다. 자신의 삶을 위해 스스로 생산하던 사람들이 관리 받는 노동력으로 전화되면서 크게 두 가지 특성이 뒤따릅니다. 하나는 자본가의 필요에 맞게 노동을 수행할 능력이 있어야 하고, 다른 하나는 자본가의 계획과 명령에 따라 충성스럽게 노동하려는 의욕이 있어야 한다는 것이죠. 나름의 꿈과 소망을 가진 사람의 측면은 부차화되거나 무시된다는 거죠.

셋째, 구상과 실행의 분리입니다. 구상은 이제 일반적으로 기업가나 자본가, 경영자의 몫이고, 실행은 생산직이나 기술직 또는 사무직 노동자의 몫이 됩니다. 무엇을 어디서 얼마나 어떻게 생산할 것인가의 의사결정은 이제 사실상 경영자의 고유 권한이며 주어진 계획을 얼마나 성실히 실행하느냐 하는 것만 노동자의 과업이죠. 사람들이 노동 과정 속에서 획득하고 축적해온 삶의 지혜와 비법들이 갈수록 자본 측에 집중되고 이것이 거꾸로 노동과정을 통제하는 무기로 활용되는 양상이죠.

넷째, 삶터와 일터의 분리입니다. 삶보다 일터, 농촌보다 도시, 생활시간보다 노동시간이 우위에 놓이면서 결국 일터가 삶터를 지배하고 심지어 파손하는 상황에 이르게 되죠.

다섯째, 자연과 인간의 분리입니다. 시간이 흐를수록 사람들은 자연을 더욱 대상화, 객체화하면서 정복과 개발, 돈벌이의 수단으로 삼습니다. 자연이 상품 생산에 필요한 원료나 기계 설비 생산을 위한 재료의 형태로 대량 변환되고 있죠. 생태계 전체가 자본의 효율적 관리 아래 놓이면서 자연 생태계는 물론이고 인간 생태계인 내면의 자율성과 창의성까지 급속도로 파괴됩니다.

여섯째, 생산과 소비의 분리입니다. 총체적 생산자인 기업가는 직접 생산자이자 직접 소비자인 노동자를 효과적으로 관리하려 들죠. 이 과정에서 소비자 욕구가 끊임없이 조작됩니다. 그 주된 도구가 광고와 유행입니다. 소비자들은 자기 삶의 문제를 스스로 해결해 나갈 의지와 능력을 상실한 채 오로지 더 많은 상품, 더 멋진 상품을 소유하고 소비하려 경쟁합니다. 사회적으로 건강한 생산자들은 생존도 힘든 반면, 과시적 소비자들은 선망의 대상이 되는데 그야말로 병든 사회의 단면이죠.

일곱째, 내면과 외면의 분리입니다. 외형적 성장에 치중하면서 내면은 공허해지죠. 기업의 노동력 관리도 갈수록 공허한 노동자 내면을 성과주의 보상체계나 물질적 소비체계로 채우려 드는 식입니다. 노동자들은 일중독, 소비중독에 빠지기 쉽죠. 갈수록 내면과 외면이 분리됩니다. 인간적이고 직접적인 욕구가 실현되지 않고 대부분 화폐나 권력, 상품을 통해 실현되기에 갈수록 더 많은 화폐와 상품, 권력과 명예를 추구하게 됩니다. 이 과정에서 자신은 물론이고 생태계를 파괴하는데 별 고민 없이 동참하고 원래의 인간적 욕구를 자신도 모르게 억압하게 됩니다.

그래서 이런 7차원의 뒤틀림 현상을 생각하면서 사람과 사람, 사람과 자연이 제대로 공생할 수 있는 그런 새로운 경제를 만들자는 것이 '살림'의 경제학이자 올바른 '경제민주화'라고 생각합니다.

<u>**이정환**</u>　　　사람들이 자신의 욕망을 충족하는 게 어떻게 보면 삶의 기쁨이고 동력이고 목적일 수도 있겠다는 생각이 들기도 하는데요. 성취의 보람이 없다면 이 험난한 경쟁사회에서 어떻게 스스로를 지탱할 수 있을까, 하는 생각도 들고요. 물론 그 경쟁사회에서 대부분은 낙오되고 도태되는 게 현실이지만, 누구도 다른 대안을 찾지 못하니까 서로 남을 밟고 올라가려 하는 것 아니겠습니까?

<u>**강수돌**</u>　　　물론 욕구나 욕망의 충족이 중요한 동인이긴 합니다. 그런데 인간의 욕구나 욕망도 표층과 심층이 있어요. 심층 욕구는 사람 그 자체로서의 존중과 사랑, 자아실현, 그리고 공동체 성원으로서의 행복한 삶 같은 것이죠. 반면에 표층 욕구는 당장의 생존과 생계, 취업과 고용 안정, 학교나 회사에서의 인정과 보상, 승진, 사회의 인정과 지위 상승이죠. 앞서 말씀드린 내용을 달리 말하자면, 심층 욕구는 억압되고 표층 욕구만 조장되는 현실적 구조를 냉정하게 지적하고자 한 겁니다.

주류 경제학에서는 '자원은 유한하고 인간의 욕구는 무한하다'는 '희소성'이란 가정 위에 효율성이나 생산성, 선택의 자유 등을 최고의 가치로 칩니다. 유한한 자원으로 무한 욕구를 충족시키자면 쉬지 않고 기계처럼 효율적으로 일해야 합니다. 그런데 아무리 효율적으로 일한들 과연 인간의 무한한 탐욕을 충족시킬 수 있을까요? 간디 선생도 '인간의 필요를 위해선 지구 하나로도 충분하

지만, 탐욕을 위해선 지구 몇 개도 모자란다'는 말을 했죠.

그래서 우리는 경제가치 지상주의로부터 사회가치와 생명가치를 동시에 중시하는 태도를 가져야 합니다. 그래야만 '충분함'을 알면서도 높은 '삶의 질'을 두루 영위하는 새로운 삶이 가능합니다. '충분함'을 안다는 것은 일중독이나 소비중독에 빠지지 않을 수 있는 면역력이기도 해요. 새로운 사회경제 제도와 구조는 이 같은 삶의 태도 위에 구축될 때 서로 상호작용하면서 발전할 수 있죠.

그래서 생산성 향상 운동보다는 삶의 질 향상 운동을, 모두 부자 되기 운동보다는 두루 소박하게 살기 운동이 필요하죠. 욕망을 없애자는 게 아니라 '다른' 것을 욕망하자는 김종철 선생의 말도 기억할 필요가 있어요. 그래서 모두 조금씩 일하고, 조금씩 먹고, 조금씩 쓰면서도 더 많이 존재하고 더 많이 친교하며 더 많이 행복해지는 그런 삶이 보편적인 해답이 아닐까요?

이정환   아마르티아 센 케임브리지대 교수는 "인간의 행복에 가장 결정적인 것은 한 사람이 얼마나 많은 재산이나 자원을 소유하고 있느냐가 아니라 그 사람의 능력이나 삶의 기회가 바로 성공적인 삶에 이르는 열쇠"라는 이론을 끌어낸 바 있습니다. 중요한 것은 실제로 자신의 목표와 소질, 능력에 부합하고 스스로 결정하는 삶을 살 수 있느냐는 것인데요. 강 교수님의 살림의 경제학도 그 연장선에 있다는 생각이 듭니다.

강수돌　　　　　그런 면이 있죠. 살림의 경제를 구현하기 위해선 다섯 가지 원칙이 있다고 봅니다.

첫째는 생명 살림의 원칙입니다. 가난하더라도 예를 잃지 않고 더불어 도와가며 사는 것, 애환이 있더라도 삶의 의미를 느끼며 사는 것, 부족하고 힘겹지만 활기 넘치는 삶을 사는 것이 살림살이라는 '경제' 본래의 의미에 가깝죠. 그런데 경제가 자본주의 시장경제 및 노동력의 상품화와 더불어 '돈벌이'의 의미로 왜곡되면서 우리가 겪고 있는 대부분의 사회문제들이 생겨났죠.

둘째는 계속 살림, 즉 지속가능성 원칙입니다. 1차 산업, 특히 땅과 물을 살리는 유기농업이 경제의 핵심 위치를 차지해야 합니다. 모든 분야에서 노동시간도 획기적으로 단축돼야 합니다. 예컨대, 현 단계에서는 주 4일, 하루 4시간 노동을 기준으로 할 수 있겠죠. 특히 3면의 바다와 70%의 산, 그리고 수많은 강들을 다시금 건강하게 살려내는 일이 절실해요.

셋째, 스스로 살림, 즉 자율성의 원칙입니다. 여기서 자율성은 주인의식에 충만한 자발적 주체성을 강조하는 것이지만, 다른 편으로는 세상과 삶에 대한 '책임성'을 강조하는 개념이기도 합니다. 현 자본주의가 E. F. 슈마허의 말대로 '무책임의 제도화'란 특징을 가진다면 현실 사회주의는 '책임성의 대리화'란 특징을 가졌죠. 하지만 살림의 경제는 우리 삶을 우리가 주체적으로 같이 꾸려가자는 것입니다. 살림의 경제에서는 국가나 기업, 시장보다는 마을이나 지역, 협동조합처럼 전면적 참여와 연대가 가능한 생활단위가 중시됩니다.

넷째, 서로 살림, 즉 호혜성 원칙입니다. 서로 살림의 원칙이란 시장화, 상품화라는 그럴 듯한 이데올로기 위에 타자의 희생을 대가로 자기만의 이익을 경쟁적으로 추구하는 돈벌이 경제도 아니고, 엘리트 기득권층이 지배구조의 최상위에서 명령과 시혜를 베푸는 하향식 경제도 아닙니다. 서로가 서로를 존중하며 상호 필요를 채워주고 공동의 문제를 함께 해결하는 진정한 '선물의 경제'입니다. 이런 구조에서 각 개인은 상호 존중하는 맞춤식 개성 교육을 통해 자신의 잠재력을 최대한 계발하고 발휘할 수 있죠.

다섯째 내면 살림, 즉 필요의 원칙입니다. 돈이 되면 생산하고 돈이 안 되면 생산하지 않는 것은 돈벌이 경제죠. 그렇다고 사회주의 국가처럼 지도자들이 인민의 필요를 알아서 대신 충족시켜주는 것도 바른 경제가 아닙니다. 진정한 내면의 필요, 심층 욕구에 귀를 기울이고 이를 건강한 방식으로 실현하는 경제가 절실합니다. 돈과 권력, 명예와 지위, 체면과 위신과 같은 외적 잣대가 아니라 참된 내적 욕구의 충족에 초점을 맞추자는 것입니다.

이런 다섯 가지 원칙 아래 만들어지는 국내외의 활동들, 예컨대, 유기농 마을공동체 운동, 대안교육 운동, 지역화폐 운동, 생협 등 협동조합 운동, 노동자 자주관리 운동, 공정무역이나 민중무역 운동 등이 그 생생한 사례들입니다. 이런 대안경제들이 절실히 필요할 뿐 아니라 실제로도 가능하다는 이야기죠.

이정환　　　　　　이제 '주주자본주의' 이야기를 좀 더 해볼까요? 눈앞의 이익을 늘리기 위해 설비투자를 미루거나 포기하는 기업에는 미래가 없습니다. 이게 주주자본주의인데, 이는 이론이 아니라 이미 현실입니다.

주주 입장에서는 10년 동안 벌어들일 이익이 당장 공장을 팔아치워서 얻게 될 이익보다 크지 않다면 문을 닫는 게 이익입니다. 새로운 공장을 짓느라 올해 이익이 줄어들 것으로 예상된다면 일단 주식을 팔아치우는 게 이익이고요. 5년 뒤의 이익보다 당장 내일 아침 주가에 일희일비할 수밖에 없습니다. 공장을 해외로 옮겨서 이익이 두 배로 늘어난다면 당연히 옮겨야 합니다. 주주들이 이익을 다 챙기는 시스템에서는 이런 퇴행을 막을 방법이 없습니다. 정규직 고용을 최소화하면서 비정규직을 늘리고 구조조정을 하고 노동시간을 늘려가면서 이익을 늘리는 방식이죠.

주주자본주의가 일자리를 뺏고 미래를 잠식합니다. 주주자본주의를 어떻게 규제할 수 있을까요? 장하준 교수는 주주자본주의의 대안으로 재벌과 타협을 해야 한다고 주장하는데 물론 필요하다면 타협도 해야 합니다. 문제는 누가 재벌을 압박할 것인가, 그리고 무엇을 압박할 것인가. 저는 재벌 개혁이 주주자본주의의 유일한 대안이라고 생각하지는 않습니다. 재벌 해체라는 공허한 구호도 대안이 될 수 없다고 생각합니다. 정운찬 전 국무총리 등이 제안했던 초과이익 공유제도 실효성이 없다고 봅니다. 사회책임투자를 비롯해 착한 자본주의운동도 한계가 있습니다. 그러면 대안은 뭘까요?

강수돌　　　　말씀하신 '주주자본주의'는 '이익은 사유화하고 비용은 사회화'하는 것이 특징입니다. 결국 사람과 공동체를 죽이는 결과를 초래해요. 주주들만 잘살자는 것이니 경제 양극화, 사회 양극화를 부르는 게 뻔한데, 이런 경제가 바람직할까요?

경영학이나 경제학 교과서들에서 흔히 주주자본주의에 대한 대안은 '이해관계자 자본주의'라고 되어 있죠. 물론 좀 더 낫습니다. 노동자, 노조, 소비자, 거래기업, 채권자, 정부, 지역사회, 생태계 등에 이르기까지 다양한 이해관계자를 같이 생각하자는 것이니까요. 하지만 이윤과 경쟁, 착취와 지배라는 근본적으로 뒤틀린 구조 자체엔 문제 제기가 없어요. 그게 한계죠.

장하준 교수의 재벌 타협을 통한 복지사회 건설도 일견 일리가 있지만 문제는 많죠. 재벌이 문어발로 산업과 금융을 장악한다든지 황제경영을 일삼는다든지, 수많은 중소기업들을 수직계열화 방식으로 지배한다든지, 골목상권까지 침해한다든지, 노동자의 삶이나 노동조합을 억압하는 측면 등은 타협의 여지가 없습니다. 그런 걸 적절히 인정해주면서 이루는 복지나 사회책임투자가 무슨 의미가 있겠어요?

그렇다고 공허하게 재벌 해체만 주장할 수도 없습니다. 내용을 갖고 사실상 재벌이 필요 없는 그런 새로운 경제를 논의하고 만들어야죠.

저는 그것이 앞서 말한 살림의 경제, 공생의 경제, 공동체 경제
로 나타날 수밖에 없다고 봅니다. 그런 면에서 초과이익공유제(대
기업의 초과이익을 일정 부분 중소기업과 나누자는 것)나 사회책임투자(
기업이 윤리적이고 생태적인 투자를 많이 하는 것) 등 '착한' 자본주의 이
야기도 그 근본에서 제가 앞서 말한 '살림의 5원칙'을 지키려 하지
않으면 역시 문제는 남는다고 봐요. 그래서 집으로 비유하자면,
지붕이나 기둥만 바꾸기보다 기초나 주춧돌부터 고치고 그 다음
에 기둥과 지붕을 차곡차곡 바꾸어야 제대로 변화와 혁신을 이룰
수 있다고 봅니다.

이정환　　　　　거창한 대안을 찾기보다는 불공정 거래 행위를
엄격히 처벌하고, 거대자본의 독과점과 자유시장과 힘의 논리를
빌린 횡포를 막는 실천적 대안이 필요할 거라 봅니다.

삼성SDS는 명실공히 국내 최대의 정보기술(IT) 기업입니다. 국
내 최대의 SI(시스템통합) 업체이기도 합니다. 이 회사는 삼성그룹
계열사 SI물량을 거의 독차지하다시피 하죠. 전체 매출 가운데 계
열사에서 나오는 매출이 무려 70%에 육박하고요. 재미있는 건 이
회사가 비상장 기업이기 때문에 계열사들이 시장 가격보다 높은
가격으로 물량을 밀어주면서 이 회사가 벌어들인 이익이 고스란
히 주주들, 즉 이건희 회장 일가로 건너가는 시스템이라는 겁니다.

이 회장 일가의 삼성SDS 지분은 27.4%에 이릅니다. 여기에다
삼성전자가 21.3%를 보유하고 있고 삼성화재가 18%, 삼성전기가

8.3%를 각각 보유하고 있습니다. 내부 지분율이 무려 75%나 됩니다. 총수 일가 입장에서는 다른 계열사들보다 삼성SDS에 이익을 몰아주는 것이 훨씬 이익이라는 거죠. 문제는 이 회사가 국내 최대의 SI 업체라서 정부 발주 사업들을 싹쓸이하는데 그렇게 싹쓸이한 사업을 하청에 하청을 줍니다. 1인당 인건비 1,500만 원에 받아들인 사업이 '갑을 관계'를 거쳐 병정무기까지 내려가면 월 200만 원도 안 되는 헐값이 됩니다. 이게 'IT 강국'이라는 나라의 초라한 현실입니다. 정부는 이런 사실을 알면서도 속수무책으로 방치 또는 방관하고 있습니다. 시장원리가 작동하지 않는 상황인데, 규제할 방법이 마땅치 않은 것도 사실입니다.

강수돌　　　　수치로 말씀해주시니 실감납니다. 이론도 중요하지만 실질적으론 그런 독과점과 불공정 행위를 철저히 차단하는 것도 중요해요. 재벌과 적절히 사회적 타협을 하기 어려운 것도 그러한 총수 일가의 '몰아주기식 독점' 같은 구조적 문제가 있기 때문입니다. '땀 흘린 만큼 보람이 있는 사회'가 아니라 '땀 한 방울 흘리지도 않고 싹쓸이하는 사회'가 되어버린 것이죠. 이건 타협의 대상이 아니라 타파의 대상입니다.

한편, '갑을 관계'는 결국 갑이 강자이고 을이 약자인 관계인데 그런 방식으로 하청에 하청이 이어지면서 부실과 착취가 연쇄 고리로 이어집니다. 그 과정에서 '강자 동일시' 심리와 '약자 무시' 심리가 더 강화되는 거죠. 이게 이른바 '시장 원리'의 실상입니다. 교과서처럼 작동하는 '공정 시장'이나 '자유 시장'은 없다는 겁니다. 그런 시장 원리란 실험실 속의 '진공'처럼 일상적 삶의 과정에서는 허상에 불과하다는 걸 알아야 합니다.

최근(2013. 7. 18) 남양유업이 '밀어내기' 판매방식을 공개적으로 사과하고 향후 개선하겠다고 약속한 것도 사실은 시장이 자유롭고 공정해서가 아니라 대리점들이 단결하고 연대하여 공개적인 압박을 가하고 사회 여론이 비등해지면서 야당까지 노력한 결과, 불만족스럽긴 하지만 그래도 약간의 성과라도 일구어낸 것 아니겠어요? 그래서 갈 길이 참 멀죠.

이정환 강 교수님이 강조하신 것처럼 노동자 자주기업도 대안이 될 수 있겠죠. 정부에서 종업원지주회사 전환을 적극 지원하는 것도 필요하지 않을까요? 구조조정과 기업회생의 대안으로 검토할 수도 있을 겁니다. 필요하다면 공적 기금을 조성하는 것도 좋을 거고요. 국민연금이 구조조정 펀드로 참여하는 것도 가능하겠죠. LBO(차입형 기업인수)를 종업원지주회사 전환에 활용할 수 있도록 허용하면 어떨지요? 주주자본주의의 외연을 확장하는, 좀 더 적극적인 대안을 실험해 보자는 겁니다. 주식회사가 아니라도 얼마든지 시장에서 살아남을 수 있다는 발상의 전환이 필요합니다. 주식회사를 협동조합으로 전환할 수도 있을 거고요. 무늬만 주식회사인 기업들을 비영리기업으로 바꾸는 작업도 의미가 있겠죠. 몬드라곤 같은 대안적 기업집단을 만들어 보면 어떨까요?

강수돌   그렇죠. 일단 중요한 것은 영리기업만이 경제 활동의 유일한 주체가 아니란 걸 인식하는 겁니다. 사람과 사람, 사람과 자연을 살린다는 원칙에만 동의하면 실로 다양한 형태의 기업, 다양한 형태의 소유나 경영이 가능하도록 해야 합니다.

앞서도 말씀하셨지만, 구조조정이 불가피한 기업의 경우에도 노동자나 노조가 차입을 해서 기업을 인수하고 자주관리를 할 수 있게 하면 굳이 쌍용차나 한진중공업 사태 같은 피비린내나는 갈등 없이도 오히려 더 나은 경영을 할 수 있어요. 인천의 키친아트나 청주의 우진교통이 가장 성공적인 사례를 보여주고 있죠. 한겨레신문이나 경향신문의 경우도 사원들이 주주로서 사장을 실질적으로 뽑으니 상대적으로 훨씬 공정하고 독립적인 언론을 만들 수 있음을 보여주잖아요.

결국은 극소수 대주주나 특권층의 기득권만 포기하면 문제는 술술 풀리기 시작한다는 겁니다. 게다가 노동자들이 주인의식과 책임감으로, 또 서로 신뢰와 존중으로 일을 하니 직장 분위기나 노동생산성도 높아진다는 것이죠. 스페인 몬드라곤 협동조합의 성공이 보여주는 것도 바로 이런 것 아니겠어요?

요컨대, '수출 많이 하고 달러 많이 벌면 부자가 된다'는 식의 편협한 사고를 버리기만 한다면, 오히려 좀 더 아기자기하고 인간적인 경제를 만들 수 있다는 말입니다.

민주적
공동결정 문화

<u>**이정환**</u>　　　　협동조합도 정말 실질적인 대안이 될 수 있을까
요?

<u>**강수돌**</u>　　　　현존 경제의 모순과 병폐를 타파하는 내부 혁신
도 필요하지만 동시에 그 밖에서 완전히 새로운 대안을 형성하는
혁신도 필요합니다. 그래서 아마도 앞으로는 경제나 경영에 있어
'협동조합의 르네상스' 시대가 도래할 것으로 봅니다. 2011년 말
에 이미 협동조합법이 통과되었고 2012년 말 그 시행령 통과 이후
더 우호적인 조건이 형성되었죠.

　5명 이상만 되면 (결정적인 흠이긴 하지만 금융 부분만 빼고) 모든 협
동조합 설립이 가능한데, 교육 분야나 동네 빵집, 마을 기업, 유기
농 협동조합, 의료보건 협동조합, 주택 협동조합, 노인 협동조합
등을 만들기가 쉬워집니다. '1원 1표' 원칙의 주식회사와는 달리 '1
인 1표' 원칙이므로 보다 인간적이죠. 개인과 공동체의 조화도 가
능하고요. 이미 한살림 등 생활협동조합도 제법 활성화돼 있고,
유기농도 갈수록 전망 있는 것으로 가고 있습니다. 이런 식으로 거
대기업 중심이 아니라 거꾸로 풀뿌리 민중과 공동체가 살림살이
경제의 중심으로 바로 서는 것, 이것이 희망입니다.

　물론 기존의 노동자, 기업 구성원들이 자기 발언권을 갖고 경영

과정에 민주적으로 의사를 반영시킬 수 있는 제도, 경영참가나 공동결정 제도가 더욱 확충될 필요가 있습니다. 노동법도 편협한 부분을 확장시키면서 일종의 생활 문화로 만들어나가야 해요. 특히 공동결정의 문화는 매우 중요합니다. 기업만이 아니라 온 사회가, 즉 학교나 직장이나 일반 가정 등 모든 공간에서 이해 당사자들이 협의하고 결정하는 과정에 주체적으로 참여하고 의견을 반영하는 그런 민주적 문화가 만들어져야 합니다.

이정환　　　　생활 전반에서 민주적 공동결정의 문화가 필요하다는 말씀에 공감합니다. 이해관계자 자본주의가 발달된 독일에서는 의원내각제처럼 감사회(의회)가 이사회(행정부)를 제어하고 감시하는 시스템이 자리를 잡은 걸로 알고 있습니다. 감사회는 주주 대표와 노동자 대표, 금융기관 대표, 때로는 지역사회 대표까지 함께 구성하고 내각제처럼 이들이 이사회 구성원을 뽑는다고 합니다. 공기업 개혁도 이런 식으로 가는 게 OECD의 권장 방안이고요. 우리나라도 국민연금 등 연기금을 잘 움직이면 재벌 해체까지는 가지 못하더라도 좀 더 손쉬운 재벌 개혁이 가능하지 않을까요?

강수돌　　　　네, 그래서 공동결정 문화가 중요하죠. 연기금 등 공공성이 강한 자금으로 재벌 기업군을 공공성이 강한 기업으로 바꾸는 것도 획기적이겠죠. 《녹색평론》 2013년 7~8월호 좌담에 나온 한신대 강남훈 교수에 따르면, 국민연금은 2040년경에 그

기금이 4,000조 원으로 정점에 이른다고 해요. 그 이후 줄어들다가 2060년 정도 되면 마이너스로 돌아설 가능성이 높다고 합니다. 현재 한국의 주식시장 시가 총액이 1,300조 원 정도인데, 2040년이 되면 4,000조 원의 국민연금 기금으로 주식시장의 모든 주식을 다 사고도 남을 정도가 된다는 계산이죠. 그렇게 되면 재벌도 국민연금으로 공적인 통제가 가능하다는 얘기입니다. 문제는 국민연금심의위원회 등의 구성원이 노동자나 시민 대표보다 자본의 대표가 더 많다는 것이죠. 이걸 정부가 먼저 바꾸고 국민연금 운용 방향도 바꿀 필요가 있어요. 그러나 자본의 입장을 대변해온 보수 정치인들이 얼마나 호응할지 그게 문제입니다.

한편, 공동결정 제도가 기업 경영 분야에서 중요하지만 생활 과정에서 문화로도 중요해요. 한 가지 일화를 들면, 제가 독일에서 1994년 7월, 박사논문 구술시험을 치르는데 심사 교수 네 분과 학생 한 사람이 들어온 겁니다. 누군가 했더니 총학생회에서 나왔더라고요. 왜 들어왔냐면, 혹시라도 이 학생이 논문심사 받는데 선생들이 근거 없는 이유로 부당한 결정을 내리지 않는지를 관찰하는 겁니다. 내 학위 논문심사와는 상관없는데 학생 대표도 참여하는 걸 보고 저는 신선한 충격을 받았습니다. 말로만 듣던 공동결정의 문화가 단순히 기업 경영이나 노사관계에만 존재하는 게 아니란 걸 알게 되었죠.

그래서 독일은 가정마다 교육 방식이 우리와는 많이 달라요. 부모들이 자녀의 진로나 취업을 걱정할 때, 한국에선 부모들이 선망하는 걸 아이들에게 일방적으로 이야기하는 경우가 많죠. 독일에서는 아이의 의사를 존중합니다. 성장 과정에서 모든 걸 인간적인 대화로 푸니까 아이도 자신의 생각을 자유롭게 말합니다. 아이를 어리다고 보는 게 아니라 작은 어른이라고 보는 겁니다. 작지만 대등한 인격체로 보는 거죠. 공동결정이란 것이 결국은 제도 이전에 문화라는 것입니다. 그래서 독일에서는 아이들이 대단히 자주적입니다.

이처럼 사람을 주체로 여기는 문화, 이것이 중요해요. 노동자도 '공동 경영자'로 보는 거죠. 이런 문화 덕분에 같은 자본주의 안에서도 독일 등 유럽 사회가 훨씬 더 민주화된 기업 문화를 갖고 있습니다.

이정환　　　그런 게 하루아침에 되진 않겠죠. 저는 대학교 때 야학에서 꽤 오랜 시간 동안 학생들을 가르쳤는데 그때 파울로 프레이리의《민중교육론》같은 책을 읽으면서 이런 고민을 했습니다. 프레이리의 토론식 수업이 왜 우리나라에서는 안 될까? 서로 질문을 던지고 가슴을 터놓고 이야기하는 과정에서 의식이 깨어나는 그런 경험을 왜 우리는 할 수 없을까, 그런 고민으로 여러 실험도 했는데 모두 실패했습니다. 우리나라 사람들이 원래 토론에 서툰 것인지, 정치적 의식이 부족한 것인지 잘 모르겠습니다.

강수돌　　　한국 사람들이 토론도 잘 못하고 의식도 빈약한

편인데, 원래부터 그런 게 아니라 사회적으로 만들어진 것입니다. 특히 가정과 학교, 언론의 역할이 중요해요. 역사를 민중의 관점에서 정리하고 성찰하는 과정이 없었던 것입니다. 그러다 보니 '강자 동일시' 심리, 그리고 '약자 무시' 심리만 강화돼 왔던 거죠. 그래서 강자만 큰소리치고 약자는 숨죽이며 따라가기 바쁩니다.

독일 등 유럽에서 사회적 풍토가 달라진 것도 긴 역사적 배경이 자리합니다. 18세기 말 내지 19세기 초 산업화 과정에서 각종 노동자 저항이 있었고 노동조합이나 노동자 정당들이 투쟁을 거치면서 탄생했죠. 이탈리아, 프랑스나 독일, 오스트리아 등에서의 '1848년 혁명'이 대표적이죠. 이렇게 오래 전부터 갈등의 역사가, 특히 아래로부터의 투쟁의 역사가 깁니다. 그 과정에서 토론과 논쟁, 타협하고 절충하는 긴 학습과정이 있었죠. 20세기 들어서서는 '1968년 혁명'이 대표적이죠. '68혁명'은 프랑스에서 시작돼 상징적이지만 유럽과 미국까지 영향을 줬습니다. '68혁명'은 대학생과 노동자들 수십만 명이 연합해 대외적으로는 베트남 제국주의 전쟁을 종식하고, 대내적으론 권위적이고 보수적인 사회구조를 바꾸겠다고 나선 역사적 사건이죠. 아래로부터의 항거입니다.

기존의 사회운동은 노동운동과 계급운동이 강했는데 이제는 가족이나 학교 교육, 사회 등 각 영역으로까지 확장됐어요. 오늘날 독일 대학에선 졸업식에 검은 가운을 입고 총장이 한 말씀 날리는 그런 장면이 없어요. 권위주의가 청산된 거죠. 대학 강단에 무대 같은 발판도 없어요. 대신 칠판이 상하 운동을 하죠. 교수가 학생

을 내려다봐서는 안 된다는 철학의 반영입니다. 독일은 그 외에
도 여성운동이나 생태운동이 활성화되면서 전반적으로 생활 문화
가 많이 바뀌었죠. 결국 일상 문화까지 바꾸는 장구한 운동이 필
요합니다.

이정환　　　성숙한 공동결정 및 토론의 시민문화가 경제민
주화의 기초도 된다는 이야기 같습니다.

강수돌　　　그렇습니다. 그런 풀뿌리 문화를 '나부터'에서 '
더불어'로 바꿔야 경제민주화의 방향도 제대로 설 수 있습니다.

　인간의 삶은 매우 복합적인데 정치와 경제, 사회, 문화, 교육, 종
교, 이렇게 나눠 놔서 그렇지, 뿌리를 더듬어 보면 서로 통하고 있
고 전체적으로도 하나의 통합적 삶의 과정입니다. 공부도 문과와
이과로 나누고 인문, 자연, 사회과학으로 나누는 건 편의상 나누
는 것이지 원래는 하나죠. 각 분과 학문을 한다 하더라도 문예나
역사, 철학 등 기본을 정립하고 전공분야로 들어가야 올바른 학문
을 할 수 있는 거 아니겠습니까? 자칫 전공만 강조하면 이반 일리
치 선생이 말한 '전문가 백치'만 만듭니다. 정치판에 전문가 백치
들이 얼마나 많습니까.

이정환　　　경제민주화와　정치민주화가　따로따로　가서는
안 된다는 말씀이시죠?

강수돌　　　　　맞습니다. 원래 경제민주화 따로, 정치민주화 따로가 아닌데, 현실은 딱하게도 그렇게 되었어요. 우리의 경험도 증명하죠. '1987년 체제'란 것이 결국은 형식적 민주화만 이뤘을 뿐이지 실질적 민주화인 경제민주화는 요원하다는 말이 아니겠어요? 절차나 형식에 그치고 만 정치민주화란 것도 대통령을 그나마 국내외 '국민'이 뽑는다는 것 외에 크게 민주화된 것도 없어요. 2012년 대선 이후 요즘엔(2013년) 대통령을 '국정원'이 뽑는다는 말까지 생긴 판이잖아요?

2013년 7월 《녹색평론》의 김종철 선생님이 〈오마이뉴스〉 '10만인 클럽 특강'을 하셨는데, 거기서 스페인의 산체스 고르디요 시장을 언급했죠. 인구 2,700명밖에 되지 않는 작은 도읍의 시장인데, 1979년부터 12년 동안 토지 없는 빈민과 함께 토지점거 운동을 벌인 결과 마침내 중앙정부로부터 인정을 받아냈다는 겁니다. 일종의 사유지를 공유지로 만드는 과정이었죠. 거기에 사람들이 집도 짓고 농사도 짓고 협동조합도 만들어 '현실적 유토피아'를 건설했다는 이야깁니다. 게다가 고르디요 시장은 2012년에 "경제위기를 부른 도둑들(은행이나 기업)이 죗값을 치러야 한다"며 노동조합 등이 까르푸 등 대형 마켓을 터는 것을 진두지휘하기도 했어요. 그리고 약탈한 식료품이나 생필품은 푸드 뱅크를 통해 빈민들을 구제했는데, 이 사건 때문에 그는 〈가디언〉 등 유럽 언론에 '현대판 로빈후드'로 알려지기도 했습니다. 사실 시장이나 도지사, 국회의원이나 대통령 등 이른바 '지도자'들이 진심으로 백성을 '위하는’ 정치를 하려고 한다면 이런 식으로 백성과 ‘함께’ 살림살이를 챙겨야 합니다.

사람을 귀하게 여기고 사람들이 모든 의사결정 과정에서 존중받고 민주적으로 참여하는 것, 소수나 다수를 가리지 않고 다양한 의견이 반영되고, 원만하고 조화롭게 협의하거나 서로 올바른 길을 찾도록 노력하는 그런 과정이 제대로 된 민주화의 내용이겠죠. 여기서 기득권을 포기하거나 일정한 양보도 불가피하죠. 무엇을 위해? 사람을 살리고 자연을 살리는 살림살이를 위해서 말입니다.

이정환　　　　말은 쉬운데 정말 요원하지 않습니까? 앞서 말씀하신 것처럼 교육과 지역사회 운동의 역할이 중요할 것 같습니다. 사회 전반에 공동결정의 문화가 뿌리를 내리려면요.

강수돌　　　　그렇죠. 공동결정 문화는 학교나 직장, 지역이 중요한 매개 고리가 된다고 봐요. 어른과 아이가 좀 다르게 만나고 가정에 영향을 주고 또 학교에 참여하면서 작은 변화에도 동참하는 것 말이죠. 그런 면에서 학교 교육과정이 중요해요. 학습이 삶과 통합되게 만들어야 합니다. 교과에서도 이론적인 내용과 실천 과정이 유리되지 않게 하는 게 중요하죠.

이를테면 마을에서도 ‘인문학 모임’이나 ‘교육 희망 모임’ 같은 걸 해볼 수 있어요. 비폭력 대화 및 토론법 같은 걸 실천하는 것도 중요해요. 이런 게 모두 살림의 경제를 만드는 데 밑거름이 됩니다.

물론, 이러한 '아래로부터의' 움직임과 더불어 (사실은 아래로부터의 강력한 힘이 반영된 결과) '위로부터의' 소신 있는 변화가 동시에 진행된다면 더할 나위 없이 좋겠죠. 일례로, 앞서 말한 김종철 선생님의 특강 중에서 남미의 에콰도르 이야기가 나옵니다. 아마존의 국립공원에서 거대한 유전이 발견되었는데, 라파엘 꼬레아 정부가 개발을 않기로 결정했어요. 주요 수출원이 석유인데도 말입니다. 여기서 선진국을 향한 대통령의 말이 걸작입니다. "우리가 석유를 캐내기 시작하면 지구 온난화 등 지구 전체에 악영향을 끼친다. 개발을 하지 않고 아마존의 생태를 지키겠다. 대신 당신들이 우리 경제를 좀 도와 달라." 멋집니다. 사실, 에콰도르와 볼리비아는 이미 7, 8년 전 민주정부가 수립된 이후, 근대국가로서는 최초로 '자연의 권리'를 규정한 신헌법을 제정했다고 합니다.

'사람의 권리'를 넘어 '자연의 권리'를 헌법에 규정할 정도라면, 우리가 공동결정의 문화를 넘어 생명존중의 문화까지 체득해야 하는 것이죠. 남미를 우리보다 잘살지 못한다고 무시할 일이 아니라 이런 철학과 소신을 적극 본받아야 합니다. 이런 의식을 가진다면, 지난 대통령이 장사꾼처럼 외국에 원전 수출한답시고 들떠서 다니는 일은 없겠지요.

GDP에서
GNH로

이정환　　　　유기농을 하는 분들도 과잉노동에 시달린다고 합니다. 실제로 유기농 생산물을 소비할 수 있는 사람들은 경제적으로 여유 있는 사람이죠. 모두가 유기농 생산물을 소비할 수 없다면, 가난한 사람들은 온갖 농약이 범벅이 된 유전자 조작 농산물을 소비할 수밖에 없는 현실에서 유기농이 과연 농업의 대안이 될 수 있을까 하는 의문도 듭니다.

강수돌　　　　현재의 유기농 소비문화에는 그런 문제가 있죠. 사실입니다. 가장 좋은 대안은 유기농민을 공무원처럼 대접해 소득 안정성을 보장하고, 모든 농업을 유기농으로 전환하는 것입니다. 유기농이 곧 국가 시책으로 되어야죠. 유기농 농산물 소비가 처음엔 중산층 문화로 출발했지만 점차 전 사회의 문화로 확대되어야 합니다.

　한편, 개인들도 텃밭이나 주말농장에 참여할 필요가 있고요. 농업을 산업의 시각으로 볼 게 아니라 생명으로 봐야 해요. 생명업입니다. 여건이 안 된다면서 계속 농약을 칠 수는 없죠. 제가 유기농에 주목하는 것은, 유기농을 통해 보다 인간적이고 생태적인 사회경제 시스템으로 갈 수 있다고 보기 때문입니다. 쿠바를 보세요. 전 국민이 나서서 20년 가까이 노력한 결과, 유기농으로 95% 정도 식량 자립을 이루지 않았습니까? 천천히, 그러나 올바른 길을 가는 게 답입니다.

이정환   지금까지 말씀하신 독일 등 유럽이나 남미의 쿠바가 우리에게 롤 모델이 될 수 있을까요?

강수돌   그대로 모방을 하기보다 '타산지석'으로 삼을 수 있죠. 아시아의 부탄도 시사하는 바가 큽니다. 부탄에서는 1970년대 초부터 국민총생산(GNP)이 아니라 국민총행복(GNH, Gross National Happiness) 같은 새로운 지표로 국정을 운영하잖습니까? 부탄 국민은 모두 부자가 되려고 하기보다 가난하지만 서로 돕고 사는 것이 대안이라고 생각합니다.

SBS에서 방영한 '최후의 제국—슬픈 제국의 추장' 편에 파푸아뉴기니의 가난한 공동체에서 살던 추장이 거기서 만난 미국인 아내를 따라 부자나라 미국에 가서 살다가 "완전히 미쳤어요. 모두가 자기 생각만 하죠. 사람들이 전부 이기적이에요", 오죽하면 "이게 아니다!"라고 하며 원래 살던 곳으로 돌아갔겠습니까? 결국은 삶의 가치가 중요하다는 것이죠. 한국의 시골 어르신들이 아들이나 딸을 찾아 도시에 갔다가 아파트에서 자살하는 경우가 생기는 것도 같은 이치입니다.

파푸아뉴기니 추장이 부족에서 하는 가장 큰 역할은 부의 '공정한 나눔'입니다. 단 한 명이라도 공동체에서 소외받지 않도록 노력하는 일이지요. 이것이 바로 지금의 위정자들이 배울 점입니다.

한편 독일이나 프랑스, 네덜란드나 덴마크, 노르웨이, 스웨덴, 핀란드 등 유럽 대륙은 상대적으로 삶의 질이 높으면서 경제민주화 수준도 높죠. 반면 부탄이나 쿠바는 유럽보다 생활수준은 낮지만 삶의 질은 높은 편입니다. 또 베네수엘라, 볼리비아, 쿠바 사이에 체결된 '민중무역협정' 같은 것은 한미 FTA나 한중 FTA 같은 '자유무역협정' 체결 문제에 좋은 대안이 됩니다.

종합하면, 국제관계도 호혜와 우애의 관계로 바꾸고 국정 지표도 GNH로 바꾸고, 각론으로 가서는 유기농업, 공동결정, 경영참가, 협동조합, 자주관리 같은 것을 촉진하는 것, 주거나 교육, 의료 등 생활과정의 문제를 사회 공공성 관점에서 (공동 책임으로) 해결하는 것 등이 절박한 시대적 과제라는 것입니다.

탐욕에 기초한
성장중독증을 버려라

이정환　　　　　경제성장이 설비 투자로 이어지고 고용을 창출할 거라는 막연한 믿음, 그래서 성장이 곧 부의 분배와 확산으로 이어질 거라는 오래된 믿음이 깨지고 있습니다. 성장의 부작용이 있다는 걸 누구나 인정하고 있지만, 그렇다고 누구도 감히 이 성장 패러다임을 부정하지는 못합니다. 부작용을 최소화하되, 성장은 계속돼야 한다는 믿음은 그만큼 확고합니다. 저도 GDP 문제를 오랫동안 고민해 왔습니다.

성장의 척도로 흔히 쓰이는 GDP는 1년 동안 한 나라에서 생산된 재화와 용역의 시장 가치를 모두 더한 값인데요. 시장에서 거래되지 않는 재화나 용역의 가치는 GDP에 포함되지 않습니다. 천연자원의 고갈이나 환경오염과 같은 성장의 부작용도 전혀 반영되지 않고요. GDP는 한 나라가 얼마나 많은 재화와 용역을 생산하는가를 나타내는 척도일 뿐 GDP의 증가가 곧 성장을 의미하는 것은 아니라는 거죠.

미국 백악관 경제자문회의 의장을 역임했던 하버드대학교 그레고리 멘큐 교수는 "GDP는 어린이들의 건강을 반영하지는 않지만 GDP가 높은 나라일수록 어린이들의 건강을 잘 보살필 수 있다"고 말한 바 있습니다. GDP가 시의 아름다움을 가르치지 않지만 GDP가 높은 나라일수록 국민들에게 시를 잘 가르칠 수 있다는 거죠. GDP가 그나마 삶의 질을 반영하는 최선의 척도라는 이야기인데요. 멘큐는 그 근거로 미국과 방글라데시, 또는 독일과 나이지리아의 평균 수명이나 문맹률 등을 비교하기도 합니다.

그런데 잘 살펴보면 GDP가 높은 나라 사람들이 상대적으로 오래 사는 건 맞지만 GDP가 높을수록 더 오래 사는 건 아닙니다. 문맹률 역시 마찬가지고, 삶의 질은 말할 것도 없습니다. GDP는 생산의 척도일 뿐 성장의 유일한 척도가 아니고 가장 정확한 척도도 아닙니다. 지금까지 세계 경제는 GDP를 기준으로 성장해 왔지만 어쩌면 그게 진짜 성장이 아닐 수도 있다는 이야기입니다.

GDP는 이를테면 양극화나 비정규직 문제를 전혀 반영하지 않습니다. 상대적인 가치일 뿐 부는 늘어나지 않거나 늘어나더라도 분배되거나 확산되지 않습니다. 성장하고 있다고 착각하고 있을 뿐 우리는 머물러 있거나 오히려 후퇴하고 있을 수도 있습니다.

강수돌　　　GDP는 객관적인 지표라고 하는데, 객관적이라는 말 자체는 멋지지만 실제 내용은 왜곡돼 있습니다. 어머니 노동이나 자연의 가치는 GDP에서 배제되고, 공해 유발 수출이나 산업재해조차 GDP를 높인다는 모순이 있죠. 사람 자르고 사회적으로 갈등을 일으켜도 GDP는 올라가요.

국정철학이나 경영철학이 모두 GDP에 맞춰져 있죠. 세계경제 차원에서 경제성장이란 이른바 선진국 모델의 범지구적 확장에 다름 아닙니다. 부국강병을 통해 세계시장에서 강자가 되려는 것, 강자가 된 뒤 엄청난 기득권의 떡고물을 독차지하려는 것, 이것이 이 모델의 진실입니다.

우리가 행복하게 살기 위해 필요한 것은 GDP가 아니라, 생명을 유지할 수 있는 '식의주(생계) 충족'과 더불어 심신 건강과 여유, 인격 존중과 평등, 공동체적 인간관계, 건강한 생태계 등 '삶의 질'입니다. 우리의 목표는 김구 선생의 말처럼 "부강한 나라가 아니라 아름다운 나라"여야 합니다. 오직 경제가치와 교환가치로 환원되는 경제성장은 이러한 필요충족과 삶의 질을 향상하는 데에 부분적으로만 기여할 뿐 참된 필요를 불충족시킬 뿐만 아니라 욕구를 왜곡하고 사회적 지속가능성을 파괴합니다.

사람과 사람, 사람과 자연이 더불어 행복하게 살기 위해서는 탐욕에 기초한 제도와 구조를 과감히 허물어야 합니다. 탐욕을 포기하는 것은 우리의 욕구나 필요를 포기하는 것이 아니라 질적으로 전혀 다른 것을 찾는 일입니다. 그래야 내면이 진정으로 행복해지죠. 한마디로 '성장중독증'을 버려야 합니다.

이런 면에서 경제성장이 정체되고 '글로벌 슬럼프'가 온 것은 절망이 아니라 차라리 희망의 출발점이 될 수 있어요. 다시금 가난이나 소박함에 대해 생각해보고, 정말 잘산다는 게 무엇인지, 성찰하고 다시 일어날 수 있는 계기를 만들어야 합니다. 주변을 둘러보면 생각보다 많은 분들이 이미 실천을 하고 있어요. 이런 게 희망의 싹이지요. '묻지 마 성장'을 해야 잘살 수 있다는 건 망상이나 착시에 불과합니다.

이정환　　　　우리가 가진 '착시 현상'에는 기술의 진보도 한몫을 하는 것 같습니다. 10년 전에는 상상도 하지 못했을 첨단 스마트폰을 쓴다고 해서 우리는 과연 성장했다고 할 수 있을까요? 초고속 인터넷이나 대형 LCD TV는 또 어떤가요? 이런 첨단 디지털 기기들이 우리의 삶을 얼마나 더 풍요롭게 하는 것일까요? 소비의 욕망이 자본의 욕망과 맞물리면서 성장 패러다임을 지지하고 있는 상황입니다.

중국의 저가 공산품과 상대적인 구매력 확대 역시 세계적으로 착시 현상을 불러일으키는 한 요인이라고 생각합니다. 삼성전자가 우리를 먹여 살린다는 착각만큼이나 오래된 착각입니다.

10여 년 전 중국에 배낭여행을 갔을 때의 경험이 생각납니다. 전통시장 안에 있는 음식점을 갔는데 거의 운동장만큼 넓은 공간에 커다란 원탁이 있고 가족·친구들이 둘러 앉아 조개와 게 껍데기 같은 것들을 산더미처럼 쌓아두고 먹고 있던데요. 굉장히 부러웠습니다. 그때 드는 생각은 저렇게 가난해도 행복할 수 있는데, 가난하다는 사실을 절실하게 느끼지 않는 이 사람들이 나중에 TV를 사고 아파트를 사고 자가용 자동차를 사기 위해 가난해지는 건 아닐까, 하는 생각이 들었습니다. 상대적인 가난일 수도 있고 기술의 격차가 저개발국가의 민중을 착취하는 수단이 될 수도 있고요.

강수돌　　　　이반 일리치가 말한 '근대화된 가난'이죠. 뭔가 새로운 것이 나오면서 갑자기 빈곤감을 느끼도록 강요받는 상황 말입니다.

컴퓨터와 인터넷, 자동차, 내비게이션, 스마트폰, 고층 아파트, 이런 것들을 누려서 우리는 얼마나 더 행복해졌습니까? 경제성장을 하면 할수록 불평등이 심화되고 금수강산은 오염강산으로 변했습니다. 행복한 삶을 위해 요구되는 하나의 조건이자 수단이었던 경제성장이 행복한 삶의 토대를 파괴하고 제 스스로 목적인양 자기 동력을 가짐으로써 주객이 전도되고 만 것이죠.

그러다 보니 각 나라마다 경제성장률이라는 수치를 높이기 위해 혈안이 되었어요. 그 와중에 희생되지 않아야 할 것들이 희생되거나 필요 없는 것들이 마치 필수품인 것처럼 광고되고 과잉생산되고 있죠. 이걸 지혜롭게 조절하는 것, 그것이 경제를 바로잡는 길입니다.

세계 차원의
경제민주화

이정환　　　　이제 한국의 노동자들은 중국의 노동자들과 경쟁을 해야 합니다. 말레이시아의 노동자들과 경쟁하고 시간이 좀 더 지나면 인도나 에티오피아의 아동 노동자들과 경쟁을 해야 할지도 모릅니다. 자동차 산업이 유럽에서 미국으로, 일본으로, 한국으로, 중국으로 넘어가는 것처럼 우리도 이제 우리의 핵심 산업을 중국과 동남아시아에 빼앗기게 될지도 모릅니다. 일자리가 줄어들고 산업이 송두리째 붕괴되는데 별다른 대안이 없습니다.

강수돌　　　　신자유주의 세계화의 결과, 금융권은 투기를 위해 세상을 돌아다니고 공장은 낮은 인건비나 큰 시장을 찾아 돌아다닙니다. 투기적 금융자본을 규제하는 것과 마찬가지로 노동착취의 세계화도 규제해야 합니다. 그렇지 않으면 '바닥을 향한 경주'만 하게 됩니다. 그 결론은 공멸일 뿐이죠. 그래서 비인간적 경쟁을 제한하는 국제협약이 필요합니다. '세계 차원의 경제민주화'가 되겠죠.

세계 차원의 연대가 실질적 경제민주화도 앞당깁니다. '연대 없이 민주화 없다'는 말이 성립하는 순간이죠. 한편, 자본의 입장에서는 노동자 사이에 격차가 있고 경쟁이 있는 게 유리하겠죠. 노동자 사이에 경쟁과 분열이 커질수록 자본의 지배력은 커지니까요.

여기서 노동과 자본의 이해가 갈라집니다. 경쟁과 분열이 자본의 이해관계에 부합하는 반면, 노동이나 사회운동은 단결과 연대, 평등의 원리를 추구하죠.

그러므로 각자 일하고 있는 기업이나 국가와 자신을 동일시하는 한, 경제민주화 과제엔 답이 안 나옵니다. 자본은 이윤의 극대화를 위해 신자유주의 세계화 물결을 추동하면서 온 세상을 하나의 공장, 하나의 시장, 하나의 돈벌이 공간으로 재편하거든요. 국경을 열기 위한 개방화, 규제를 피하기 위한 탈규제화, 공공부문을 돈벌이로 삼기 위한 민영화 및 사유화를 추진하고, 비용을 줄이고 통제를 쉽게 하기 위해 노동 유연화를 무기로 삼아 전 세계를 '자본의 제국'으로 만든 거죠.

반면에 노동자들은 자본처럼 자유롭게 이동할 수 없다는 겁니다. 이는 단순히 분배의 불평등일 뿐만 아니라 권력의 불평등이기도 합니다. 자본은 경찰과 총을 무기로 노동을 통제하지만, 노동은 돈이 없으면 결코 합법적으로 이동할 수가 없는 거죠. 결국은

우리가 어떤 식으로든 자본에 협력하고 있는 것을 줄이거나 멈춰
야 한다는 결론이죠.

이정환　　　　대개는 먹고사는 게 중요하니까, 월급만 잘 나오
면 된다고 생각합니다. 자본은 국경을 넘어 연대하는데 노동자들
의 국제적 연대는 그만큼 결속돼 있지 않은 것 같습니다.

강수돌　　　　정말 어렵죠. 세계경제포럼에 맞서 '세계사회포
럼'도 있는데 쉽지는 않아요. 국내에서도 수백 명이 모여서 '진보
포럼'과 같은 것도 하곤 합니다. 그런데 하다보면 조직부터 문제
가 되고, 그 안에서도 여러 분파들이 많아 생각들이 모이기 어려워
요. 그렇다고 하지 말자는 것이 아니라 '그럼에도 불구하고' 더 잘
할 수 있는 방식을 연구해야 하죠. '공감'의 원리에 기초한 비폭력
대화나 토론, 개방적 소통 같은 게 중요합니다.

이정환　　　　'모두가 선진국이 될 수는 없다'는 메시지도 필요
할 것 같습니다.

강수돌　　　　그렇죠. 간디 선생의 말대로, 미국 대도시 사람
들처럼 펑펑 쓰고 살려면 지구가 서너 개 있어도 모자라죠. 우리
가 선진국을 동경하면서 중독되어 가고 있어요. 그래서 신자유주
의 세계화를 방치하거나 여기에 기생하고 있는 상태죠. 정치경제

적으로 종속적 위치에 놓인 우리가 미국을 마치 금방 따라잡을 것처럼 환상을 갖고 있죠.

그런데 막상 미국을 들여다보는 사람들은 미국만큼 썩고 붕괴되고 활력 없는 나라는 없다고 해요. 좀 과장도 있겠지만 그 정도로 비관적인데, 그걸 선망의 대상으로 삼는 건 일종의 집단적 질병이라고 생각합니다. 껍데기보다 알맹이를 봐야죠. 만일 모두 선진국이 될 수 있다고 하면, 그건 물질 수준이 아니라 '삶의 질' 기준으로 볼 때만 가능하죠.

굿바이
일중독 사회

이정환　　　OECD 나라들 노동시간과 GDP 증가율을 비교한 결과 노동시간과 노동생산성의 상관계수가 −0.56으로, 노동시간이 줄어들수록 오히려 생산성이 늘어난 것으로 확인됐습니다. 노동시간이 짧을수록 노동생산성과 공적 사회지출, 즉 복지지출도 높은 편이라는 거죠. 저도 노동시간 단축과 일자리 나누기 문제를 꾸준히 취재하고 있는데 현실은 쉽지 않습니다. 비정규직 노동자들은 보호받지 못하고 생계유지를 위해서라도 야근과 특근을 자처하는 상황이죠.

강수돌　　　　　　그렇습니다. 노동시간이 짧을수록 노동생산성이 높아요. 이미 한국에서도 그런 연구결과가 나온 바 있습니다. 현실은 노동시간이 길면 생산성이 높은 것처럼 되어 있지만, 그 수준에서는 경제의 질적 도약이 이뤄지지 않아요.

질적 도약이란 창의성을 필요로 하는데, 노동시간이 길면 창의성을 발달시킬 틈이 없죠. 반면, 노동시간이 줄어 여유가 많아지면 "이렇게 계속 살아도 괜찮을까? 내 삶을 어떻게 해결할 것인가"라는 생각도 많이 하고, 독서도 많이 하고, 영화도 보면서 즉 사색적 시간을 통해 '다르게' 보는 눈을 기를 수 있습니다. 복지사회의 밑바탕엔 바로 이런 부분이 숨어 있어요.

오늘날 스웨덴 성인의 절반 이상이 자발적 학습 모임을 갖는다고 하지 않습니까. 이런 역사는 100년도 넘었으며 100년 전 가난했던 스웨덴을 일으키고 사회 변화를 이끈 원동력이죠.

최근 우리 사회에서도 많이 생겨나고 있는 '인문학 공부' 모임이 단지 지식 습득이 아니라 근본적 삶의 문제를 고민하고 있어 고무적이죠. 이런 삶의 여유를 갖자면 무엇보다 과잉노동을 줄여야 해요. 전 사회적 차원에서 노동시간 단축이 절실한 까닭입니다.

그래서 저는 경제민주화의 첫 걸음으로 노동자를 존중하면서 노동시간을 단축하고, 일자리를 나누면서 경영참가나 공동결정 문화를 확산시키자고 주장하는 거죠.

이정환　　　　　　경쟁사회와 피로사회에 대한 성찰이 필요하다고 봅니다. 한병철 독일 카를루스에 조형예술대학 교수가 쓴 《피로사회》에 보면 '긍정성의 과잉'으로 '자기가 자신을 착취하는' 사회가 되었다고 해요. 독일 사회에도 적용이 가능한가요?

강수돌　　　　놀랍죠. 세계에서 가장 노동을 적게 하는 축에 드는 독일도 그런 식으로 간다니까요. 차라리 한국이라면 모를까. 그런 사회로 가장 먼저 달려간 나라가 일본입니다. 부동산 투기와 금융업 과잉성장의 미래가 미국이라면, 일본 역시 과잉노동사회의 미래를 보여주죠.

도요타 리콜 사태를 보십시오. 그 배경에도 노동자들의 만성 피로가 있습니다. 과로로 인한 만성피로, 과로사, 일중독이 심했죠. 일본은 나라는 부자지만 개인은 가난하고 삶의 만족도는 높지 않다고 하잖아요.

그나마 일본은 우리와 비교해 훨씬 내실 있다는 생각이 들기도 합니다. 일본 고베지진과 미국의 LA지진을 비교하면, 미국에선 난리를 치고 약탈, 도둑, 강간 같은 게 많았는데 일본에서는 의외로 차분했다는 거 아닙니까? 최근의 후쿠시마 원자력발전 붕괴 사태도 그렇고요. 일본은 평소 풀뿌리 민초들 사이에 생협 활동 등 공동체적인 네트워크가 형성되어 있었다는 것이죠. '한살림'의 윤형근 박사님이 지적한 부분인데, 맞는 말 같아요. 물론 노동의 영역에서는 전혀 다르지만요. 그래서 노동과 일상이 같이 변해야 한다는 겁니다.

‘피로사회’는 ‘일중독 사회’와 거의 같은 의미라고 봅니다. 팔꿈치로 옆 사람을 밀쳐서라도 이기도록 부추기는 경쟁사회가 일중독을 부르고 피로사회를 만들었죠. 일과 삶의 균형을 회복하고, 삶의 질을 높여나갈 수 있는 경제민주화가 실현돼야 피로사회, 일중독 문제도 해결될 것 같아요.

이정환　　　　강 교수님이 쓰신 《일중독 벗어나기》라는 책을 보면 우리가 중시하는 일자리도 일종의 마약이 되었다고 보시는데요.

강수돌　　　　그 책의 기본적인 문제의식은 노동이 일종의 현대적인 질병이라는 데서 출발합니다. 얼핏 거부감이 들겠죠. 원래 노동이란 어원상 ‘부모 잃은 고아가 처한 삶의 상황’이었죠. 노동은 곧 짐이자 고통이었습니다. 저는 〈피에타〉라는 영화에서 주인공이 하는 일(고아가 생계를 위해 사채 빚을 받아내는 과정에서 인간 이하의 짓을 하는 모습)이 본연의 ‘노동’을 표현하는 듯 느껴집니다. 진정한 인간성이 아니란 것이죠.

아리스토텔레스 시절만 해도 노동은 노예나 하는 천한 것 취급을 받았습니다. 노동을 지금처럼 ‘신성시’하는 건 자본주의와 무관하지 않아요. 언젠가부터 우리는 ‘일’에서 실존을 찾고 의미를 찾아왔습니다.

그런데 네덜란드의 문화인류학자 호이징가(Huizinga)가 개념화한 '호모 루덴스'라는 말이 있죠. '놀이하는 인간'이란 의미입니다. 반면, 노동을 신성시하게 된 것은 16세기 종교개혁의 대표 사상인 칼뱅주의에서 비롯됐습니다. 당시 칼뱅 등은 직업노동을 신이 내린 '소명'으로 삼아야 한다고 강조했죠. 직업은 '천직'이란 거죠. 자본주의 구조를 명쾌히 분석한 칼 마르크스조차 노동 자체를 비판적으로 보진 못했어요. 노동계급이 혁명을 일으키기는커녕 일중독에 빠져 헤어나지 못하잖습니까. 자본가를 닮으려는 동경중독 상태에 있는 겁니다. 일이나 일자리가 일종의 마약이 되어 우리의 주체성을 마비시키고 있죠. 갈수록 더 빠져들고요.

이정환　　　　　마르크스의 '이윤율 경향적 저하의 법칙'이라는 게 있죠? 독자들을 위해 좀 쉽게 설명해주시죠.

강수돌　　　　　PC방을 예로 들어볼까요? 최첨단 기계를 설치해놔도 옆집에 최첨단 기계가 들어오면 본전도 못 찾고 망해 버립니다. 다시 그 옆에 더 최신식 PC방이 개설되면 그 이전 PC방은 또 망합니다. 이런 식으로 최신 설비를 경쟁적으로 도입하다 보면, 경제 전체적으로 투입 비용에 비해 산출 이윤이 떨어진다는 법칙이죠. 탁월한 분석입니다.

마르크스는 객관적인 메커니즘을 잘 분석해 자본주의 이윤 구조나 경쟁 구조의 모순을 잘 짚어내긴 했는데, 주체의 변화 부분은 상대적으로 소홀했던 것 같습니다. 프롤레타리아가 주체가 되어

혁명적 변화를 이룰 거라고 본 것은 객관적 법칙이라기보다는 당위적 소망에 가깝습니다.

현실은 노동자들이 기존의 사다리 질서 외에는 다른 대안을 상상도 못한 채 톱니바퀴처럼 돌아가고 있습니다. 이것조차 정직하게 인정하고 바꿀 의사가 없는 한 경제민주화는 요원해요. 그래서 저는 '자기파업'부터 하자는 겁니다. 내가 과연 내 자신의 삶에 있어 진정한 주인공인가, 진정으로 행복한 삶을 사는가, 하는 성찰이 필요합니다.

이정환　　　　　마르크스는 농업이나 자연을 경시하고, 프롤레타리아를 과대평가했습니다. 농업이나 자연 경시에 대해선 앞에서 말씀하셨는데, 강 교수님께서는 노동자 정치세력화에도 큰 기대를 걸지 않으시는 겁니까?

강수돌　　　　　노동자가 힘을 키워 사회적 발언권이나 시민권을 확보해야 한다는 점에서는 적극 지지하지만, 정당 운동을 통한 경로에는 회의적입니다. 1987년 이후 많은 변화가 있었지만 아직도 한계가 많다고 봅니다. 불행하게도 우리나라 노동조합 조직률은 10%에 지나지 않습니다. 그나마 한국노총과 민주노총으로 나눠져 있죠. 너무 무력합니다.

노동자나 농민, 학생과 여성, 이주민 등 모든 구성원이 정치경제의 실질적 민주화를 이루기 위해 주체적으로 나서야 합니다. '저항과 대안의 변증법'을 작동시켜야 합니다.

마을 사람들이 모여서 토론하고, 인문학 공부도 하고, 잘못된 현실에 저항도 하고 말이죠. 희망을 걸자면, 북유럽이 좋은 시사점을 주는데, 노조 조직률이 80%에 육박합니다. 북유럽은 마을이나 지역 단위에서도 학습서클, 비정부기구, 지역개발 모임 같은 것으로 사람들이 잘 뭉쳐 있어요. 노동자들이 회사경영에 참여하고 공동결정하는 데에 큰 영향을 끼쳤습니다.

우리도 행복한 사회를 만들려면 그런 '아래로부터의' 단합된 힘이 있어야 합니다.

'모두 부자 되세요'가 아니라 '모두 행복하세요'

이정환   2007년 미국산 쇠고기 촛불집회 경험을 보면 변화의 열망이 그렇게 폭발적이지는 않았던 것 같습니다. 내 자식에게 광우병 쇠고기를 먹일 수 없다는 이기적인 동기는 강렬했지만, 그게 사회적 연대나 구조 변화로 이어지지는 못했죠.

강수돌   그렇게 되려면 이기적 동기와 사회적 열망이 절묘하게 잘 결합되어야 해요. 문제는 보수집단의 반응양식입니다. 물대포 쏘고 경찰을 동원했죠. 그럼에도 시민들이 재치 있게 반응하는 모습이 좋았어요. 이런 역동적인 과정들은 미리 계획할 수 없지만 우리의 내면을 억압하거나 기만하지 않는다면 분출돼 나올 수 있는 것이죠.

더불어 건강하고 행복하게 살자는 본연의 욕망을 집단으로 표출하는 과정이 자유롭게 나와야 한다는 겁니다. 이걸 사회구조적으로 이루자는 게 바로 경제민주화죠.

백성이 스스로 주인이 돼서 살아간다는 정신이 정치와 경제, 사회, 문화, 교육 전반에 깃들여야 하는 것입니다. 우리가 심층의 욕구와 소망을 표출해내기만 하더라도 세상은 많이 달라질 수 있습니다.

핵심 동력은 다른 곳이 아니라 바로 우리들 '안'에 이미 있습니다. 기득권에 중독되지 않고, 자기기만하지 않고, 우리를 억압하려는 폭력에 굴하지 않고, 인간 본연의 욕망을 포기하지 않는다면 우리의 힘은 얼마든지 표출될 수 있죠.

이정환 　생각보다 변화가 더딘 것 같습니다. 사람들의 생각을 바꾸기도 쉽지 않고요. 말씀하신 중하층의 '동경중독'이나 상층의 '향유중독'에서 벗어나기도 쉽지 않습니다. 시장은 절대 저절로 무너지지 않는다는 생각을 자주하는데요. '다른 경제'의 파이가 충분히 확보됐을 때, 그때 비로소 새로운 가능성이 생기지 않을까 하는 생각입니다. 시장만능주의를 비판하는 것을 넘어 시장만능주의가 작동하는 방식을 깨부숴야 변화를 끌어낼 수 있을 거라고 생각합니다. 장기적으로는 복지국가가 대안이 되겠지만 이를 추동할 정치세력을 형성하는 것이 우선돼야 하는 것 아닐까요? 강교수님은 그러려면 먼저 나부터 바뀌어야 한다고 거듭 말씀하고 계시죠.

강수돌　　　　　'경로 의존성'이란 말이 있습니다. 자연 법칙으로 보면 관성의 법칙처럼 기존에 해왔던 경로를 바꾸기가 힘들다는 뜻입니다. 그러나 불가능한 건 아니죠.

그래서 우리가 '자기파업'부터 하면서 끊임없이 질문해 볼 것은, 현재의 모습을 계속 이어가면서도 진정 행복할 수 있는가 하는 문제죠. 단기성으로 임금만 올리기 위한 단체협상 이전에 '인생협상'이 필요하지 않을까요?

자살률 높아지고, 스트레스 지수 높아지고, 죽지 못해 사는 사람들이 많다면 정말 문제 아닙니까? 이런 식으로 계속 산다면 무슨 의미가 있겠습니까? 그래서 멈춰 서야 합니다. 나부터. 이게 자기파업입니다. 그리고 생각해야 합니다. 어떻게 해야 하나? 그 내용을 찾는 것이 자신과의 인생협상입니다.

그런데 대안적 삶과 경제사회를 혼자만 꿈꾸면 꿈으로 남겠지만, 같이 꿈꾸면 제도나 구조변화까지 이룰 수 있습니다. 건강한 삶의 대안을 같이 꿈꾸자, 이게 경제민주화의 출발입니다.

이정환　　　　　강 교수님께서 언젠가 강연에서 초기 가톨릭 운동가 피터 모런의 말을 인용하셨습니다. "아무도 부자가 되지 않으려 한다면 모두 부자가 될 것이고, 모두 가난해지려 하면 누구도 가난해지지 않을 것이다." 어쩌면 이 말이 우리가 지금까지 이야기한 경제민주화, 고르게 사는 사회를 위한 상상의 출발이라 생각되는데요.

강수돌　　　　정리 차원에서 다시 한 번 우리가 직면한 사회경제적 문제의 핵심을 짚고 넘어가죠.

첫째, 소유 및 생산의 측면으로, 생산수단과 노동력이 분리되어 있기 때문이고, 둘째는 분배의 측면으로, 갈수록 사회 양극화가 심해지기 때문입니다. 셋째는 주체의 측면으로, 그동안 민초 자신이 그 고유의 인간적 심성을 잃고 기득권의 심리 구조, 즉 돈과 권력에 대한 욕망을 그대로 내면화했기 때문에 인간다운 삶이 보장되지 않는 이상한 시스템, 자본과 권력의 시스템이 형성되고만 것입니다.

결국 경제민주화는 객관적 구조의 변화일 뿐 아니라 우리 자신의 삶에 대한 재성찰, 즉 '나부터' 혁명으로 시작해서 '더불어' 혁명으로 완성될 수 있다는 것입니다.

이정환　　　　생산과 분배, 그리고 주체, 세 가지 차원에서 뒤틀린 것을 바로잡는 민주화가 필요하다는 말씀이시죠? 생산 측면에서는 협동조합이나 마을기업, 공동체 기업, 사회적 기업, 자주관리 기업 등이 필요할 거고요. 노동시간 단축과 일자리 나누기도 시급한 과제입니다. 분배적 측면에서는 공공부문의 강화와 탈상품화 전략이 필요할 거라고 봅니다. 주체적 측면에서는 향유중독과 동경중독을 벗어나는 데서부터 출발해야겠죠.

강수돌　　　　그렇습니다. 헌법 10조에는 행복추구권(행복을 추구할 권리)이 있습니다. 그리고 119조엔 경제민주화(경제주체 간의 조화를 통한 경제민주화) 조항이 있고요. 이 둘을 연결하면 '경제민주화를 통한 행복추구'입니다. 저는 이것을 국정 지표로 삼는 것이 바람직한 한국 사회의 모습이라고 생각합니다.

그런 길로 가기 위해서는 과연 우리가 어떤 방식으로 먹고살지를 우리 스스로 결정해야 합니다. 국민들이 우리의 살아가는 방식을 스스로 결정한다는 것, 바로 이것이야말로 헌법 1조에 나오는 '주권재민' 즉 '모든 권력은 국민으로부터 나온다'라는 말의 진정한 의미가 아닐까요? 한때 유행했던 인사말 "모두 부자 되세요"가 아니라 "모두 행복하세요"가 핵심이라고 생각합니다.

이정환　　　　저는 그동안 개인의 성찰이나 공동체적 해법보다는 제도적 접근에 더 많은 관심을 가져왔던 것 같습니다. 제가 생각하는 경제민주화의 해법을 간단히 정리해봤습니다.

우선 노동자의 경영참여를 제도화해서 경영진이 주주가치 극대화 논리에 매몰되지 않도록 견제할 필요가 있습니다. 노동자의 기업인수를 제도적으로 지원하는 방법도 대안이 될 수 있죠. 부실기업의 정상화 과정에서 또는 공기업 민영화 과정에서 LBO(차입형 기업인수) 형태로 우리사주조합에 경영권을 넘겨주는 방식도 정부가 검토해야 합니다. 필요하다면 기금을 조성해 ESOP(종업원 주식 인수) 기업을 활성화할 수도 있고, 공적 연기금이 지분을 보유하는 방법도 가능할 거라고 생각합니다. 주주자본주의에 종속되지 않는 대안적인 기업지배구조를 늘려나가는 게 핵심이라고 봅니다.

스페인의 몬드라곤 그룹 같은 협동조합 형태의 기업이 충분히 늘어나면 의미 있는 변화를 끌어낼 수 있을 거라 생각합니다. 기업의 이익이 외부로 빠져나가지 않고 다시 투자되는 방식이죠. 애초에 수단과 목적이 다르기 때문에, 이익이 아니라 고용을 최우선의 가치로 두기 때문에 가능한 일입니다.

국민연금과 퇴직연금 등 연기금을 동원해 임대주택 보급을 늘리고 무상보육이나 무상교육을 실현하는 대안도 가능할 거라고 생각합니다. 중소기업 연구개발을 지원하거나 국가 차원의 성장 전략을 모색하는 데도 투자할 수 있겠죠. 수천조 원에 이르는 연기금을 금융시장의 불쏘시개로 쓸 게 아니라 사회 시스템을 바꾸고 사회 전체의 성장 잠재력을 높이는 데 써야 한다는 겁니다.

강 교수님은 그동안 경제성과 인간성, 생태성의 조화를 추구하는 경제 시스템을 만들어야 한다고 주장해 오셨습니다. 이를 위해서 노동과 교육, 경제, 생명의 문제를 함께 풀어야 한다는 게 강 교수님 이론의 핵심인데요. 위로부터의 변화가 아니라 아래로부

터의 변화가 필요한 시점입니다. 끝으로 실천적인 과제들을 말씀
해 주시죠.

강수돌　　　　　풀뿌리 민중이 스스로 자율, 자치, 자주적으로
형성해나가는 것으로 이해한다면 의외로 '나부터' 할 수 있는 일은
많습니다.

첫째로, 나 자신의 삶의 가치관부터 바꾸면서 할 수 있는 실천부
터 하나씩 옮겨보는 겁니다. 밥상혁명, 교육혁명, 마을혁명 등이
쉽게 다가갈 수 있는 실천들이죠.

둘째로, 나부터 실천하는 가운데 이미 주변에서 선구적으로 하
고 있는 분들과 소통과 연대를 강화하는 일입니다. 앞서 인용한 다
양한 실천 사례들 중에서 우리가 적극 참여하여 공동으로 행할 수
있는 사업들은 현재도 무수히 생성 중입니다.

셋째로, 그러한 작은 실천들이 모이고 네트워크를 맺으면서 서
서히 사회 분위기를 바꾸어 나가는 보다 더 큰 실천을 창조적으로
행하는 겁니다. 작은 실천의 공간들, 작은 창조의 단위들이 많아
지면 새로운 경제사회로 가는 분위기가 바뀝니다.

이런 맥락이 연장된다면, 선거 국면이나 각종 토론회나 직접행
동 등 더 넓은 차원의 활동 공간에서 우리가 할 수 있는 일은 많아
집니다. 그것이 세상을 바꾸는 근본 동력이 될 것이라고 생각합
니다.

요컨대, 경제민주화가 단순히 제도적 변화나 정책적 변화로 끝

나는 것이 아니라 우리 자신의 가치관과 실천을 전반적으로 바꾸는 것을 의미한다면, 우리는 더 이상 죽임의 경제가 아니라 살림의 경제를, 더 이상 경쟁과 분열의 경제가 아니라 소통과 연대의 경제를 아래로부터 구축해나가야 할 것입니다. 그리하여 교육과 경제, 노동과 생명 등 삶의 전반적 과정을 근본적으로 혁신해야 진정으로 고르게 더불어 사는 사회가 가능할 것입니다. 뭐니 뭐니 해도 삶의 궁극적 목적은 행복이니까요.